"中国20世纪
城市建筑的近代化遗产研究"
丛书

The series of books
on the modern
heritage of Chinese urban architecture
in the 20th century

青木信夫 徐苏斌 主编

工业遗产科技价值评价与保护研究
——基于近代六行业分析

Study on Evaluation and Protection of Scientific and
Technological Value of Industrial Heritage
——Based on Analysis of Six Modern Industrial Sectors

于 磊 著

中国建筑工业出版社

序

（1）20世纪遗产研究的国际趋势

20世纪遗产保护是全球近现代文化遗产保护运动的重要趋势。推进研究和保护以及使用什么词汇能够概括全球的近现代遗产保护是经过长期思考的。在1981年第五届世界遗产大会上，悉尼歌剧院申报世界遗产引起了人们对于晚近遗产（Recent Heritage）的关注。1985年在巴黎召开的ICOMOS（国际古迹遗址理事会）专家会议上研究了现代建筑的保护问题。1986年国际古迹遗址理事会《当代建筑申报世界遗产》的文件，内容包括了近现代建筑遗产的定义和如何运用世界遗产标准评述近现代建筑遗产。1988年现代运动记录与保护组织DOCOMOMO（International Committee for the Documentation and Conservation of buildings, sites and neighborhoods of the Modern Movement）成立。在那之后近现代建筑遗产的研究和保护迅速在全球展开，也对中国产生了很大影响。1989年欧洲委员会（Council of Europe）在维也纳召开了"20世纪建筑遗产：保护与振兴战略"（Twentieth Century Architectural Heritage: strategies for conservation and protection）国际研讨会。1991年欧洲委员会发表《保护20世纪遗产的建议》（Recommendation on the Protection of the Twentieth Century Architectural Heritage），呼吁尽可能多地将20世纪遗产列入保护名录。1995年ICOMOS在赫尔辛基和1996年在墨西哥城就20世纪遗产保护课题召开了大型国际会议。在《濒危遗产2000年度报告》（Heritage at Risk 2000）中，许多国家都报告了19—20世纪住宅、城市建筑、工业群、景观等遗产保存状况并表示担忧。2001年ICOMOS在加拿大蒙特利尔召开工作会议，制定了以保护20世纪遗产为核心的"蒙特利尔行动计划"（The Montreal Action Plan），并将2002年4月18日国际古迹日的主题定为"20世纪遗产"。现在《世界遗产名录》已经有近百项20世纪建筑遗产，占总数的1/8。2011年20世纪遗产国际科学委员会（the ICOMOS International Scientific Committee on Twentieth - Century Heritage（ISC20C））发布《关于20世纪建筑遗产保护方法的马德里文件2011》，马德里文件第一次公开发表于2011年6月，当时在马德里召开"20世纪建筑遗产干预标准"（"Criteria for Intervention in the Twentieth Century Architectural Heritage-CAH20thC"），共有300多位国际代表讨论并修正了该文件的第一版。2014年发布第二版，2017年委员会最终确定了国际标准：《保护20世纪遗产的方法》（称为"马德里－新德里"文件，the Madrid-New Delhi Document），该文件得到了在德里举行的国际会议的认可。这个文件标志着"20世纪遗产"（Twentieth-Century Heritage）一词成为国际目前通用称谓。

（2）中国20世纪遗产的保护现状

在中国，近代遗产的保护可以追溯到1961年，主要标志为确定了一批"革命遗址及革命纪念物"，在第一批全国重点文物中共有33处。1991年建设部和国家文物局下发《关于印发近代优秀建筑评议会纪要的通知》，提出96项保护名单，扩展了近代遗产的种类。1996年国务院公布第四批全国重点文物保护单位采用了"近现代重要史迹及代表性建筑"。2007—2012年的全国第三次文物普查结果表明，近现代建筑史迹及代表性建筑有14多万处（占登记总量18.45%）。在地方层面上厦门2000年颁布了《厦门市鼓浪屿历史风貌建筑保护条例》，2002年上海通过了《上海市历史文化风貌区和优秀历史建筑保护条例》，天津2005年公布了《天津市历史风貌建筑保护条例》。

20世纪遗产保护的倡议开始于2008年。2008年4月，中国古迹遗址保护协会在无锡召开以"20世纪遗产保护"为主题的中国文化遗产保护论坛，会上通过了《保护20世纪遗产无锡建议》。同时国家文物局发布《关于加强20世纪建筑遗产保护工作的通知》。2014年中国文物学会20世纪建筑遗产委员会成立。2016年中国文物学会开始评选20世纪遗产，到2019年已经公布了四批共计396项。但是这样的数量依然不能保护大量的20世纪建筑遗产，因此中国文物学会20世纪建筑遗产委员会在2019年12月3日举行"新中国70年建筑遗产传承创新研讨会"，发表了《中国20世纪建筑遗产传承创新发展倡言》，强调忧患意识，倡议"聚众智、凝共识、谋实策，绘制中国20世纪建筑遗产持续发展的新篇"。20世纪遗产已经逐渐进入中国大众的视野。

（3）中国近代史研究的发展

中国近代史研究可以追溯到清末。1902年梁启超在《近世文明初祖二大家之学说》中将中国历史分为"上世""中世""近世"，首先使用了"近世"一词。1939年，《中国革命与中国共产党》中提到中国人民的民族革命斗争从鸦片战争开始已经100年，这个分类对后来的研究影响很大。

中国近代史在20世纪80年代以前主要是以"帝国主义"和"阶级斗争"为线索考察近代史。1948年胡绳撰成并出版《帝国主义与中国政治》，此书从帝国主义同中国的畸形政治关系中总结经验教训，与稍早出版的范文澜的《中国近代史》（上编第一分册，1947）一起，对中国近代史学科的建设产生了深远影响。1953年初，胡绳撰写《中国近代史提纲》初稿，用于给中共中央高级党校的学员讲中国近代史，此时他已经形成了以阶级斗争为主要线索的史观。这些看法在《中国近代历史的分期问题》一文中进一步明晰。体现胡绳理论独创性的是"三次革命高潮"这一广为流传的概念，从帝国主义到阶级斗争的史观的微妙转换也反映了中国在1949年以后历史线索从外而内的变化。20世纪50年代初期以马克思主义历史学家郭沫若为首，中国科学院近代史研究所开始编辑《中国史稿》，1962年第四册近代史部分出版。1978年又根据该稿出版了《中国近代史稿》，这本书是"帝国主义"论的经典，同时也是贯穿半封建半殖民地史观的近代史。20世纪70年代末，由于国家确立改革开放、以经济建设为中心的方针，现代化事业成为国家和人民共同关注和进行的主要事业，1990年9月，中国社会科学院近代史研究所为纪念建所40周年，举办了以"近代中国与世界"为题的国际学术讨论会。以"近代化"（现代化，modernization）为基本线索研究中国近代史，这是中国近代历史研究的转折点。

（4）关于中国近代建筑遗产的研究

在近代建筑方面由梁思成率先倡导、主持，早在1944年他在《中国建筑史》中撰写了"清末民国以后之建筑"一节。1956年刘先觉撰写了研究论文《中国近百年建筑》。1959年建筑工程部建筑科学研究院"中国近代建筑史编纂委员会"编纂了《中国近代建筑史》，虽然没有出版但是为进一步的研究奠定了基础，1962年出版了上下两册《中国建筑简史》，第二册就是《中国近代建筑简史》。当时的史观和中国近代史研究类似，1949年以后对近代建筑史在帝国主义、阶级斗争的史观支配下有很多负面的评价，因此影响了研究的推进。真正开始进行中国近代建筑史的研究是在20世纪80年代中期清华大学和东京大学开始合作研究。1986年汪坦主持召开第一次中国近代建筑史学会研讨会，成立"中国近代建筑研究会"。以东京大学的藤森照信教授为首，在1988年开始调研中国16个主要口岸城市的近代建筑，1996年，藤森照信教授和清华大学汪坦教授合作出版了《全调查东亚洲近代的都市和建筑》汇集了这个阶段的研究成果。中国陆续出版《中国近代建筑总览》(1989—2004)、《中国近代建筑史研究讨论会论文集》(1987—1997)、《中国近代建筑研究与保护》(1999—2016)。2016年由赖德霖、伍江、徐苏斌主编的《中国近代建筑史》(中国建筑工业出版社，2016年)问世。中国当代建筑的研究也逐步推进，代表作品有邹德侬著《中国现代建筑史》(机械工业出版社，2003年)等。

基于中国知网(CNKI)数据库，对仅以"中国近代建筑"为主题的文章进行了检索，获得文章共943篇。1978—2018年的发表趋势可清楚地看出近年来国内相关研究文献数量迅速增多，尤其自2006年起中国学者对近代建筑研究的关注度日益提升，形成一股研究热潮。同时可以看出关于中国近代建筑的研究方向主要集中在近代建筑（个案）20.34%、近代建筑史12.64%、建筑保护1.88%、建筑师8.4%等方向。

（5）从近代建筑遗产走向近代化遗产

从近代建筑遗产到近代化遗产，这是一个必然的过程。日本的研究历程就是从近代建筑遗产扩展到近代化遗产的过程，这个过程能给我们很多启示。

首先以东京大学村松贞次郎为首组织建筑史研究者进行全国的洋风建筑调查，于1970年出版了《全国明治洋风建筑名簿》(《全国明治洋風建築リスト》)，以后又逐渐完善，日本建筑学会于1983年出版了《新版日本近代建筑总览》(《新版日本近代建築総覧》，技报堂出版，1983)。这是关于近代建筑的调查。可是随着技术的革新、产业转型、经济高速发展等，比洋风建筑更为重要的近代化遗产问题成为关注的热点，如何更为宏观地把握近代化遗产成为当务之急。研究的嚆矢是东京大学村松贞次郎教授，他主要从事日本近代建筑研究，其中最著名的著作是《日本近代建筑技术史》(1976年)，而工业建筑集中体现了建筑技术的最新成果。日本文化厅于1990年开始推动《近代化遗产（构造物等）综合调查》，这不仅仅是近代建筑，也包括了产业、交通、土木等从建筑到构造物的多方面的近代化遗产的调查，鼓励调查建造物以及和近代化相关的机械、周边环境等。另外也推进了调查传统的和风建筑。1994年7月日本文化厅发表《应对时代的变化改善和充实文化财保护措施》，其中第三点"近代文化遗产的保护"中提出："今后，进一步促进近代的文化遗产的制定，与此同时，有必要尽快推进调查研究近年来十分关心的近代化遗产，探讨保护的策略，加强保护。"1993年开始指定近代化遗产为重要文化遗产。日本土木学会土木史委员会1993—1995年进行了全国性近代土木遗产普查，判明全国有7000~10000件近代土木遗产。该委员会从1997开始进行对近代土木遗产的评价工作。土木学会的代表作品如《日本的近代土木遗产——现存重要土木构造物2800选（改订版）》(《日本の近代土木遺産——現存する重要な土木構造物2800選（改訂版）》)于2005年出版。昭和初期建筑的明治生命馆、昭和初期土木构造物的富岩运河水闸设施等被指定为重要文化遗产。

日本近代化遗产推进的最大成果是于2015年成功申请世界文化遗产。

2007年日本经济通产省召集了13名工业遗产专家构成了"产业遗产活用委员会"。同年5月从各地征集了工业遗产，经过委员会讨论，以便用普及的形式再次提供给各个地方。在此基础上经过四次审议，确定了包括33个遗产的近代产业遗产群，并对有助于地域活性化的近代产业遗产进行认定，授予认定证和执照。代表成果是2009年编订申请世界遗产《九州、山口近代化产业遗产群》报告。2013年4月，登录推进委员会将系列遗产更名为"日本近代化产业遗产群——九州·山口及相关地区"，并向政府提交修订建议。政府于同年9月17日决定，将本遗产列入日本2013年世界文化遗产的"推荐候选者"，并于9月27日向联合国教科文组织提交了暂定版。2014年1月17日，内阁府批准了将其推荐为世界文化遗产的决定，并在将一些相关资产整合到8个地区和23个遗产之后，于1月29日向世界遗产中心提交正式版，名称为"明治日本的产业革命遗产——九州·山口及相关地区"。2015年联合国教科文组织世界遗产委员会审议通过"明治日本的产业革命遗产 制铁·制钢·造船·石炭产业"（"明治日本の産業革命遺産 製鉄·製鋼、造船、石炭産業"）为世界文化遗产。

日本的"近代化遗产"多被误解为产业遗产，这是日本对建筑遗产的丰富研究成果努力弥补土木遗产的缘故，日本的"近代化遗产"更代表着对推进近代化起到积极作用的城市、建筑、土木、交通、产业等多方面的综合遗产的全面概括。

我们也不断反省如何应对中国发展的需求推进研究。我们自己的研究也以近代建筑起步，20世纪80年代当我们还是学生时就有幸参加了中国、日本以及东亚的相关近代建筑调查和研究，2008年成立了天津大学中国文化遗产保护国际研究中心，尝试了国际化和跨学科的科研和教学，2013年承接了国家社科重大课题"我国城市近现代工业遗产保护体系研究"，把研究领域从建筑遗产扩展到近代化遗产。重大课题的立项代表着中国对于工业遗产研究的迫切需求，在此期间工业遗产的研究层出不穷，特别是从2006年以后呈现直线上升的趋势。这反映着国家产业转型、城市化、经济发展十分需要近代化遗产的研究作为支撑，整体部署近代化遗产保护和再利用战略深刻地影响着中国的可持续发展。

　　在中国近代化集中的时期是20世纪，这也和国际对于20世纪遗产保护的大趋势十分吻合，国际目前较为常用"20世纪遗产"的表述方法来描述近现代遗产，这也是经过反复讨论和推敲的词汇，因此我们沿用这个词汇，但是这并不代表研究成果仅仅限制在20世纪，也包括更为早期或者更为晚近的近代化问题。同时本丛书也不限制于中国本土发生的事情，还包括和中国相关涉及海外的研究。我们还十分鼓励跨学科的城市建筑研究。在本丛书中我们试图体现这样的宗旨：我们希望把和中国城市建筑近代化进程的相关研究纳入这个开放的体系中，兼收并蓄不同的研究成果，从不同的角度深入探讨近代化遗产问题，作为我们这个时代对于近代化遗产思考及其成果的真实记录。我们希望为年轻学者提供一个平台，使得优秀的研究者和他们的研究成果能够借此平台获得广泛的关注和交流，促进中国的近代化遗产研究和保护。因此欢迎相关研究者利用好这个平台。在此我们还衷心感谢中国建筑工业出版社提供的出版平台！

青木信夫　徐苏斌
2020年5月31日于东京

目录

第一章　导论　　　　　　　　　　　　　　　　　　　　　1
　　第一节　选题背景与意义　　　　　　　　　　　　　　1
　　第二节　研究对象的界定与研究视角　　　　　　　　　3
　　第三节　研究目标与研究方法　　　　　　　　　　　　6
　　第四节　国内外研究现状与目前研究存在的问题　　　　7
　　第五节　关于工业遗产完整性的思考与近代动力设备的发展　　46
　　第六节　研究特色与未尽事宜　　　　　　　　　　　　48

第二章　近代采煤业工业遗产科技价值评价与保护研究　　51
　　第一节　近代采煤业的历史与现状研究　　　　　　　52
　　第二节　近代采煤工业技术与设备研究　　　　　　　63
　　第三节　采煤业产业链、厂区或生产线的完整性分析　77

第三章　近代钢铁冶炼业工业遗产科技价值评价与保护研究　　85
　　第一节　近代钢铁冶炼业的历史与现状研究　　　　　86
　　第二节　近代钢铁冶炼工业技术与设备研究　　　　　97
　　第三节　钢铁冶炼业产业链、厂区或生产线的完整性分析　110

第四章　近代船舶修造业工业遗产科技价值评价与保护研究　　119
　　第一节　近代船舶修造业的历史与现状研究　　　　　120
　　第二节　近代船舶修造工业技术与设备研究　　　　　131
　　第三节　船舶修造业产业链、厂区或生产线的完整性分析　142

第五章	近代棉纺织业工业遗产科技价值评价与保护研究	149
第一节	近代棉纺织业的历史与现状研究	152
第二节	近代棉纺织工业技术与设备研究	162
第三节	棉纺织业产业链、厂区或生产线的完整性分析	187
第六章	近代丝绸业工业遗产科技价值评价与保护研究	197
第一节	近代丝绸业的历史与现状研究	197
第二节	近代丝绸业工业技术与设备研究	206
第三节	丝绸业产业链、厂区或生产线的完整性分析	215
第七章	近代毛纺织业工业遗产科技价值评价与保护研究	219
第一节	近代毛纺织业的历史与现状研究	219
第二节	近代毛纺织工业技术与设备研究	226
第三节	毛纺织业产业链、厂区或生产线的完整性分析	235
第八章	结语	241
参考文献		243

第一章 导论

第一节 选题背景与意义

一、选题背景

工业革命是一场全球性革命,其在技术、文化、社会与经济领域的变革意义已被全世界承认,随着信息与智能化时代的到来,蒸汽、石油等能源动力逐渐被新能源取代,这些昔日蒸汽与电气时代(18世纪60年代至20世纪上半叶)的机械设备与建(构)筑物成为一个时代的记忆,成为工业遗产。随着全球文化遗产保护类型的多元化与年轻化,国际国内社会对工业遗产的重视不断加强与加深,从最初源起英国对工业考古的兴趣,到第一届国际工业文物保护大会(FICCIM,1973年)的召开,时至今日,国际的学术交流频繁多样,世界遗产名录中工业遗产的数量有较大增长。国内社会对工业遗产的重视始于21世纪,2006年国家文物局《无锡建议》《关于加强工业遗产保护的通知》的发表与下达,2007年三普中工业遗产的纳入与特别重视[①],意味着国家层面开始关注工业遗产的保护。在保护实践层面,从2000年伊始上海苏州河畔工业旧厂房与北京798电子工业老厂区的改造,到2009年上海"全国工业遗产保护利用现场会"与次年上海世博会的举办,再到如今全国各地创意产业园区与工业博物馆的涌现,将工业遗产保护与再利用实践议题推向高潮,2017年与2018年工业和信息化部公布了第一批和第二批国家工业遗产名单。2018年科协发布了中国工业遗产保护名录(第一批),柯拜船坞、开滦煤矿、坊子炭矿、江南机器制造总局、启新水泥公司、京张铁路等100个项目入选。在学术研究领域,2010年中国建筑学会、2013年历史文化名城委员会、2014年中国文物学会、2015年中国科学技术史学会都成立了相应的工业遗产学术委员会或研究会,极大地推动了工业遗产的研究与发展。

随着工业遗产"遗产化"过程的不断加深,人们对工业遗产的认识不断丰富与完善,但其中最核心的价值评价问题却在国内近20年的发展中迟迟未有解决。

---

① 2013年国务院公布的第七批全国重点文物保护单位中有170余项工业遗产,其中近现代狭义工业遗产有80余项。

这是一个复杂的问题，涉及跨学科的工业技术史、管理学评价方法、遗产经济学等众多领域。工业遗产是文化遗产的一个特殊门类，既不同于古代遗产，也不同于单一的建筑遗产。虽然学界已有较多关于工业遗产的价值评价的研究，但多数研究止于文物的历史、科学、艺术与社会文化价值层面，未有进一步深入体现工业遗产特点。尤其是分行业分类型的评价，价值评价过于笼统泛泛，以至于在保护的过程中出现了诸多问题。最大的症结是面对一处工业厂区，不清楚首先最应该保护的实物物证是什么，保护往往本末倒置，遗漏或拆毁最核心、最具有价值的工业实物遗存。缺乏合理的价值评价，保护是一件尴尬、棘手的事情，因此对工业遗产的价值一直没有得到系统的研究，尤其是各行业工业遗存的分类评价，未作出全面、深入与清晰的认定，而这对保护与再利用等后续一系列问题造成了困扰。

工业遗产的价值评价离不开对宏观遗产发展变迁史的研究，不应只局限于就一个点或一个例子而评价该点或实例。对于中国近代工业化历史的研究是十分必要的，以往对近代工业史的研究主要集中在经济史领域，而工业遗产的研究与保护特别重视实物保存，与此密切相关的工业考古学、各行业技术史、工业建筑史等方面的研究较为薄弱，丧失对工业遗产价值评价的重要基础。本书以中国近代（1840—1949年）的工业史料与工业遗存为研究对象，在系统研究与分析国内外对工业遗产价值的理解、价值评价指标与标准的基础上，分行业梳理不同工业门类的近代工业史与技术史，以工业科技价值为切入点，基于完整性的视角（工业生产流程、生产相关配套与工业产业链等三个层面）致力于探究近代六个行业工业遗产的保护，分析落实各行业最核心、最应着重保护的实物物证。

二、选题意义

在国内对工业遗产大量关注与研究的20年里，工业遗产的保护得到了较大的发展。但目前保护中仍然突出的问题是缺乏对工业遗产分门别类的具体分析。工业遗产包含了众多的工业行业门类，每个行业门类的发展历史、技术发展历史、工业科技与工业流程等都不同，而工业遗产所承载的工业科技是工业遗产有别于其他文化遗产的特殊之处，也是工业遗产的核心价值所在。但目前的价值评价却大都对技术史与工业流程、工业科技避而不谈，也没有系统深入到不同工业门类的研究当中，没有具体落实到每种行业门类应具体保护的物证实物上。缺乏对价值，尤其是工业科技价值的深入理解，大量有价值的遗存因得不到正确的认识和解读而被无情拆毁，例如天津碱厂，其最重要的近代"氨碱法"生产线被拆掉，实在可惜。近代工业遗产是目前工业遗产中最亟须保护的一批，其保护形势最为严峻，因被忽视而坍圮、损毁或直接拆除的案例众多。

面对大片工业厂区，若在实际中无法将其完整保存时，什么应该是这片土地中最应保留与保护的实物物证，保护过程的主次与依据又是什么？工业遗产有别于其他文化遗产的最大特征是其具有展示工业技术与进步的使命，展示工业社会与文化的进程，这已经被众多学者所讨论和肯定。[①] 从工业科技的角度为切入点进行研究分析，抽丝剥茧，然后落实到具体的物证实物上，将会获得有益的答案，这些物证才是最能体现该类遗产核心价值与特色的关键。

基于科技价值与完整性的视角，有一个必须解决的难点是要解决行业间的差异性问题。由于工业的类型众多，行业间的差异较大，各行业的生产工艺不同，价值的载体因行业的差异也不同，因此需要根据不同工业行业的性质与特点作深入的研究，分析各行业的技术发展、生产工艺、设备与操作流程等。对工业遗产保护的研究一定要跳出"建筑圈"，要深入到各行业工业科技的研究中。

不同行业的价值评价应告知大众如何看待该门类遗产的特色，这包括该行业门类的发展历程、主要的技术发展历程、核心的工业流程与关键技术物证等，以钢铁冶炼业为例，就包括炼钢工业的发展历程、主要技术发展、关键技术节点、核心的工业流程与步骤、工业科技的核心物证载体有哪些、完整性应如何保护等。分门别类地理清楚工业遗产的核心价值载体，厘清不同门类工业遗产保护中的主次与层次，可为后续的保留、保护规划的制定、遗存的再利用等提供理论支撑与参考。

第二节　研究对象的界定与研究视角

一、研究对象的界定

（一）时间范畴的界定

1. 时间的界定

刘伯英教授将工业遗产分为广义和狭义的工业遗产[②]，广义的工业遗产包括工业革命之前手工业与加工业等的遗存，狭义的工业遗产指18世纪英国工业革命之后以机器生产为主要特点的工业遗存。本书以1840—1949年这段时期，且使用蒸汽或电为动力，采用机械化生产的工业遗存为研究对象进行分行业的探讨，属于狭义的工业遗产，且时间划定在近代。

2. 范畴的界定

当前学界的主流观点认为工业遗产的经济价值不应与本体价值置于同一层面来评价。David Throsby[③] 指出文化资本包含文化价值和经济价值，其认为"文化价值和经济价值代表了两种不同的概念，当在经济或社会中对文化商品

[①] 如寇怀云的《工业遗产技术价值保护研究》《工业遗产的核心价值及其保护思路研究》指出工业遗产的核心价值为技术价值；季宏的《工业遗产科技价值认定与分类初探——以天津近代工业遗产为例》指出在对工业遗产进行评估时应从整体出发，首先关注工业遗产的科技价值等。

[②] 刘伯英，李匡. 工业遗产的构成与价值评价方法[J]. 建筑创作，2006(9)：24-30.

[③] David Throsby 对文化遗产经济学作出了重要贡献，引起经济学领域对文化遗产价值问题的关注，其著作 Economics and Culture（《经济学与文化》）给予人们的启示使经济学家可以运用经济学方法和工具对文化现象或文化遗产进行分析，但不能忽视文化自身的特殊性，经济学不能将文化价值完全包括在内，且经济评估方法也不能够把握文化价值的所有相关方面。

与文化服务进行评估时，需要将它们分开考虑。[①]"徐苏斌教授认为"工业遗产同时包含了物质、自然、人力和文化四种资本，文化资本的评估分为两个方面，即文化学评估和经济学评估。[②]"在有些情况下，遗产的文化价值与经济价值甚至是负相关关系，会出现文化价值高而经济价值低的实例，将经济价值纳入到历史、科学、艺术等本体价值评价中是不妥的，经济价值很重要，但这应该是两个不同的评价方面。美国盖蒂保护研究所（GCI）的专家梅森（Mason）以及国内众多学者也有相同的观点。

因此，本书的研究范围为工业遗产的本体价值，即在文化学视角下的评价，不涉及经济价值评价。值得一提的是，英国对历史环境的保护中也认为文化遗产的使用（utility）与遗产价值可以相互支持，但也可能相互冲突，其具有的使用与市场价值（utility and market values）与遗产价值（heritage values）在本质和作用上是不同的。[③]

在文化学视角下，工业遗产包含了物质和非物质遗产，本书重点研究物证实物部分，包括不可移动部分（遗址、建/构筑物等）与可移动部分（设备、机械等）。

（二）六个行业的选取

在对英国的研究中发现，英国在工业遗产的评价中，将工业遗产划分为采掘业（extraction）、加工与制造业（processing and manufacturing）、仓储与配送业（storage and distribution）三大部分。采掘业又可分为三大类：①煤炭、耐火土、建筑石材；②铁矿石和金属矿石（铅矿、铜矿和锡矿等）；③露天采矿。加工与制造业又可分为：金属加工、纺织、水泥、漂白印刷、饮料与食品加工、酿酒、汽车制造业等类型。在英国的价值评价导则中会将每个行业的工业发展历程、主要工业技术、代表性建（构）筑物或设备进行简要的说明。但是英国的分类只反映了英国的特点，例如英国有和工业遗产并列的交通遗址（收费站、铁路、运河）、海事建筑（码头、仓库）以及乡村建筑（工人住房）的导则[④]，而这些类型在中国都被列为工业遗产。

中国工业遗产的行业分类需要结合中国的实际情况与自身的工业化历程，评价需要进行分行业评比，建议将机器大工业遗产分为：①采矿（包括煤矿、金属矿、采石业等）；②制造（纺织业、化工业、机器及金属制品、建筑材料业、饮食品工业、日用品工业和印刷业）；③运输通信（包括铁路、公路遗产）；④基础设施（下水道、自来水等）；⑤仓储（如仓库、中转仓库及堆场）；⑥水利海事（水坝、电站）。还有一种分类的方法是按照重工业与轻工业两大部类的方式[⑤]，本书对近代工业遗存的分类即按照此类方式。书中选取了重工业中的采煤业、钢铁冶炼业、船舶修造业与轻工业中的棉纺织业、丝绸业、毛纺织

① David Throsby, 著. Economics and Culture [M]. 王志标, 译. 北京: 中国人民大学出版社, 2011: 33.
② 徐苏斌, 青木信夫. 关于工业遗产经济价值的思考 [J]. 城市建筑, 2017(3): 14-17.
③ Although most places of heritage value are used, or are capable of being used, for some practical purpose, the relationship between their utility and their heritage values can range from mutual support (in the normal situation of use justifying appropriate maintenance) to conflict. Places with heritage values can generate wider social and economic ("instrumental") benefits, for example as a learning or recreational resource, or as a generator of tourism or inward economic investment, although their potential to do so is affected by external factors, such as ease of access. Utility and market values, and instrumental benefits, are different from heritage values in nature and effect. 引自 Conservation Principles: Policies and Guidance for the Sustainable Management of the Historic Environment.
④ 英文名称分别是 Transport Sites Designation Scheduling Selection Guide、Maritime and Naval Buildings Listing Selection Guide、Domestic 1: Vernacular Houses Listing Selection Guide。
⑤ 2013年后由于产业结构的复杂化，轻、重工业的划分已难以对工业行业进行科学清晰的界定，国家统计局不再使用"重工业"与"轻工业"的分类方法。书中章节按轻、重工业分类是为了对工业遗产众多的行业门类进行大致的归类，这种简单的划分方式也较适合近代基础薄弱工业的分类。

业。选取这六个行业的原因有二：①它们在中国近代工业化进程中占有重要地位，是中国近代工业化进程中必不可少的工业行业。②它们是现存工业遗产或遗存中遗留比例较高者。

1. 工业近代化进程中的重要性

自1840年始，中国在经历了两次鸦片战争和一系列不平等条约后，丧失了许多政治与经济权益，外国资本主义入侵，清政府被迫开放门户，外国资本为了便于倾销商品和掠夺原料，首先开办了轮船公司[①]，设立船舶修造和铁器厂。根据孙毓棠的《中国近代工业史资料》，在1843—1875年间，外国资本在华经营的企业已有50家。[②]1860年代起，清政府推行"洋务运动"，兴办了一批军工、船政和纺织等企业。1870年代，清政府的军工产业已具有了一定的规模，与此同时相应的交通运输与能源需求也与日俱增，船舶运输与修造厂、煤矿、钢铁冶炼厂次第兴办，近代早期各工厂的机器以蒸汽机为动力，蒸汽机的运转需要以煤作为"食粮"，旧式手工煤窑已经完全不能满足工业化的需求。此外，船舶与各类军工机械需要大量的钢铁，因此船舶修造、采煤、钢铁冶炼等重工基础行业在近代势必发展起来，并成为近代工业化进程中的重要产业。除了重工业的发展外，与人民生活息息相关的生活配套轻纺工业也活跃起来，最先兴起的是缫丝业，1870年代后民间资本也在努力寻求实业救国的道路上，继之丝绸、毛纺织、棉纺织等轻纺工业发展起来。

2. 现存遗留所占比例的较高性

根据笔者所在的国家社科重大"中国城市近现代工业遗产保护体系研究"课题组所建设的"中国工业遗产数据库"所统计的1540余处工业遗产，其中采矿、金属冶炼、机械制造与纺织业都是遗存数量较大、所占比例较高者。造船工业可以说是中国近代所有工业行业的"母行业"，起到了近代工业化先导的作用，蒸汽机的运用需要煤炭，机械的加工制造需要钢铁，工业革命的发源又离不开纺织业，因此本书选择了这六个具有典型性的工业行业来分行业解读工业遗产的核心科技价值。

二、研究视角

（一）科技价值的视角

每类工业行业都有自己鲜明的特点，每个行业的工业发展历程、工业设备与关键技术、工艺流程与生产线、工业产业链等都不同。基于科技价值的视角，分行业研究不同行业的工业史与技术史、关键技术与设备、工艺生产线与流程等，落实体现科技价值的关键物证实物

---

① 较为大型的公司如美商旗昌轮船公司（1861年设立）、英商太古洋行（1867年设立）、英商怡和洋行（1877年设立）等。
② 孙毓棠. 中国近代工业史资料（第一辑）[M]. 北京：科学出版社，1957：234.

（二）完整性的视角

基于完整性的视角，研究工业内在发展的逻辑性，包括点状遗产自身的完整性，工艺生产线的完整性，同时也研究产业链与产业群的完整性。因各行业生产部门之间互为原料、相互交叉，这种地域产业链、产业集群的完整性能够赋予遗产群整体及其中单件遗产以群体价值。

第三节　研究目标与研究方法

一、研究目标

（1）以跨学科的工业史和技术史研究为基础，基于科技价值的视角，深入细化至近代重工与轻工的六个工业行业中，厘清六个行业的工业发展历程、现状有价值的代表性工业遗存、近代生产工艺、工业技术与设备，落实六个行业中体现该类型工业遗产科技价值的物证实物，厘清该类型工业遗产保护的主次与依据，落实最需重点核心保护的物证实物内容，为工业遗产的保护与再利用提供理论原则与依据。

（2）厘清六个行业工业生产的内在逻辑性，厘清六个行业生产线、厂区及工业产业链的完整性，落实六个行业完整性保护的范畴，并用典型案例阐释说明。

（3）通过大量的实地考察调研、专业技术人员的访谈，以及对近代工业技术史文献资料的整理研究，系统梳理近代六个行业的工业技术、工艺流程与设备，填补与完善对近代工业技术史研究的匮乏。

二、研究方法

本书采用的研究方法主要有以下几种：

（1）国际比较研究。对工业遗产的价值评价与保护，在世界范围内已有60余年的发展历程，英国等工业革命较早的国家对工业遗产的关注较早，其经验可为我们提供很好的借鉴，本书在国际研究的基础上具体探讨中国的问题。

（2）访谈法。为了研究六个行业的工业技术与生产流程，专门针对这六个行业进行了对工厂技术老工人与专业人员的访谈。对于钢铁冶炼行业专门访谈了鞍钢老工人赵永斌师傅和首钢首席改造设计师薄宏涛建筑师。赵师傅在鞍钢工作几十载，熟知钢铁冶炼的流程与知识。薄老师近几年一直从事首钢的改造与再利用，对于钢铁冶炼类工业遗产的工艺流程和物证保留有深刻的见解。对于船舶修造业，采访了天津市船厂老工人张师傅和原大沽船坞厂长王可老师。张师傅从20世纪80年代就一直在船厂工作至今，熟知造船的工艺流程与知识。针对纺织行业，采访了青岛市纺织博物馆副馆长贺洪伟老师，贺馆长在纺织一线工作了一辈子，退休后继续从事纺织文创事业，其父母也是纺织工人，深知纺织的工艺流程与知识。对于采煤业，走访了开滦煤矿和坊子煤矿，访谈了数位煤矿的退休老工人和两位博物馆的资深讲解员，熟悉了近代采煤的工艺流程与技术。

（3）实地调研与田野调查。为研究六个行业的工业技术、设备与物证载体，专门针对这六个行业，进行了20余处典型的从近代就开始发展的工业遗存实例的实地考察与调研。钢铁冶炼类包括了汉冶萍、首钢、鞍山钢铁厂等；采煤类包括了开滦煤矿、坊子煤矿等；船舶修造类包括了大沽船坞、马尾船政等；纺织类包括了西安大华纺织厂、天津老棉三（近代裕大纱厂）、青岛棉六（曾被日本侵占为钟渊纱厂）、青岛棉五（曾被日本侵占为上海纱厂）、青岛棉二（曾被日本侵占为内外棉纱厂）、上海M50纺织文创园等。此外，还进行了近20处的工业主题博物馆（汉阳铁厂博物馆、鞍钢博物馆、开滦煤矿博物馆、坊子炭矿博物馆、大沽船坞纪念馆、马尾船政博物馆、大华纺织博物馆、青岛纺织博物馆与唐山工业博物馆等）以及像济南钢铁厂、上海十钢厂红坊文创园、南京1865产业园等多处在中华人民共和国成立后的工厂和工业遗产文创园的实地调研。

（4）文献史料与口述史结合分析。搜集、整理与研究近代的工业史和技术史资料，充分利用国家图书馆、各地档案馆以及cadal、独秀、万方地方志和知网等数据库搜集工业史和技术史资料。同时，重视口述史的记录，对相关人员进行访谈来弥补历史文献和书面文献的不足。

（5）同行评议、访谈法与问卷调查相结合。对相关人员（南京市规划局、济南市规划局等）和工业建筑遗产学术委员会的专家们进行访谈和专家会议研讨，对相关权威专家进行问卷调查，以形成科技价值分析的不同层面。

（6）案例解析。结合案例分析来说明不同行业工业遗产完整性保护的内容、核心实物物证、保护的主次与依据，用典型案例进行阐释与说明。

第四节　国内外研究现状与目前研究存在的问题

一、国外研究现状

（一）从文化遗产到工业遗产的保护

工业遗产是文化遗产的一个特殊门类，文化遗产保护理念中的一些普适性原理同样也适用于工业遗产的保护。文化遗产的保护理念从19世纪法国的"风格修复"、英国的"反修复"、意大利的"文献性修复"与"历史性修复",到20世纪上半叶的"科学性修复""评价性修复"、两部《雅典宪章》,再到20世纪下半叶至今一系列宪章与公约的发布,保护理念经历了曲折式前进的发展过程。《威尼斯宪章》强调真实性与完整的传承;《内罗毕建议》提出"历史地区",突出整体保护的理念;《巴拉宪章》中以场所的概念诠释遗产;《马丘比丘宪章》中强调遗产保护与城市建设有机结合;《华盛顿宪章》将整体保护的内涵扩大,提出"历史城市";《关于原真性的奈良文件》指出不同文化应寻找保护自身遗产真实性的方法与出路。进入21世纪后,全球范围内对文化遗产保护的热情更加高涨,《世界文化多样性宣言》呼吁保护世界文化的多样性,《维也纳备忘录》呼吁保护具有历史意义的城市景观,《西安宣言》强调保护历史建筑、古遗址和历史地区周边的环境,《会案草案》突出亚洲背景下文化遗产真实性的保护问题,《文化线路宪章》呼吁保护文化线路这一特殊遗产类型。

当今一个全球性的、覆盖遗产各领域的文化遗产保护网正逐步建立,文化遗产保护趋势有两个方面:一为类型的多元化与精细化,类型上文化遗产、自然遗产、混合遗产、城市景观、文化线路、农业遗产、工业遗产等愈来愈多样和细致,空间上也从早期的单体建筑向街区、城市、线路等空间体系延伸;二是遗产保护的年代渐趋年轻化,从年代久远的古代遗产扩展到近、现代遗产。工业遗产正是在这样的背景下作为一种特殊的类别,逐渐突显其研究的价值。文化遗产保护理念中所提出的真实性、完整性、整体性、最小干预、注重周边环境、与城市建设有机结合等理念都可为工业遗产的保护提供指导。与此同时,人们对于工业遗产的认知也经历了从认识到价值认同,再到身份认定的遗产化过程。①

① 董一平学者在其博士论文《机械时代的历史空间价值——工业建筑遗产理论及其语境研究》中对于"遗产化"问题的认识与解读。

(二)国外工业遗产保护起源及发展

工业遗产的研究起源于工业考古学的研究,从18世纪末人们就对工业机械与技术奇观产生了浓厚的兴趣,并诞生了展示这些庞然大物的工业博物馆,如1851年全球第一场世界博览会(万国工业博览会)的场馆水晶宫。1896年在葡萄牙考古期刊 O Archeologo Portugues 上印有《葡萄牙磨坊的工业考古》(Archaeologia Industrial Portuguesa os Moinhos)的文章,其中使用了工业考古一词。20世纪三四十年代英国纽科门协会(Newcomen Society)已经开始了工业机械与纪念物的研究,1950年代后英国的战后重建工作破坏了许多工业革命时期的遗迹,引发了人们厚古薄今的感慨与关注,工业考古顺应这种形势发展起来。1953年英国伯明翰大学的唐纳德·杜德利(Donald Dudley)首先在口述中提出"Industrial Archaeology"。1955年"工业考古学"(Industrial

① 董一平. 机械时代的历史空间价值——工业建筑遗产理论及其语境研究[D]. 上海：同济大学，2013：5.
② 现杂志更名为Industrial Archaeology: The Journal of the History of Industry and Technology (《工业与技术历史杂志》).
③ 徐权森. 广西松脂业的工业遗产价值研究——以梧州松脂厂为例[D]. 南宁：广西民族大学，2011：2.
④ 王高峰. 美国工业遗产保护体系的建立与发展及对中国的启示[D]. 合肥：中国科学技术大学，2012：62.
⑤ 该杂志官方网址为：https://www.tandfonline.com/loi/yiar20.
⑥ 孟璠磊. 荷兰工业遗产保护与再利用概述[J]. 国际城市规划，2017,32(2)：109.

Archaeology）作为一个新的学术术语，第一次出现在刊物《业余历史学家》（Amateur Historian）上，由同样在英国伯明翰大学的瑞克斯（Michael Rix）发表。1963年第一本关于工业考古学的专著《工业考古学导论》（Industrial Archaeology: An Introduction）出版①，由哈德森（Kenneth Hudson）撰写。1964年全球最早关于工业考古学的专门刊物——英国《工业考古杂志》（The Journal of Industrial Archaeology）创刊发行②（图1-1）。

此后全国性的工业考古协会陆续在各国成立，1968年澳大利亚工业考古委员会成立（Industrial Archaeology Committee）。③1971年美国工业考古学会（Society for Industrial Archaeology，SIA）成立，并在全美设有13个分会。④1973年英国工业考古学会（The Association for Industrial Archaeology，AIA）正式成立，并于1976年组织出版了Industrial Archaeology Review（《工业考古评论》），至今仍是工业遗产领域重要的刊物。⑤1978年德国国际工业遗产保护委员会德国分会（TICCIH Deutsch）成立。1979年法国工业考古及遗产学习联合会（Comité d'information et de liaison pour l'archéologie, l'étude et la mise en valeur du patrimoine industriel，CILAC）成立⑥（图1-2）。

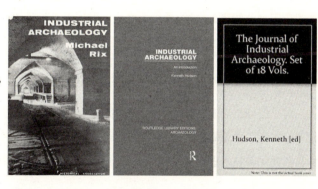

图1-1 《工业考古学》《工业考古学导论》与《工业考古杂志》
图片来源：Rix的《工业考古学》、Hudson的《工业考古学导论》与《工业考古杂志》

图1-2 SIA、AIA、TICCIH Deutsch与CILAC的官方网站
图片来源：SIA、AIA、TICCIH Deutsch与CILAC的官方网址

1970年代后工业考古学的理论建构日趋丰富,工业遗迹的普查工作也如火如荼地进行,英国1972年成立了"工业考古记录"(Industrial Archaeology Recordings, I.A.Recordings)组织,该组织在1982年建立了全球第一家"工业考古记录"网站[①](图1-3)。1973年在英国铁桥峡谷召开了第一届国际工业文物保护大会,工业考古学研究呈现国际化趋势,英国对于工业考古学的研究深刻影响了其他国家。1978年在瑞典斯德哥尔摩召开第三次会议时,会议名称改为"国际工业遗产保存委员会","工业纪念物"(industrial monument)也被"工业遗产"(industrial heritage)替换,成为统一的国际术语,工业考古学的对象也进一步明确为工业遗产,TICCIH的会议也定为每三年一次。

2003年TICCIH第12届会议通过的《下塔吉尔宪章》是第一个保护工业遗产的国际性文件,具有里程碑式的意义。2006年国际古迹遗址日的主题为工业遗产。2011年ICOMOS与TICCIH推出《关于工业遗产遗址地、结构、地区和景观保护的共同原则》(Principles for the Conservation of Industrial Heritage Sites, Structures, Areas and Landscapes,简称《都柏林原则》),指出了工业建筑物、遗址、区域和景观的记录、价值认知、保护与维护等相关问题。2012年TICCIH第15届会议在中国台湾举办,会议通过了《亚洲工业遗产中国台北宣言》,讨论了亚洲地区,近代大多被殖民与技术被动输入地区要如何理解、评价与保护工业遗产的问题。

(三)国外工业遗产价值评价理论研究

对于国外工业遗产价值评价理论的研究,首先重点研究英国。英国是世界上最早发生工业革命的国家,在英国工业革命的这段历史中有众多影响全世界的科技发明与技术进步。英国对这段历史十分重视,最先关注、强调并研究工

① 其网址为:www.iarecordings.org。

图1-3 工业考古记录网站
图片来源:I.A.Recordings 的官方网址

业遗产,是全球工业遗产保护领域的先行者,其理论也深刻影响了其他国家,有较为突出的国际重要性。其次,选取受英国理论影响的美国与加拿大,以及工业革命影响东移下的日本。

1. 英国[①]工业遗产价值评价理论研究

通过对英国的研究发现,首先,英国在对文化遗产价值评定时,如登录制度与在册制度中,都特别注重物证或实证价值(evidential value),注重实物遗存的证明价值。其次,英国特别重视技术史的研究,无论是对工业遗址还是对工业建筑物的评定,都十分重视技术史中的技术发展与关键技术节点,如采煤业遗址中动力系统由水动力(water powder)转为蒸汽动力(steam engine)的物证遗存,纺织建筑中首次防火技术应用的物证遗存等;第三,英国对工业遗产的评定,早已分门别类,按不同的工业行业作专门化的研究与分析,既有针对工业遗产的总体的普适性评价标准,又有分行业的专门分析。这三点是目前值得国内所学习之处。

英国工业遗产的保护源起于一群工业考古爱好者的考古调查,后来引起英国考古理事会(The Council for British Archaeology)的关注,1964年布坎南(Angus Buchanan)成立了技术史研究中心(History of Technology),地点在英国巴斯(Bath),1971年英国第一届工业考古会议在Bradford召开[②],1973年英国工业考古学会正式成立。英国目前负责工业遗产评定的重要官方机构是英国的数字、文化、媒体和体育部(Department for Digital, Culture, Media and Sport,简称DCMS),DCMS重要的专家建议咨询机构为历史的英格兰(Historic England)[③],该组织是照料英格兰历史环境的公共团体机构,由遗产保护领域的专家组成,职责是捍卫与保护历史环境,并帮助人们理解、珍惜与爱护它们,同时它还负责向DCMS提供遗产评定与保护的建议。DCMS制定的是具有官方效力的保护文件,Historic England则根据这些文件具体负责更加细化的遗产保护与评定文件,包括一系列的指南、标准与导则等。

Historic England制定了一系列遗产评定与保护的指南,包括选择指南(Listing Guidance)、技术指南(Technical Guidance)[④]和遗产保护指南(Heritage Protection Guide)[⑤]。在选择指南中又分为了建筑类系列、遗址类系列、景观类系列、战场类系列与船舶类系列的评定导则,具体名称为:登录建筑导则系列(Listing Selection Guides)、在册遗址导则系列(Scheduling Selection Guides)、景观公园导则系列(Park&Garden Selection Guides)、战场导则系列(Battlefield Selection Guides)与船舶导则系列(Ship&Boats Selection Guides),如图1-4所示。

登录建筑导则系列中按照建筑(building)的类型,分为20类,包括《农业建筑登录导则》(Agricultural Buildings Listing Selection Guide)、《纪念性

---

① 本书指的是英格兰地区。

② 英文全称为: British Conference on Industrial Archaeology.

③ 从2015年4月1日起,英格兰历史建筑和古迹管理委员会(Historic Buildings and Monuments Commission for England)即我们熟知的"English Heritage"(英国遗产)改名为"Historic England"。官方网址为: https://historicengland.org.uk/.

④ 包括Looking after Historic Buildings、Looking after Parks, Gardens and Landscapes、Looking after War Memorials、Energy Efficiency、Improving Accessibility、Flooding & Historic Buildings、Recording Heritage、Archaeological Science、Information Management、Project Management、Emergency Planning and Fire Advice等。

⑤ 包括Recent Changes to Heritage Protection、Heritage Definitions、Public and Heritage Bodies-Their Roles and Details、International Heritage Conventions, Treaties and Charters、Unauthorised Works and Heritage Crime、Works to Comply with the Law、Heritage at Risk、Assistance for Owners、The Terms of a Heritage Consent、Decision-Making Principles for Listed Building and other Consents、Consent & Planning Permission、Planning for the Historic Environment、Designation of Heritage Assets、Information on Heritage Assets、General Introduction、Heritage Planning Case Database等。

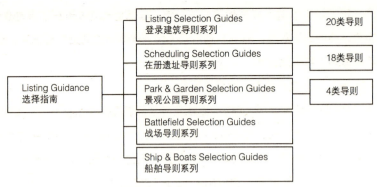

图 1-4 Historic England 制定的遗产评定导则体系

建构筑物登录导则》（Commemorative Structures Listing Selection Guide）、《工业建筑登录导则》（Industrial Buildings Listing Selection Guide）等，每类建筑导则中都有该类建筑物的登录评定标准（listing criteria）。

在册遗址导则系列中按照遗址（archaeological sites）的类型分为18类，包括《交通遗址在册导则》（Transport Sites Designation Scheduling Selection Guide）、《商业遗址在册导则》（Commercial Sites Designation Scheduling Selection Guide）、《工业遗址在册导则》（Industrial Sites Designation Scheduling Selection Guide）等，每类遗址导则中都有该类遗址的在册评定标准（scheduling criteria）。

景观公园导则系列中按照景观（designed landscapes）的类型分为4类，包括《乡村景观登记导则》（Rural Landscapes Register of Parks and Gardens Selection Guide）、《城市景观登记导则》（Urban Landscapes Register of Parks and Gardens Selection Guide）、《纪念景观登记导则》（Landscapes of Remembrance Register of Parks and Gardens Selection Guide）、《机构景观登记导则》（Institutional Landscapes Register of Parks and Gardens Selection Guide），每类景观导则中都有该类景观的评定标准（registration criteria）。

战场导则系列与船舶导则系列目前都分别只有一个导则，为 Battlefields Registration Selection Guide 和 Ships and Boats：Prehistory to Present Selection Guide。

上述选择指南中的所有导则都会随着人们对遗产价值认知的发展而不断地更新评定选择标准。例如，现今的英国把一些后现代主义作品等"年轻"建筑也开始列为遗产。

（1）英国对工业遗产价值的理解与价值评定标准

在上述英国的遗产保护体系中与工业遗产保护相关的主要有在册（Scheduling）遗址系统和登录（Listing）建筑系统，英国对工业遗产价值的理解与价值评价认定标准主要分述在这两大系统的四份文件中（图1-5），这四份文件是：《在

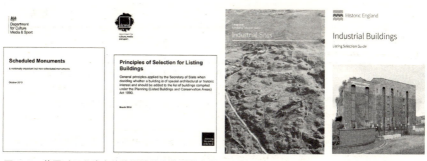

图1-5 英国对工业遗产价值评价认定的四份文件
图片来源:Historic England 的官方网址

册古迹总体评定标准》《登录建筑总体评定标准》《工业遗址在册导则》《工业建筑登录导则》。① 前两者是由 DCMS 颁布的具有官方效力的文件,后两者是由 Historic England 颁布的具体细化的遗产评定导则。另外,在交通遗址(收费站、铁路、运河)、海事建筑(码头、仓库)以及乡村建筑(工人住房)② 中也有部分工业遗产的相关内容。

这四份文件中的工业遗产价值评价标准与指标如下:

①《在册古迹总体评定标准》中的标准与指标

古迹的重要性来自它们的实物存在与环境。古迹的重要性通过遗产价值的高低来衡量,包括考古、建筑、艺术、历史或传统价值。

考古价值(Archaeological interest)。在某一方面具有或潜在具有证明过去人类活动的场所。具有考古价值的古迹,提供了场所中实物与场所演变的证据资源,也涵盖了人与文化是如何演变的。

历史价值(Historic interest)。一处场所的历史价值在于将现在与过去的人们、事件和生活方面相联系。具有历史价值的古迹是国家史前(prehistory)与国家历史的素材记录,无论是通过联想还是说明来呈现。

国家通过表1-1所示原则来评定具有国家重要意义的在册古迹。

《在册古迹总体评定标准》　　　　　　　　　　　　　　表1-1

在册古迹评定原则 (principles of selection)	解释
年代(period)	代表不同种类或年代的所有古迹遗址类型都应考虑保护
稀缺性(rarity)	有些类别的古迹遗址十分稀缺,因而仍然保留有某些考古潜力的所有这类遗存实例都应被保护。然而一般来说,需选择具有典型性和稀缺性的,这需要在国家和区域中考虑所有这类古迹遗址
文献记录状况 (documentation)	一处古迹遗址的重要性可能会因之前调查记录的存在而得到提升,或者较年轻的古迹遗址因有当代的文字或图像记录支撑而提升其重要性。但相反地,缺乏文献记录使得遗址本身是理解过去的唯一办法,从而更加重要。类似地,古迹的重要性能够通过相关人工制品或自然材料的存在而得到提升,例如博物馆或其他公共机构所储存的这些文物

① 英文名称分别是:Scheduled Monuments: Identifying, Protecting, Conserving and Investigating Nationally Important Archaeological Sites under the Ancient Monuments and Archaeological Areas Act 1979(由 DCMS 颁布), Principles of Selection for Listing Buildings: General Principles Applied by the Secretary of State When Deciding Whether a Building is of Special Architectural or Historic Interest and Should Be Added to the List of Buildings Compiled under the Planning (Listed Buildings and Conservation Areas) Act 1990(由 DCMS 颁布), Industrial Sites Designation Scheduling Selection Guide(由 Historic England 颁布), Industrial Buildings Listing Selection Guide(由 Historic England 颁布)。分别来源于 DCMS 与 Historic England 的官网:https://www.gov.uk/ 与 https://historicengland.org.uk/。
② 英文名称分别是:Transport Sites Designation Scheduling Selection Guide、Maritime and Naval Buildings Listing Selection Guide、Domestic 1: Vernacular Houses Listing Selection Guide.

续表

在册古迹评定原则（principles of selection）	解释
群体价值（group value）	一处单独古迹遗址的价值，可能会因与同时代或不同时期的古迹有关联而得到巨大的提升。在某些情况下，最好保护完整的古迹群，包括相关和相邻的土地，要好于只保护古迹群中单独孤立的古迹遗址
现存状况（survival / condition）	一处古迹在地上和地下考古潜力的遗存情况是一个特别重要的考量因素，应该结合它的现存状况和遗存特征进行评估
脆弱性（fragility / vulnerability）	一些田野古迹遗址，其高度重要的考古证据容易被耕种或无情的对待而破坏，这类脆弱的古迹尤其应受到认定在册这一法定保护。一些复杂的或特殊形式的建（构）筑物，其价值也容易被疏忽或粗心对待而严重降低，同样也适合在册的保护
多样性（diversity）	一些古迹因其集合了多种高品质的特征，或由于拥有一种十分重要的特征而被选择在册
潜力（potential）	有时一些遗存证据不能被确切地说明，但是因有文献记录而仍有可能预期其存在和重要，因此有合理的理由能够在册。通过考古调查揭示这类证据的可能性越大，其合理在册的可能性就越大

资料来源：根据 Scheduled Monuments: Identifying, Protecting, Conserving and Investigating Nationally Important Archaeological Sites under the Ancient Monuments and Archaeological Areas Act 1979 内容翻译后自制

② 《登录建筑总体评定标准》中的标准与指标

在《登录建筑总体评定标准》中对登录建筑物的评定分为法定标准（表1-2）与一般原则（表1-3）。法定标准包括建筑价值与历史价值，按建筑的价值分为 Grade Ⅰ、Grade Ⅱ* 和 Grade Ⅱ 三个等级。《登录建筑总体评定标准》中特别指出建筑的群体价值（group value），要考虑建筑是否组成了一个具有历史或建筑价值的建筑群，若是则需要整体保护。

《登录建筑总体评定标准》中的法定标准　　　　　　表1-2

标准	解释
建筑价值（architectural interest）	一幢建筑在建筑设计、装饰或建造技艺上有重要性；或是在全国范围内拥有独特建筑类型、技术（例如建筑展示了技术上的创新或艺术上的精湛技艺）和重要平面形式的实例
历史价值（historic interest）	一幢建筑展示了国家社会、经济、文化或军事历史上的重要方面，或者与国家重要人物有历史关联。通常建筑本身在物理结构上有某些值得法定登录保护的价值

资料来源：根据 Principles of Selection for Listing Buildings: General Principles Applied by the Secretary of State When Deciding Whether a Building Is of Special Architectural or Historic Interest and Should Be Added to the List of Buildings Compiled under the Planning (Listed Buildings and Conservation Areas) Act 1990 内容翻译后自制

《登录建筑总体评定标准》中的一般原则　　　表1-3

一般原则 (general principles)	解释
年代和稀有性 (age and rarity)	建筑的年代越久远,同种类型遗存的例子越少,就越有可能具有价值。下面的年代作为评价的指导,价值分期的指示日期并不是绝对的。某些特别种类的建筑,其相关年代和稀缺性会变化,然而总原则如下: 1700年之前,原始结构占重要比例的所有建筑都应被登录; 1700—1840年,大多数建筑被登录; 1840年之后,由于建筑数量和遗存数量大大增长,逐步地仔细遴选是必要的; 1945年之后的建筑需要特别仔细地遴选; 少于30年的建筑通常只有其拥有特别突出的价值且受到威胁时才被登录
美学价值 (aesthetic merits)	建筑的外观(无论是它本身固有的建筑价值或是群体价值)是考虑登录时重要的因素。但是需注意建筑的价值不总是反映在明显的外部视觉品质上,因技术革新或展现社会史、经济史的建筑可能没有什么外在的视觉品质
选择性 (selectivity)	有时尽管一幢建筑具有被登录的特殊建筑价值,但在别处有与之类似品质的建筑时,该建筑可能不作为登录的主要考虑。但是当一幢建筑代表一种特殊的历史类型,为了确保这种类型实例有保存下来时需要被登录。这种情况下的登录很大程度上是一个比较和遴选的工作,当有大量同种类型和类似品质的建筑遗存时,政府部门的政策是仅登录最具代表性或该类型最重要的实例
国家价值 (national interest)	本条标准是为了强调建立遴选的一致性,以确保不仅具有高建筑价值的建筑被登录,还有最重要或有特色的区域建筑被登录,这些地区建筑是国家历史建筑库的重要组成。例如某区域最好的乡土建筑通常被登录,因其展示了该地区和区域的传统。同样地,某些建筑被登陆因为它们代表了国家级重要的地方产业,例如在北安普敦郡的制鞋业或在兰开夏州的棉花产业
修复状态 (state of repair)	一幢建筑的修复状态不是考量其是否满足登录价值标准的因素。政府选定符合法定标准的建筑,而不论其修复状况如何

资料来源:根据Principles of Selection for Listing Buildings: General Principles Applied by the Secretary of State When Deciding Whether a Building Is of Special Architectural or Historic Interest and Should Be Added to the List of Buildings Compiled under the Planning (Listed Buildings and Conservation Areas) Act 1990 内容翻译后自制

③《工业遗址在册导则》中的标准与指标

英国在对工业遗址的评价认定中强调:"认定与保护遗址中的关键组成部分是保护遗址价值的关键"(identification and protection of its key components through designation plays a key role in the safeguarding of these qualities),并十分注重遗址阐释生产功能与工艺流程的作用(functioned in terms process-flow)。

在该导则中首先介绍了英国从史前一直到1914年整个手工业与工业的发展历史,其中重点讲述了1550—1914年这段时期的工业技术发展历程,包括各行业关键技术的发展、关键技术节点以及工业生产方式的改变等,值得我们学习与思考。鉴于该部分是英国工业各行业技术发展的情况介绍,本书在此不予赘述。导则在梳理完英国工业与技术发展的历程与脉络后,给出了工业遗址价值的评价认定标准与指标(表1-4)。

《工业遗址在册导则》中的标准与指标　　　　　　表1-4

标准与指标	解释
年代（period）	所有年代的遗址都有可能被认定。那些工业革命之前的遗址可能是某一种特定行业罕见的实例，不论是遗址自身的价值，或是作为更广泛遗址的一部分，例如一个含有工业特征的更大的居住地，它们因此可能具有国家级重要性从而成为认定的有力候选者。但是需注意，年代并不是唯一的考量因素，甚至一些早期的工业遗址，像石灰窑，由于太过普遍而只能有选择地认定。有许多遗址，如不同时期的采矿遗址，这种复合年代遗址的情况比较复杂，遗址的易读性可能会降低，一般来说如果遗址还保留有早期活动的证据，则能够增加其价值和潜力，如果后期活动抹掉了早期遗存，则其认定情况会受影响
稀缺性、代表性和选择性（rarity, representativity and selectivity）	罕见的遗址类型会增加其认定的可能性。 认定在册的遗址能够涵盖和广泛地代表各类型遗址，而不仅仅代表那些突出和不寻常的遗址。不同时代的各类工业遗址都应当考虑被认定，虽然国家特定行业的相对重要性是一个考量因素，但并不是每种特定行业都有要被认定的实例。选择也需要考虑全国范围内影响广泛的行业类型，例如采煤业，不应只考虑北方地区的大煤田，还应考虑肯特和萨默赛特地区的煤炭开采。要选择地域重要的专门化产业遗址，如谢菲尔德的钢铁业遗址，因为它们经常具有全国影响力。然而并不是这些地区的每一处遗址群都要被认定，我们必须选择性地认定那些具有足够价值的遗址。对于常见的遗址类型或构筑物，应当选择最好和最具代表性的实例
文献记录状况（documentation）	如果一处遗址有良好的文献记录，无论是遗址同时代的（如历史图纸或描述），或近期的（如考古调查或发掘），都可能会提高它的国家级重要性。然而在许多行业，特别是冶金行业，在工业革命期间使用的技术往往是保密的，没有记录在案。考古分析对于理解这些缺乏记录的遗存起着重要的作用。然而很少会有一份完全完整的生产过程文献记录保存下来，尤其是在更现代的遗址中
历史重要性（historic importance）	如果一处遗址与著名的，尤其是创新实业家、工程师或公司相关联，或者是某种新工艺的开创者，会提高其重要性，尤其当遗存的形态能够反映这种创新时
群体价值（group value）	工业遗址包含了一整套流程，原材料经过一个或多个生产过程产生产品（通常还伴随着废弃物的产生），然后将产品运出到市场或形成其他工业的原材料。通常包含了上述这一整套连续生产活动或生产线的遗址比那些仅存部分生产过程的遗址更重要。废物堆料通过展示生产活动的副产品，因此补充了对遗址最初生产过程的理解，能提升群体价值。同时一些工业要素十分重要，甚至当遗址中其他要素都消失了，只有它们孤立地存在时也能被认定。有些附带有长水渠或运输系统的遗址，尤其是在地图上有所标记的，它们适合只选取一段样品长度来认定，以防止表述重复的考古信息，需要划清合适的边界来确保分散遗址的最主要部分被认定。 群体价值的另一种形式是许多相关联的不同工业企业的聚集，尤其是那些有历史关联的。如已被认定的格洛斯特郡科尔德福的Dark Hill铁厂、砖厂和Titanic钢厂
现存状况（survival and condition）	在认定评价中，高程度的改变或重建有时是造成该遗址不被认定的基础。然而对于工业构筑物和建筑物，部分的重建和修复经常与工业生产相关，这可能提供了技术变革的考古证据，使得它具有被保护的重要性；改变因此拥有积极的价值。当遗址的退化或损失影响其重要性时，需要判断其国家重要性是否仍然存在：遗留的建筑物、遗址和构筑物是否能够合格在册，但是彻底的损失将不被认定。遗址的现状条件也是一个决定因素，鉴于在册的目标是为了后代的利益确保古迹长期的保存，如果遗址的条件被证明是不可持续的，就需要考虑认定是否合适
潜力（potential）	工业遗址有时含有潜在的历史信息，这些信息只能利用考古的科学调查技术获取。对废弃物和加工残留物的分析能够阐释未记录下来的工业技术。当潜力确知存在时，能够增加遗址认定的几率

资料来源：根据Industrial Sites Designation Scheduling Selection Guide内容翻译后自制

④《工业建筑登录导则》中的标准与指标

《工业建筑登录导则》(Industrial Buildings Listing Selection Guide)提供了工业建筑评价登录的更多、更具体的技术信息,该导则主要分为五个部分:"历史概要(historic summary)、总体考虑(overarching considerations)、一般原则(general principles)、工业特殊性考虑(industry-specific considerations)与参考文献"。在"一般原则"中介绍了工业建(构)筑物登录的一般评价认定标准(表1-5),而在"工业特殊性考虑"中则细分了不同的行业门类,首先划分了采掘业(extraction)、加工与制造业(processing and manufacturing)、仓储与配送业(storage and distribution)三大门类,然后分别在这三大门类中又更加细化分成不同的工业行业,如采煤、炼钢、石灰、纺织等。同时导则中非常重视实物物证(physical evidence),重视物证的证明价值,重视与工业生产过程相关的建筑物(process buildings associated with industry)。

《工业建筑登录导则》中的一般原则　　　　　　　　　　　　表1-5

一般原则 (general principles)	解释
遗址的完整性 (integrated sites)	对于工业遗址,考虑遗址中的生产功能与流程是非常重要的(it is important to consider how they functioned in terms process-flow),从接收和储备原材料、经过各种加工制造程序、再到仓储和产品的最终销售,此外还包括服务于工人需要或其他基础设施等的建(构)筑物。公认的有显著历史价值的遗址,所有相关的建(构)筑物都应考虑被登录。如果这种综合(complex)遗址中的某些组成元素消失了,破坏了遗址的这种工业阐释功能,那么遗留的其他建筑物可能不具备登录的可能,除非因其他特殊的价值
建筑展示 (architectural display)	一些工业建筑物特意设计得具有建筑艺术感。被雇佣的建筑师常常将他们的注意力放在工业建筑群(industrial complex)中面向公众的一面,像是主要的办公室或展示房,这种建筑物的价值在工业遗址中属于外围的或次要的,但是也可能会因其具有特殊的建筑价值而被登录
区域因素 (regional factors)	某些工业会集中在一些特定的区域,登录时需要找到建筑物和建筑群(complex)中具有代表性的例子。一些建筑物是国家重要工业的象征,因此即使大范围地毁坏时也能够被登录
机器 (machinery)	由于机器经常被替换或当废料出售,因此保留有19世纪或更早机器的建筑物是非常杰出的,这些机器的存在给登录提供了很好的理由。有时候即使机器被移动过,但它遗留有足够的证据,可以更好地理解工业制造生产的过程,也可被登录或在册
历史价值,包括创新(historic interest, including innovation)	一些建筑由于见证了新技术的发展而具有特殊的历史价值。这种情况下需要仔细地思考技术发展的影响或变化,重要的价值经常存在于突破(breakthrough)和创新。通常建(构)筑物自身能体现出一些创新的直接证据。某些建筑本身的建造技术,如防火技术,也具有特殊的建筑价值。相关重要的工程师、企业家、匠师也可以提升或增加建筑的特殊价值。单独的建筑物需要被评估。然而考虑更广泛的工业环境是非常重要的,在这个环境中该建筑是其他登录建筑功能组群的一部分,群体价值有助于增加该建筑自身的价值,比如与工业过程相关的建筑物。关键在于当时它们在功能上的相互关联程度

资料来源:根据Industrial Buildings Listing Selection Guide内容翻译后自制

《工业建筑登录导则》中"工业特殊性考虑"这一部分专门针对不同工业行业作了分析，分为三大功能部门：采掘业（extraction）、加工与制造业（processing and manufacturing）、仓储与配送业（storage and distribution），然后分别在这三大门类中又更加细化分成不同的工业行业，下面简述之：

- 采掘业（extraction）

采掘业可分为三大类型，第一类是煤炭、大多数铁矿石和其他一些沉积物，例如耐火土、盐和一些建筑石材，这类沉积物一般为厚的水平层状，通过层状开采（seam mining）。第二类是某些铁矿石和所有其他金属矿石（例如铅矿、铜矿和锡矿），这类沉积物薄矿脉开采（vein mining）通常是狭窄、间断且垂直竖向穿过水平层，开采也导致了矿区建筑物的分散布局。第三类是露天采矿（surface quarrying and opencasting），包括煤炭、铁矿石、黏土、多数建筑石材等，这类开采矿区一般不需要永久的建筑（permanent buildings）。

层状开采：早期煤炭或铁矿石的层状开采通常都是浅层的，开采场地中分布着大量的竖井（shafts），地面的建（构）筑物通常都是临时的。最早的永久建筑（permanent buildings）是18世纪才第一次出现的立式发动机房（vertical engine houses），该发动机主要用来从矿井巷道中抽水，但这种发动机直到19世纪才被广泛使用。19世纪上半叶，用来从矿井中抽出污浊空气的通风烟囱（ventilation chimneys）出现。蒸汽驱动（steam-powered winding）的卷扬机直到19世纪中叶左右，才开始取代马拉动（horse power）。因此1850年之前的采矿建筑，即使是与当时的采矿环境分开、坍塌损坏或转为其他用途，也应被登录，因为它们太稀少了。煤炭工业高度资本化的矿井（highly capitalised pitheads）始于19世纪下半叶和20世纪初期。由于采矿关闭后一般需要清理的政策，极少有完整的矿井场址遗留，因此完整的矿井遗址将会是登录的有利条件，不完整的矿井遗址中零星的建筑则需要具有一些其他特殊的价值，例如特别的建筑技艺或者是罕见的实例等。

薄矿脉开采：矿脉开采比煤炭开采有更久的历史，可以追溯到青铜时代（Bronze Age），早期的采矿痕迹常常由于后期的重新开采而模糊。早期矿脉开采的永久建（构）筑物是冶炼工厂（smelt mills），有冶炼炉将矿石冶炼为可用的金属。通常这些有矿石加工痕迹的遗址，按照在册（scheduling）保护更为合适。在矿脉开采中，当开采低于最低排水水平时需要用到泵，这种泵有用手工抽、马拉动或水车驱动的，蒸汽动力泵最早在1710年的康沃尔地区使用，但直到18世纪后半叶，蒸汽动力泵改进效率之后，才使得蒸汽泵在矿脉开采区切实可行，因为使用这种泵时，可以不必靠近煤田来提供燃料了。康沃尔矿业公司的工程师Richard Trevithick率先对蒸汽机进行了许多改进，使得经典的康沃尔发动机房（classic Cornish engine house）在西南部蔓延。相比煤矿，矿脉提升至地面的材料要少，19世纪下半叶时，蒸汽卷扬机（steam winding）通常只有在资本最富裕的矿井中使用。在一些开采区，唯一的永久建筑物是用于放置抽水泵（pumping engine）与其锅炉的房子，因此孤立幸存的建筑物有时仍是具有登录资格的。有一些矿场在偏远的高地，在那里建有矿工宿舍，经常也包括经理办公室等，这些建筑即使已毁坏或是19世纪下半叶的，也都是登录的有利因素。对矿脉遗址的评估应结合区域因素，例如德比郡的铅矿选择与北奔那州的铅矿不同。

露天采矿：煤、石、黏土或骨料的地表开采有时区域是很大的，但是其所需要的建（构）筑物很少。尽管任何的建筑物都可被评估登录，但有轨电车、作业区和弃渣残留物的遗址等更适合考虑在册保护。

- 加工与制造业

加工制造业包含了石灰、粮食加工（corn mills）、纺织、漂白印刷、金属加工、饮料与食品加工、汽车制造等多个门类。下面选择比较有代表性的门类进行说明。

炉和窑（furnaces and kilns）：英国国内最常见的炉体形式是石灰窑（lime kiln），可用来燃烧石灰石生产作用于建筑（砂浆、水泥、石膏）或用于农业用途（作为土壤改良剂）的石灰。这些石灰窑大部分都是火窑（flare kilns，间歇式窑、周期式窑），将窑内堆放石头，从窑的下部点火燃烧几日，烧好后冷却取出。18世纪晚期时不间断式窑（draw kiln）发明并发展，从外表上看其与火窑是一样的，但在这种窑炉里，燃料和石头混合后放置在窑的顶部，持续燃烧后下落，并持续从底部孔洞抽出石灰。石灰窑在规模上有很大差异，从单一小型或成对的窑，到位于运河或港口旁边规模较大的窑炉，一些罕见的工业规模的窑炉（以及19世纪中叶发展起来的其他窑炉类型，如霍夫曼窑）在过去经常通过在册评估，最近再次偏向于登录评估。较小的田间窑炉通常表现出某些乡土特色。其他形式的窑炉，如焦炭厂、煅烧窑、炼铁高炉、炼铅厂、砖窑、玻璃锥窑和烧陶窑更稀少，通常被在册保护。

纺织业：纺织车间工场（textile workshops），在引进工厂系统（factory system）前，毛纺、亚麻、丝绸和棉纺的生产是在住宅中进行的，从18世纪初开始，出现了越来越多的专门进行纺织生产的房子。棉花和亚麻在潮湿的环境中容易编织，通常被安放在地下室里操作，这类建筑可以通过封闭的地窖窗户来识别。其他纤维的织物车间（loomshops），其最具特色的地方是房子的顶层，这类建筑物的顶层有长排的竖框窗（mullioned windows），如约克郡的毛纺车间。类似的，这种阁楼车间还有丝绸、棉花、袜子、蕾丝的车间工场

(workshop)等。根据建筑材料和生产产品的性质，建筑物的规划和建造有差异。大型机械的发展往往需要独立的建筑物（例如1830年代后，在东米兰德地区激增的框架式织造车间），这种专门的织造车间会聚集专业化的操作人员。

最早的机械化纺织遗址是梳理羊毛或整理羊毛织物的水动力工厂（water-powered mills），这些工厂经常与粮食加工厂（corn mills）鲜有区别，而且它们经常一起工作，在18世纪下半叶时，有许多毛织物染整厂转为粮食加工厂。18世纪初，在德比丝绸区和东柴郡地区出现了最早的多层工厂，用于捻丝（将丝绸纱线扭卷成一束），1770年代理查德·阿克赖特（Richard Arkwright）等人将这项技术应用于棉花纺纱，最初是在德温特山谷，后来蔓延至别处。一般安置各种水动力驱动的建筑都又高又窄，这种建筑有承重墙，木梁支撑着木地面，建筑的宽度受限于木梁的跨度，这种类型的工厂持续了一个世纪左右的时间。1770年代水动力逐渐应用于羊毛梳理（将羊毛纤维大致梳理平行），然后用于纺纱，18世纪下半叶见证了早期完整的羊毛纺织厂的发展，这种工厂包含了染料车间和手工织造车间（workshops）。18世纪下半叶多层纺纱工厂快速扩张，至1800年时机械纺纱被用于所有主要的纤维：棉花、亚麻、丝绸和羊毛，这时也找到了将梁式蒸汽机（a beam steam engine）的垂直作用转变为旋转作用的方法，能够使得工厂的选址可以脱离水驱动轮的需要。

由于传统的工厂（尤其是棉花和亚麻）容易发生火灾，防火工厂（fireproof mills）从1790年代后期发展起来。在19世纪的第一个十年里，经典的防火工厂由铸铁（cast iron）柱子支撑着铸铁梁，用砖砌筑的拱券系着锻铁拉杆，还有金属框架的屋顶。防火工厂的建造整个19世纪都在不断改进，新材料的开发使得这种改进变成可能，建筑大幅度增加了宽度，并且在20世纪达到了最宽点，采用钢框架和混凝土地板的工厂拥有了巨大尺寸。早期的多层防火工厂已被登录为高等级，许多后期展现了高质量建筑设计或高技术价值的工厂也可能具有登录资格。但防火工厂从来都不是万能的，它们的建造成本比传统工厂昂贵，在19世纪的大部分时间里，这两类工厂都并存着，事实上传统工厂仍然是某些地区的常态。

1820年代机械织造才成功地应用于棉织和其他纤维。早期的动力织机被安装到传统的多层工厂中，但随着动力织机尺寸的不断增加和重量的不断增大，刺激了单层织造棚（weaving shed）的发展，这种房屋具有独特的锯齿形屋顶（saw-tooth roof），北侧采光。机械织造的发展又进一步导致了综合工厂（integrated mills，有纺纱和织布）的扩张（棉花从1820年代，羊毛从1830年代），综合工厂的单层织造房、多层的准备及纺纱房屋，通常都共享一个单一的动力源。在棉花行业，综合工厂的数量在1850年左右达到顶峰，然后就逐渐被大型的单一专业化的纺纱或织布公司取代（分开了纺纱与织造）。到19世纪末，80%以上的纺锭都在纺纱区，65%以上的织机都在织造区，工业变得更加集中和专业化。建筑活动也在不同时期的不同城镇达到了顶峰。1820年代自动走锭（automatic mule）引入毛纺生产，随着几年后动力织机的引入，使得毛纺业综合工厂在19世纪迅速扩张，并在19世纪中叶达到了顶峰，这些工厂拥有巨大的蒸汽动力机（steam-powered complexes）。亚麻工业在19世纪中叶达到顶峰，宏伟的埃及风格的庙宇工厂，利兹工厂（Leeds, 1838—1848年，由Ignatius Bonomi设计，登录Ⅰ级，图1-6）标志着先进技术与建筑设计结合的顶峰。丝绸工业也逐渐发展，19世纪下半叶大规模暴发，在约克郡建立了许多巨大的工厂。

伯明翰地区的纺织工厂是维多利亚时代工业建筑的很好实例，它们被认为是公共建筑，在这些工厂里，工作场所和销售场所一样值得展示。然而应当注意的是，这种雄伟的、构思精良的工厂设计是工业展示的巅峰，因此经常被登录为高等级，但绝大多数的纺织工厂在设计上更注重实用性，即使缺少建筑设计上的品质，它们也可能会因其他的特殊价值而被登录。事实上，基本完好的综合工厂越来越少了，因此即使是维多利亚时代实用主义外观的工厂也有可能被登录。19世纪后期专门化的工厂需要仔细评估，尤其是织造工厂，这些工厂里的织布棚也变得越来越稀少了。

纺织工业也推动了生产和运输两方面动力系统的创新。水轮（waterwheels）在蒸汽动力引进后继续发展，并且有所创新，如悬挂轮（the suspension wheel）、轮辋传动（rim drives），轮子也出现完全用铁建造的（19世纪中叶）。在原址上幸存的水轮属于全国罕见的实例，即使轮子已处于破损坍圮状态或有大量的现代修复，也应登录，相关的水系统，如大坝和水闸等也值得评估。蒸汽机在纺织生产中的早期应用主要是用来向工厂的池塘或水轮上抽水。早期的蒸汽动力工厂，用单缸梁发动机（single-cylinder beam engines），通常将蒸汽机放置在主厂房内，其位置由高窗来识别，从1830年代开始，双梁发动机（double-beamed engines）被经常使用。1850年代，外置发动机房（external engine houses）已经变得很常见，有时即使是孤立的也应被登录。1870年代之后，随着卧式复合式发动机（compound engine with horizontal cylinders）的使用，有些发动机房不仅尺寸变大而且出现了建筑设计装饰。在很多情况下，即使工厂中的其他部分已消失，那些保留有蒸汽机的发动机房也极有可能会被登录高等级。卧式发动机房（horizontal engine houses）若缺少发动机，可能不会像梁式发动机房（beam engine houses）那样即使孤立也能被登录，除非它们有特殊的建筑价值。完整烟囱和锅炉房的遗留也越来越少，因此不论是

图 1-6　利兹工厂
图片来源：*Industrial Buildings Listing Selection Guide*

任何时期抑或是普通实用的外观也可考虑登录。此外，还要注意工厂中的动力传输系统，有时即使物证是零星的，它们也具有较高的价值，而完整的遗存是非常罕见的，可以登录高等级。

- 仓储与配送业

自中世纪以来，商人的仓库就用来仓储羊毛制品、棉布和其他交易物，这些仓库通常附属在商人自己的房子上，货物存放在一个或多个楼层、地下室或阁楼里。至 18 世纪时，这些仓储空间可能会是房子的两翼，至 19 世纪中叶时，越来越多的专用仓库建筑就出现了。从 1839 年风靡全国的宫殿风格（palazzo-style），到 1870 年代丰富多样的风格并存，再到 19 世纪后期新饰面材料的引进，例如陶瓦，使得仓库外观不断发生着改变。在爱德华时期，仓库建筑引入了钢框架结构，增加了玻璃面积，也增大了建筑物尺寸。不同功能的仓库，其设计会有相应变化，如保税仓库（bonded warehouses）的特点是小窗户和禁止出入式样，而其他类型的仓库需要阳光和安全性。较重的货物往往放置于仓库中较低的楼层，而上面的楼层用于检查，地下室往往用于包装。由于地下室层高较高，能够用高出路面的水平窗户照明，这些窗户外面通常都会用铁栅栏保护。一些仓库有专门的机械设备来处理货物，例如液压机（hydraulic presses），可以将布打包成无空气的包装，以便安全运输和长期储存，大多数仓库都有起重机和升降机，有一些是液压动力（hydraulically powered）的。包装仓库（用于包装、打包和分发货物）有时被几家公司使用，主要的标识是有许多货车入口、许多的装载间和起重机。中转仓库，提供短期仓储（货物从长途运输到本地运输），经常可以在运河边、铁路旁或各个港口中被找到。较复杂的仓库构筑物可以在公路、运河和铁路运输之间互换（例如可以通过起重机在不同的公路、运河或铁路层互换）。1914 年之前的小规模的仓库建筑也可能具有特殊价值，因为它们可以阐释早期运河或铁路在运输普通货物中的重要性，而现在这些货物主要由公路运输。

19世纪后期的仓库建筑经常采用最新的建筑技术,它们被设计得非常好,其中有许多是宏伟有建筑特色的,技术和建筑价值经常结合在一起。此外,仓库建筑群也能创造出具有巨大特色和重要性的城市环境,例如曼彻斯特、利物浦、莱斯特、诺丁汉和伦敦等城市,它们构成了工业革命最令人难忘的回忆。

(2)英国对文化遗产价值的基本理解

Historic England 颁布的《保护准则:历史环境可持续管理的政策与导则》(Conservation Principles: Policies and Guidance for the Sustainable Management of the Historic Environment)是目前该机构用于指导各项事务的一个纲领性文件,是阐释说明英国对于历史环境和文化遗产价值基本理解的文件,作为指导文化遗产价值评价认定与保护管理等各项活动的基础。而工业遗产是文化遗产的一种特殊门类,其文件中提出的"物证价值、历史价值、美学价值与共有价值"四个方面也成为英国对工业遗产价值的基本理解。其解释如下:

物证价值(evidential value),指"场所可以提供人类过去活动的证据"。其最关键的是要有过去人类活动的实物遗留。历史价值(historical value),指"场所能够将现在与过去的人、事件和生活相联系"。历史价值包含两部分含义:"解释价值"(illustrative value)和"关联价值"(associative value)。解释价值就是解释说明场所中的人与他们过去的行为活动。解释价值不同于物证价值,解释需有可见性,而物证(如埋葬的遗存)则不需要,通常有解释价值的场所也会具有物证价值。有时解释价值会根据不同的情境有不同的说法,例如对一套结构系统或一台机器的解释,就可能被称为"技术价值"。若场所在设计、技术或社会组织等方面拥有第一或唯一创新的例子,则会提升其解释价值。关联价值是指场所与著名的人物、家族、事件或活动等相关联。无论是解释还是关联,场所都需有历史遗留,但历史价值不如物证价值那样极易被改变或破坏,部分的改变或隐藏场所里可见的具有真实性的证据并不完全损害历史价值,尽管真实完整的实物确实有助于提升其解释价值。美学价值(aesthetic value),指"场所可以给人们感官和知识上的激发和启迪"。美学价值包含三部分的含义:"设计价值"(design value)、"偶然美学"(fortuitous aesthetic value)和"关联价值"(associative value)。设计价值主要指建筑物、构筑物或景观设计的美学质量,包含了设计元素(形式、比例、体量、轮廓、景色和环境等)、材料、植被、装饰或细节以及工艺。有时美学价值不来源于正式的设计,而是由于偶然的因素,如自发形成的有机的城市或乡村景观。关联价值指与著名的资助人、建筑师、设计师、园艺家、工匠或当地传统的建筑类型等相关。共有价值(communal value),指"场所对与其相关的人具有某种意义,或在他们的集体经验或记忆中扮演着角色"。共有价值与历史（尤其是关联价值）和美学价值很接近，但有其特殊的方面。共有价值包含三部分含义："纪念和象征价值"（commemorative and symbolic value）、"社会价值"（social value）和"精神价值"（spiritual value）。纪念和象征价值指场所能够唤醒人们对过去生活和事件的意识，人们与场所有情感的联系，例如场所能够唤醒人们对于战争的记忆，有时这些记忆是不舒服的，但它们也是集体记忆的重要方面。社会价值指场所作为人们身份认同或区别、社会互动的一种资源。场所的社会价值使团体拥有自我意识和认同，拓展到更大的范围就是区域和国家认同，相对于其他价值，社会价值更多与场所中发生的行为活动相关，更少依赖于实物遗留，只要场所最关键的社会和文化特征还在，社会价值就可以通过原始实物的替换品而存在。精神价值与场所蕴涵的宗教信仰和教义相关，反映了场所过去或现在的精神感知，如场所具有某种神圣性可以让人长时间地尊敬或崇拜。

2. 美国工业遗产价值评价理论研究

美国是一个联邦制国家，其对历史环境的保护与英国的保护体系相较而言，更多的是自下而上的保护。美国对历史环境的保护分为三个重要的层级：联邦—州—地方，州和有资质的地方政府可以根据自身的情况自行制定历史环境保护的相关法律和导则。在联邦层面，美国负责历史环境保护的重要官方机构是内政部（U.S.Department of the Interior）下属的国家公园管理局（National Park Service，NPS），其管理美国重要的文化资源，如考古资源、文化景观、民族学资源、历史建筑物和博物馆收藏等。国家公园管理局重要的专家建议团队为联邦历史保护咨询委员会（The Advisory Council on Historic Preservation），该委员会由遗产保护领域的专家组成，为公园管理局提供遗产评价和保护的建议。国家公园管理局颁布的《管理政策2006：国家公园系统管理导则》（Management Policies 2006：The Guide to Managing the National Park System），其第五章"文化资源管理"（cultural resource management）中介绍了美国对整个文化遗产和历史环境价值的基本理解与管理情况。

在美国的官方保护制度中并没有形成一套明确以"工业"为主题的遗产认定评价标准，但工业遗产的相关评价标准可以从美国历史场所国家登录标准（National Register of Historic Places，NRHP）、美国国家历史地标标准（National Historic Landmark，NHL）、美国历史土木工程地标标准（Historic Civil Engineering Landmarks，HCEL）以及《历史采矿资产的认定、评估和登录导则》（Guidelines for Identifying, Evaluating and Registering Historic

Mining Properties）等里找到。在这四份文件中，NRHP 与 NHL 提供了美国对于文化遗产和历史环境价值的理解与评价，后两者为与工业遗产相关的专门标准，土木工程地标标准与工业工程相关，采矿资产包含了煤炭、钢铁冶炼等矿冶行业。

（1）美国对文化遗产价值的基本理解

1935 年美国的《历史遗址法》（Historic Sites Act）授权内政部评定具有国家重要性的遗产为历史地标（NHL）。1966 年美国的《国家历史保护法》（National Historic Preservation Act）授权内政部将遗产评定的范围扩展到州和地方，旨在保护美国历史上建筑、考古、工程或文化等方面值得保护的遗产。正如英国采用登录建筑体系，美国采用各级历史地标体系。NHL 比 NRHP 的保护级别更高，列为国家历史地标的资产会自动登录为国家历史场所。NRHP 的名单由国家公园管理局代表内政部负责管理、维护和添加。

① 美国历史场所国家登录标准（National Register of Historic Places, Criteria for Evaluation, 36 CFR § 60.4）：

美国历史场所国家登录的历史资产（properties）类型有：区域（Districts）、遗址（Sites）、建筑物（Buildings）、构筑物（Structures）和物品（Objects）五类。下面的标准适用于评估资产是否可以被登录为国家历史场所：区域、遗址、建筑物、构筑物或物品在美国的历史、建筑、考古、工程或文化方面具有重要意义，它们具有场地、设计、环境、材料、工艺、情感和关联上的完整性，具备下列条件之一（表1-6）。

美国历史场所国家登录条件（一） 表1-6

（a）与重要的历史事件相关
（b）与重要历史人物的生活相关
（c）体现某一类型、某一时期或某种建造方法的独特特征，或大师的代表作品，或具有较高的艺术价值，或是具有群体价值的一般作品
（d）从中已找到或可能会找到史前或历史上的重要信息

资料来源：根据 National Register of Historic Places, Criteria for Evaluation, 36CFR § 60.4 内容翻译后自制

关于标准的思考：通常墓地、出生地或历史人物的坟墓，宗教机构或用于宗教用途的财产，从原有最初场地移来的建（构）筑物，重建的历史建筑，主要用于纪念用途的财产，具备重要意义但不足50年的财产。通常这些种类的财产不具备国家登录资格，但如果这些财产满足下列条件，也可有资格登录为国家历史场所（表1-7）：

美国历史场所国家登录条件（二） 表1-7

（a）一处宗教资产，但它主要的重要性源于其建筑或艺术上的卓越，或者它首要的重要意义源于其历史重要性
（b）从原有最初场地移走的建筑物或构筑物，但它首要的重要性源于其建筑的价值，或源于其遗存结构与历史人物或事件相关
（c）一位杰出历史人物的出生地或坟墓，如果没有其他合适的遗址或建筑与这位人物的生活直接相关
（d）一处墓地，其首要的重要性源于是卓越人物的墓地，或源于年代，或源于独特的设计特点，或源于与历史事件相关
（e）一幢重建的建筑，当其精准地建造在十分合适的环境里，作为修复计划的一部分呈现出了一种庄重的方式，并且也没有其他相关的建筑物或构筑物幸存时
（f）一处主要用于纪念目的的资产，但若其设计、年代、传统或象征价值具有自己杰出的重要性
（g）一处不足50年历史的资产，但若其具有杰出的重要性

资料来源：根据 National Register of Historic Places, Criteria for Evaluation, 36 CFR§60.4 内容翻译后自制

从上述条件可以看出美国对文化遗产的价值评价，非常注重三个方面：一是关注遗存本身的价值，包括设计、艺术上或建造上等成就；二是关注遗存的时间与关联性，包括年代、与重要人物或历史事件的关联性等；三是该遗存是不是孤品，已没有其他合适的遗产存在了。

② 美国国家历史地标标准（National Historic Landmark Criteria, 36 CFR§65.4）：

该标准适用于评估可能具有国家历史地标或可能有资格认定的资产。这些标准被NPS用来预备、审查和评估国家历史地标，它们也被咨询委员会用来审查国家历史地标并向政府提出建议。这些标准并不是精确地定义重要性或设置一套严格的质量标准，而是建立一个定性的框架，用以专业地分析比较国家重要性（national significance），最终一处资产是否具备国家重要性而被选为国家历史地标将由政府基于认定工作的意见和建议决定。

国家重要性的具体标准：区域、遗址、建筑物、构筑物和物品具有杰出的价值或品质，它们能够说明与阐释遗产在美国历史、建筑、考古、工程技术和文化等方面，它们在场地、设计、环境、材料、工艺、情感和关联性上具有高度的完整性，并满足下列条件之一（表1-8）：

美国国家历史地标标准（一） 表1-8

（a）与重要的历史事件相关，该事件对美国国家历史有重要影响，或是历史上突出的代表性事件，通过该资产可以获得一种对历史更好的理解和欣赏
（b）与美国历史上国家级重要人物的生活有重要关联
（c）代表美国人民的一些伟大理念或理想

续表

(d) 能体现某一建筑类型独有的特征,该类型遗存对研究某一时期、风格或建造方法具有重要的价值;或代表了重要、独特和杰出群体价值的资产,该资产的组成部分可能缺乏个体特质
(e) 是整体环境的组成部分,在单个个体上虽不具有足够的历史关联或艺术价值,但组合成群体后,群体具有杰出的历史或艺术意义,或群体能够突出纪念或阐释一种生活或文化方式
(f) 从中已找到或可能会找到重要的科学信息。从这些遗址中已经找到或很有可能会发现大量影响理论、概念和想法的信息

资料来源:根据 National Historic Landmark Criteria, 36 CFR § 65.4 内容翻译后自制

通常墓地、出生地或历史人物的坟墓,属于宗教机构或用于宗教用途的资产,从原有最初场地移来的建(构)筑物,重建的历史建筑,和不足 50 年的资产,不具有国家历史地标的认定资格。但是如果这些资产满足下列条件之一,也将有资格认定(表 1-9):

美国国家历史地标标准(二)　　　　　　　　表 1-9

(a) 一处宗教资产,但其主要的国家重要性源于建筑或艺术上的卓越,或源于历史重要性
(b) 从原有最初场地移走的建筑或构筑物,但国家重要性主要源于它的建筑价值,或源于与国家历史上十分重要的人物或事件相关
(c) 一处遗址,虽然其中的建筑或构筑物已不存在,但若其与国家历史上十分重要的人物和事件相关联
(d) 一位具有国家重要性杰出历史人物的出生地、坟墓或墓地,如果没有其他合适的遗址、建筑或构筑物与这位人物的生前生活直接相关
(e) 一处墓地,其主要的国家重要性来源于是超凡卓越人物的墓地,或源于其某种非常独特的设计,或源于同十分重要的事件相关
(f) 具有非凡国家重要性的一幢重建的建筑或重组的建筑群,当其建造在十分合适的环境里,并且作为修复计划的一部分,呈现出了一种庄重的方式,并且没有其他相关的建筑或构筑物幸存时
(g) 一处主要用于纪念目的的资产,但若其设计、年代、传统或象征价值具有自己杰出的国家历史意义
(h) 一份不足 50 年历史的财产,但若其具有杰出的国家重要性

资料来源:根据 National Historic Landmark Criteria, 36 CFR § 65.4 内容翻译后自制

(2)美国对工业遗产价值的理解与价值评定标准

上述 NRHP 与 NHL 的评价标准提供了美国对文化遗产价值的基本理解与评价指标。此外,内政部和 NPS 也颁布了一系列的标准和导则(Secretary of the Interior's Standards and Guidelines),导则将资产类型(property types)分为航海、美国历史战场、墓地、历史考古遗址、历史采矿资产、乡村历史景观、重要人物相关资产、传统文化资产[①]等,其中与工业遗产最相关的有历史采矿资产的认定、评价和登录标准。除了官方的评价标准与指标外,美国有较多历史环境保护的专业学会,如土木工程师协会(American Society of Civil Engineers, ASCE)、机械工程师协会(American Society of Mechanical

---

① 文件的英文名称为:Guidelines for Identifying, Evaluating and Registering Aids to Navigation、Guidelines for Evaluating and Documenting Historic Aviation Properties、Guidelines for Identifying, Evaluating and Registering America's Historic Battlefields、Guidelines for Evaluating and Registering Cemeteries and Burial Place、Guidelines for Evaluating and Registering Historical Archeological Sites、Guidelines for Identifying, Evaluating and Registering Historic Mining Properties、Guidelines for Evaluating and Nominating Properties that Have Achieved Siginificance in the Past Fifty Years、Guidelines for Evaluating and Documenting Rural Historic Landscapes、Guidelines for Evaluating and Documenting Properties Associated with Significant Persons、Guidelines for Evaluating and Documenting Traditional Cultural Properties。

Engineers，ASME）等，土木工程师协会于1969年开始建立美国历史工程档案（Historic American Engineering Record，HAER）[①]，其对于工业遗产的记录也具有重要意义。这些非官方的专业学会与保护组织有自己的选择评价标准。

① 美国土木工程师协会对历史土木工程地标（Historic Civil Engineering Landmarks，HCEL）的评价认定标准[②]见表1-10。

> [①] 田燕,林志宏,黄焕.工业遗产研究走向何方——从世界遗产中心收录之近代工业遗产谈起[J].国际城市规划,2008,23(2)：50-54.
>
> [②] 历史土木工程地标标准，来源于美国土木工程师协会网站 http://www.asce.org/national-nomination-criteria/。

美国土木工程师协会对历史土木工程地标认定标准　　　　表1-10

（a）被提名的工程必须具有国家历史土木工程的重要性。其本身在规模、技术设计或建造的复杂性并不足以认定
（b）该工程必须代表了土木工程历史的一个重要方面，但不必由土木工程师设计或建造
（c）工程必须具有某些独特性（例如第一个被建造的工程），或已经有某些重要贡献（例如第一个由特定方法设计的工程），或使用了一种独一无二或非常重要的建造或工程技术。工程本身必须有助于国家或至少是很大区域的发展。因此，即使一个工程可能是同类型中的第一个或唯一一个，因其没有作出过贡献，也没有引起其他方面的发展，或是一个技术性的"死胡同"，可能不具有国家历史重要性
（d）尽管从安全性考虑或地理上的隔离，可能会限制访问该工程，但工程一般应能够为公众所观赏
（e）被提名的工程从实质性的竣工，到在ASCE的匾展示之前应至少有50年的历史
（f）工程所在地点，应有被公众可见的，能够安置由ASCE总部提供的一块"19in×13in"匾的地方

资料来源：根据Historic Civil Engineering Landmarks，HCEL内容翻译后自制

② 《历史采矿资产的认定、评估和登录导则》（Guidelines for Identifying, Evaluating and Registering Historic Mining Properties）中的标准[③]：

该导则认定的资产类型包括采矿（金属与非金属）、选矿、冶炼、工程设计、采矿景观及相关配套的资产等。国家登录标准应用于采矿资产：为了能够有资格登录国家历史场所，一处采矿资产必须在美国的历史、建筑、工程或文化方面具有重要意义，具有场地、设计、材料、工艺、情感和关联上的完整性，具备下列条件之一：

> [③] 来源于nps官方网站，网址为 https://www.nps.gov/nr/publications/bulletins/pdfs/nrb42.pdf。

a. 与历史重要事件相关。一处采矿资产因其与历史事件相关也许有资格登录国家历史场所。具有重要性的合适领域如表1-11所示。

采矿资产国家历史场所登录　　　　表1-11

农业（Agriculture）	某些早期的采矿资产被用作种植园或大农场的一部分，这些农场为工人生产食物并提供了炉柴
企业（Business）	大型企业的发展一般与采掘工业相关联，尤其是石油和钢铁工业
贸易（Commerce）	指某些矿区生产矿石交换易货的活动，其他与贸易相关的活动还可能包括垄断金属市场等，事实上几乎所有成功的采矿都有助于增加贸易和交易

续表

社区规划与发展（Community Planning and Development）	企业、城镇经常建设在矿区附近，尤其是以金属和煤炭为基础的行业，一些城镇的规划是独一无二的
保存（Conservation）	采矿经常是保存的对立面，资源保存的主要争议是由企业开采矿石引起
经济（Economics）	某些矿区财富的惊人积累引起业界和世界股票市场的大量投资，货币的发展历史与贵金属工业密切相关
教育（Education）	矿区学校在公共教育的发展中扮演了重要角色，一些大学往往在矿区设有实验室或教育矿山，而有些学校就建在矿区里，在某些情况下，一些学校甚至拥有和经营矿区
工程（Engineering）	1890年以后，许多采矿工厂群由采矿工程师设计，包括为采矿作业服务的水和运输系统。采矿工程中的重要实例应归于这个重要性领域。采矿工程师比熟练工匠有优势是一个渐进的过程，许多采矿资产能够展示这种变化，并提供变化过程的中间证据
民族遗产（Ethnic Heritage）	得克萨斯州的Alibates火石采石场和明尼苏达州的Pipestone国家古迹提供了印第安人使用采掘技术和资源利用的实例。美洲印第安人曾工作于加利福尼亚金矿、亚利桑那铜矿和阿拉斯加煤矿。西班牙和墨西哥人要早于美国人在西南部采矿。采矿业中有很多欧洲和拉丁美洲矿区的移民，西部地区的金矿也吸引了大量的华工
开拓/定居（Exploration/Settlement）	这个领域的重要性适用于那些代表开拓或早期定居的采矿资产
发明（Invention）	采矿资产可能与一种新型冶金工艺的发现、新型机器的引进、新的运输或动力传输方法的发展相关
产业（Industry）	采矿资产可能与生产商品和服务的材料、劳动力、设备技术与管理过程相关，例如冶炼厂将金属转化为适用于工业使用、制造或商业交换的形式。铁和铜工厂是另一些形式的采矿资产，经常有集中的冶炼厂，铁路运输系统以及动力厂房和线路、企业住房、商店、办公室等基础设施
劳工（Labor）	采矿资产可能会与采矿事故、矿工罢工，工会或其他劳工历史方面相关
法律（Law）	采矿资产可能与矿产法的发展相关，或与地方引起矿产法重新解释的重大诉讼有关
文学（Literature）	采矿资产可能与文学人物，如Mark Twain、Jack London、Bret Harte、Rex Beach、Mary Halleck Foote和其他生活在西部矿区的作家有关，他们用自己的经验作为写作的基础。许多黑幕揭发者或采矿评论家撰写了采掘业中的欺诈行为，或出版了关于采矿安全性的问题出版物
军事（Military）	采矿资产可能与矿工罢工期间的军事干预，保护在危险条件下工作矿工的军事努力，以及某一特殊地区矿产资源刺激利益的军事行动相关
政治/政府（Politics/Government）	采矿资产可能与矿区的发展或为制定地区法律而召开的矿工会议有关，或与联邦法规的政治辩论、个体的政治诉讼，以及为了政治目的利用采矿财富等方面相关
科学（Science）	采矿资产可能与地质学、冶金学和其他采矿工程方面的重要发展相关
社会历史（Social History）	采矿资产可能与企业努力保护工人福利相关，与企业医院和图书馆的建设、人道主义赞助和其他社会历史方面相关

资料来源：根据Guidelines for Identifying, Evaluating and Registering Historic Mining Properties 内容翻译后自制

b. 与重要历史人物相关。如果一处采矿资产直接与历史重要人物相关，那么具有重要意义。在这一标准下具有重要性的合适领域包括：开拓/定居、发明、法律、文学、政治/政府和劳工等。

c. 一处采矿资产具有重要性，它需"体现某一类型、某一时期或某种建造方法的独特特征，或大师的代表作品，或具有较高的艺术价值，或是具有群体价值的一般作品"。包括下列种类：

建筑（Architecture）：采矿资产有属于自己的建筑，尤其是那些包含了工厂、起重机房和冶炼炉的工业综合群。大量斜坡尖顶山墙的建筑也促进了其他建筑的发展。由特定民族建造的乡土建筑在矿区中是明显的。

工程（Engineering）：采矿工程及其衍生工程，如冶金工程，见证了过去一个半世纪的巨大进步。采矿资产经常提供了关于采矿技术演变的极好例证。此外，还有基于设计和工程创新的杰出工程师的作品。

d. 一处采矿资产因含有史前或历史上的重要信息而具有重要性。有资格的资产可以提供包括建筑物或构筑物、机械设备、尾矿或废矿石堆的地貌，或不容易看见的物质遗存，如暗井、废物堆、勘探坑、倒塌的井架、建筑基础、道路和机器垫台或锚墩等的信息。

此外，该导则还在"认定"（Identification）一章中介绍了田野调查应注意的采矿资产物质遗留，包括了建筑物、构筑物、其他建筑形式的遗留、机器、考古遗留（最容易被忽视，包括坑、井、地窖洞、建筑物基础和平台、地壕、生活和工业垃圾堆、单独的工件、倒塌的井架、机器基座和平台、凹坑、道路、沟渠、小路、推土机的切地等），以及景观特征（如采矿废弃的石料堆、矿山尾矿、水运系统、露天矿和道路）等。田野调查的方法包括航空摄影（aerial photography）、徒步调查（pedestrian survey）、遥感（remote sensing，如雷达剖析（radar profiling）或质子测磁（proton magnetometry）与简单探测（simple probes）。记录的方法包括摄影、绘制建筑的平立面、机器和其他物体的草图绘制、叙事描述和比例图的绘制等。

3. 加拿大工业遗产价值评价理论研究

加拿大负责工业遗产价值评价的重要官方机构是加拿大公园（Parks Canada[①]），负责管理保护加拿大重要的自然和文化遗产。加拿大历史遗址和古迹委员会（Historic Sites and Monuments Board of Canada）是该机构的专家建议团队，负责向 Parks Canada 提供评价认定遗产的建议，如具有国家意义的场所、人物及事件的认定。加拿大历史场所（Canada's Historic Places[②]）具体负责加拿大历史场所的登录（Canadian Register of Historic Places, CRHP），由 Parks Canada 管理，旨在加强联邦、省和地区政府的合作。

① Fergus T.Maclaren. 加拿大遗产保护的实践以及有关机构 [J]. 国外城市规划，2001(8)：17-21.

② 其官方网址为 http://www.historicplaces.ca/en/home-accueil.aspx.

加拿大工业遗产的评价认定及保护管理与这三个组织机构密不可分。

加拿大也十分注重工业技术的创新与生产方式或生产制度的进步，工业科技方面的创新和成就是工业遗产选择时的重要指标。加拿大工业化的历史分期分为：1800—1848年是前工业化阶段，制造业起步；1848—1879年，被称为水动力阶段；1879—1896年，纺织业获大规模发展；1896—1939年，企业兼并呈现大规模工业化发展。

（1）加拿大对文化遗产价值的基本理解

Parks Canada 颁布的《文化资源管理政策》（Cultural Resource Management Policy）介绍了加拿大对整个历史环境和文化遗产价值的基本理解："对过去，现在和未来的人们有美学、历史、科学、文化、社会或精神上的重要性或意义。文化资源的遗产价值体现在其定义特征元素上。"定义特征元素（Character-defining Elements）是指："体现文化资源遗产价值的材料、形式、地点、空间布局、使用和文化联想或意义，必须被保留下来以保护遗产价值的元素。"

（2）加拿大对工业遗产价值的理解与价值评定标准

加拿大历史遗址和古迹委员会颁布的《标准，通用导则 & 专门导则——评估具有国家历史重要性潜力的对象》（Criteria, General Guidelines & Specific Guidelines for Evaluating Subjects of Potential National Historic Significance）中介绍了加拿大对工业遗产价值的理解和评价指标。该文件提供了评估具有国家历史重要性场所、人物与事件的标准和导则，在这里场所的含义包括建筑物、构筑物、建筑群、景观和考古遗址等。该文件包括标准、通用导则，并具体针对场所、人物和事件等做了专门的评价导则，在场所的专门导则中又细分了20种不同的门类，如考古遗址、历史街区、公园和园林、用于宗教用途的教堂和建筑物等，其中与工业遗产相关的是历史工程地标的导则（表1–12）。另外，Parks Canada 颁布的《考古资源的管理导则》（Parks Canada Guidelines for the Management of Archaeological Resources）中详细介绍了考古资源Ⅱ级的价值评价指标（表1–13），其中包括实物价值、联想和象征价值、科学和研究价值以及公共价值，这些也是评价工业遗址的重要参考依据。

4. 日本工业遗产价值评价理论研究

日本是亚洲最早开展工业遗产研究的国家之一。1977年建立了全国性的产业考古学会[1]，并创办《产业考古学》会刊，开始了产业遗产的相关研究。1990年日本文化厅开始对近代化遗产进行综合调查，1993年日本将近代化过程中重要的工业、交通、港口等近代遗产作为重要文化财的指定对象，1996年开始了为期八年的大规模近代遗迹普查，2005年取消了"近代化遗产"这一分类名称，而改为"近代产业、交通、土木"的类别。目前日本对于产业遗产的认定，主要

---

[1] 英文名称为：Japan Industrial Archaeology Society，JIAS。日本产业考古学会官方网址为 http://sangyo-koukogaku.net/.

《标准，通用导则 & 专门导则——评估具有国家历史意义潜力的对象》
中与工业遗产价值评价相关的标准和导则　　　　　表1-12

国家历史重要性标准（Criteria for National Historic Significance）中关于场所的内容	通用导则（General Guidelines）中关于场所的内容	专门导则：场所（Specific Guidelines：Place）中历史工程地标（Historic Engineering Landmarks）导则的内容
有国家历史重要性的场所，需满足以下一个或多个标准：一个场所可被认定为具有国家历史意义，凭借其与加拿大历史某一国家意义方面的直接联系。考古遗址、构筑物、建筑物、建筑群、地区，或潜在的有国家历史意义的文化景观： （a）阐释了在概念和设计，技术和/或规划方面的某一特殊创造性成就，或阐释了加拿大发展中某一重要阶段的特殊创造性成就；或 （b）全部或部分的阐释或象征了某一文化传统、一种生活方式，或加拿大发展中重要的理念；或 （c）与重要的国家历史人物有非常明确和有意义的关联或识别；或 （d）与重要的国家历史事件有非常明确和有意义的关联或识别	国家历史意义的认定是在具体问题具体分析的基础上，按照上述标准，并置于加拿大人类历史的广度背景下。 一个独特的成就或突出的贡献，因其重要性和/或卓越的质量，明显超过其他的成就或贡献。国家历史意义认定的一个代表性例子是由于它突出地代表了加拿大历史的某一重要方面。 与国家重要的人物或事件有明确和有意义的关联，且这种关联是直接和可理解的。 独特性或稀缺性，其本身并不能成为具有国家历史意义的依据，但可与上述的标准一起考虑是否具有国家历史意义。其本身不被视为具有国家历史意义。一般情况下，唯有纪念（commemoration）才会使场所、人物或事件具有国家历史意义。 场所： （a）完成于1975年之前的建筑物、建筑群和遗址，可考虑认定为具有国家历史意义； （b）尊重自身设计、材料、工艺、功能和/或环境完整性的场所，可考虑认定为具有国家历史意义，因为这些元素是理解场所意义必不可少的； （c）当被考虑认定为一个国家历史遗址时，场所的边界必须被明确地界定； （d）通常不合适于馆内展示的大尺度可移动遗产可考虑认定为具有国家历史意义	首先要评估它们的工程重要性，同时也要评估它们对于加拿大历史和发展影响方面的历史重要性。满足40年的规则也适用于选择工程地标。 为了进入工程地标的名单，一处遗址要满足以下一个或多个准则： （a）体现了某一杰出的工程成就； （b）凭借其物理性能的优点，其有突出的重要性； （c）是某一重要的创新或发明，或阐释了某一非常重要的技术进步； （d）是加拿大某一非常重要的文化技术同化； （e）是某一极具挑战性的建设壮举； （f）是当时建设同类中最大的，仅其规模就构成了工程中的一个重大进步； （g）曾对加拿大某一主要地区的发展过有某一重要的影响； （h）对加拿大人或加拿大某一专门的文化团体有特别重要的象征性价值的工程和/或技术成就； （i）是一个卓越的早期例子，或遗存下来的稀缺或独特的例子，在加拿大工程历史上起到了重要作用的工程类型； （j）是某一重要等级或类型工程项目的代表，当没有现存的其他优秀遗址考虑列入时

资料来源：根据Criteria, General Guidelines & Specific Guidelines for Evaluating Subjects of Potential National Historic Significance 内容翻译后自制

加拿大考古资源Ⅱ级价值评价认定相关指标　　　　　表1-13

物证价值 （Physical Value）	（1）实物考古证据，如通过制造和使用见证了过去人类活动的特征、结构和物件； （2）可提升资源价值和评估其完整性的考古环境； （3）没有损害完整性的资源、相关资源或资源环境； （4）增加遗址或区域考古资源整体价值的资源

	续表
联想和象征价值 (Associative and Symbolic Value)	(1) 传达了某一场所、人物、事件或时段精神的考古资源； (2) 与当地口述传统和/或传统知识相关的资源； (3) 有精神或宗教价值的资源； (4) 与葬礼习俗相关的资源； (5) 与分级或认定的联邦遗产建筑有关的资源
科学和研究价值 (Scientific and Research Value)	(1) 经过历史上许多时期演变的资源； (2) 在国际、全国、地区或本地中是独特和稀缺的资源； (3) 代表了一种等级、类型、功能或主题的资源； (4) 有某一考古学背景或来源于某一考古学背景的资源； (5) 该资源是某一遗址或特定主题的唯一信息来源； (6) 有助于理解人类居住和行为的资源； (7) 阐释了人类与其环境关系的资源； (8) 有解释和展示潜力的资源； (9) 有助于群体的资源
公共价值 (Public Value)	(1) 在公众理解遗产中起作用的资源； (2) 增加教育和展示价值的资源

资料来源：根据 Parks Canada Guidelines for the Management of Archaeological Resources 内容翻译后自制

是从地域活性化的角度出发，通过产业遗产运用委员会对收集到的日本各地区产业遗产约400多个产业遗存进行调查，于2007年和2008年发布了《近代化产业遗产群33》[①]、《近代化产业遗产群续33》[②]两份遗产目录。

(1) 日本对文化遗产价值的基本理解

日本对文化遗产价值的基本理解可从日本对文化财登录的相关评估标准中找到。1950年日本颁布《文化财保护法》，迄今已经历了多次重要的修订，其中在1996的修订中，日本借鉴欧美的文化遗产登录制度，导入了"文化财登录制度"，当时的登录对象为建筑物，在2004年的修订中，又增设了"登录有形民俗文化财"和"登录纪念物"制度。日本对文化财的登录选择标准是[③]：

建成后经过50年的建造物，具备以下三个条件之一即可：一是有助于国土的历史性景观之形成者（如以特别的爱称给大众亲切感，有助于提高地方的知名度，出现在绘画等艺术作品中）；二是成为造型艺术之典范者（如设计非常优秀，与著名建筑设计师或施工建设者有关，某一建筑风格的初期作品，反映时代和建筑类型的特征）；三是难以再现者（如用先进技术和技能建设而成，用了现在已较少应用的技术和技能，造型与设计珍贵，类似作品已较少）。

登录对象包括住宅、工厂、办公楼等建筑物，桥梁、隧道、水闸、大坝等构筑物以及烟囱、围墙等工程物件。

(2) 日本对工业遗产价值的理解与价值评定标准

《近代化产业遗产群33》与《近代化产业遗产群续33》中遗产选取的标准见表1-14。

---

① 日本经济产业省网站 http://www.meti.go.jp/policy/local_economy/nipponsaikoh/pdf/isangun.pdf.

② 日本经济产业省网站 http://www.meti.go.jp/policy/local_economy/nipponsaikoh/pdf/isangun_zoku.pdf.

③ 张松.历史城市保护学导论——文化遗产和历史环境保护的一种整体性方法[M].上海：同济大学出版社，2008：165.

《近代化产业遗产群33》《近代化产业遗产群续33》中的标准　　表1—14

（1）选取的对象是幕府末期——战前这一段时间的产业遗产（但是对于江户时期和战后的产业遗产等，根据需要详细考察）
（2）对象不仅包括建筑物，还有具有划时代意义的制造品以及生产过程中所用的机器设备，与生产过程相关的故事和文件等与近代化相关的多种多样的物件。另外，也包括相关的复原物或者模型
（3）主要是指产业发展过程中具有革新作用的产业遗产（原则上不包括江户时期用传统方法从事生产的产业遗产）
（4）上述的近代化产业遗产要通过地域史和产业史的脉络为中心整理汇编，将这些遗存组合在一起更容易选择其活化的方式

资料来源：根据《近代化产业遗产群33》《近代化产业遗产群续33》内容翻译后自制

二、国内研究现状

（一）近代中国工业史与技术史的研究

1. 近代工业史的研究

国内对于近代工业史的研究主要可分为以下几种类型：

（1）全国性的工业史。祝慈寿的《中国近代工业史》《中国工业技术史》从经济史和科技史的角度，分析了中国工业的发展历程，是中国工业资料的集大成者。刘国良的《中国工业史·近代卷》、孙毓棠和汪敬虞所著的《中国近代工业史资料》、陈真和姚洛所著的《中国近代工业史资料》是详细介绍中国近代工业发展情况的重要资料，为近代工业资料的集大成者。张国辉所著的《洋务运动与中国近代企业》、夏东元所著的《洋务运动史》系统介绍了洋务运动中各企业的发展情况，有助于理解近代各行业发展之最早与起步状况。范西成和陆保珍合著的《中国近代工业发展史：1840—1927年》将该段时期的工业发展情况按官资、民资与外资进行梳理研究，并以1895年为分界点，有助于快速厘清近代工业的发展脉络。董志凯和吴江合著的《新中国工业的奠基石——156项建设研究（1950—2000年）》研究了中华人民共和国成立后"156项"的建设情况，并对其行业分布、地区布局和各企业的发展情况作了梳理介绍，有助于理解近代部分企业后续的发展情况。上述史料都是系统掌握中国近代工业发展脉络的重要资料。

（2）专门行业史。行业史从行业发展角度研究了某一工业行业的发展历程。中国近代煤矿史编写组编写的《中国近代煤矿史》与孟进等人编写的《中国煤炭志》系列，系统介绍了近代采煤业的历史发展情况。李海涛的《近代中国钢铁工业发展研究（1840—1927年）》系统地梳理了近代钢铁冶炼业的发展历程。王志毅所著的《中国近代造船史》与席龙飞所著的《中国造船史》是研究近代造船历史的重要资料。中国近代纺织史编委会编写的《中国近代纺织史（上卷）》与《中国近代纺织史（下卷）》，史料翔实。民国时期中国纺织建设公司编写的《工务辑要》详细地介绍了棉、麻、丝、毛等行业的近代发展情况与近代纺织技术情况。

（3）地方工业史与地区志、企业个案史与厂志。该部分的资料较多，各地区的地方行业志、地区志、地方史、各工厂的厂史厂志提供了很多的可查线索。

近代时期的资料有：1926年虞和寅所编的《本溪湖煤铁公司报告》，1947年的《资源委员会鞍山钢铁有限公司概况》，1935年的《江西萍乡安源煤矿调查报告》，1905年（清）魏允恭所编的《江南制造局记（一）》，1947年的《中国纺织建设公司》，1947年的《天津中纺二周年》，1937年的《石家庄大兴纺织染厂》，1937年的《晋华纺织公司晋生织染工厂总管理处三厂概况》，1946年何德华所编的《钢城鞍山》，1937年青岛华新纺织股份有限公司所编的《青岛华新纱厂特刊》等。

当代时期的资料有：解学诗等所著《鞍钢史（1909—1948年）》，梁建民等所著《广州黄埔造船厂简史1851—2001》，重钢集团档案馆所编《中国钢铁工业缩影：百年重钢史话》，方一兵所著《汉冶萍公司工业遗产及其保护与利用现状》，刘子明等所著《大连造船厂史1898—1998》，林庆元所著《福建船政局史稿》，沈传经所著《福州船政局》，江南造船厂史编写组所编《江南造船厂史1865—1949》，旅顺大坞史编委会所编《旅顺大坞史（1880—1955年）》，金志焕所著《中国纺织建设公司研究（1945—1950年）》，王菊所著《近代上海棉纺业的最后辉煌（1945—1949年）》等企业厂史。沈劢等所著《江南造船厂志1865—1995》，吕相铭等所著《华新厂志1946—1986》，焦作矿务局史志编纂委员会所编《焦作煤矿志1898—1985》，王作贤等所编《枣庄矿务局志》，邢福德等所著《辽源矿务局志》，刘明汉所著《汉冶萍公司志》，峰峰煤矿志编纂委员会所著《峰峰煤矿志》等企业厂志。王树春等所著《上海船舶工业志》，刘明汉等所著《湖北省冶金志》，曹炽坤等所著《上海毛麻纺织工业志》，施颐馨等所著《上海纺织工业志》，无锡市纺织工业局所编《无锡纺织工业志》，王学孝等所编《黑龙江省志·第二十七卷·纺织志》，程长松所著《杭州丝绸志》，钱耀兴所著《无锡市丝绸工业志》，吴有志所著《嘉兴丝绸志》，蒋猷龙所著《浙江省丝绸志》，刘贺宇等所编《大连市志纺织工业志》等地区行业志。以及沈玉成等所著《本溪城市史》，吴明益等所著《汉阳区志（上卷）》，鞍山市人民政府地方志办公室编《鞍山市志·城乡建设卷》，胡炜等所著《上海市黄浦区地名志》，姜涤等所著《本溪市工会志》，蔡景春等所著《邯郸市工会志（1898—1988年）》，殷蔚然等所著《沈阳市志》，郭凤岐等所著《天津通志·照片志》，何铁冰等所著《天津市地名志》，王鹤洲所著《上海市静安区地名志》，陈友贵等所著《五通桥区志》，陈晖等所著《苏州市志（第一册）》，刘国庆等所著《沙坪坝区志》，高耘等所著《南京市志》，陶子基等所著《广州市荔湾区志》，张福山等所著《济南市志》，韩建平等所著《太原市河西区志》，沙似鹏等所著《上海名镇志》，傅瑞清等所著《白沙志》，王洁纯所著《历史文化名城沈阳》，张一雷等所著《上海市普陀区地名志》等地区志。这些企业厂史、企业厂志、地区行业志和地区志等对了解单个工厂工业遗产的历史发展脉络及所属行业地位提供了重要的参考。

2. 近代工业技术史的研究

相较于对近代工业史的研究，国内对于技术史的研究很匮乏，与本文所研究的六个行业有关的研究主要如下：方一兵所著《中日近代钢铁技术史比较研究：1868—1933年》《汉冶萍公司与中国近代钢铁技术移植》，其对汉冶萍的研究史料翔实，对本文钢铁冶炼业的近代技术研究提供了很好的借鉴与参考。吴熙敬等所著的《中国近现代技术史（上卷）》与《中国近现代技术史（下卷）》，将近现代工业系统分类并分别介绍了不同工业行业的技术发展情况。黄开亮等编著的《中国机械史》分为通史卷、技术卷与图志卷等为研究机械史提供参考，但《中国近现代技术史》与《中国机械史（技术卷）》主要为科普性质。徐匡迪主编的《中国冶金通史》包括古代与近代部分，也主要为科普性质。

因此，为了研究近代的技术史，本文查阅了大量的近代图书与资料：1947年的《钢铁》介绍了近代炼铁、炼钢的工艺流程与技术设备。1946年何德华所著的《钢城鞍山》与1947年的《资源委员会鞍山钢铁有限公司概况》介绍了近代鞍山钢铁厂炼铁炼钢的工艺、技术、设备与规模。1926年虞和寅所著的《本溪湖煤铁公司报告》与1935年的《江西萍乡安源煤矿调查报告》介绍了近代采煤的相关技术。《水介质跳汰选煤》与《洗煤槽的操作》，潘介人等人翻译的《造船工艺学》虽都是1950年代所著，却也是研究采煤工艺与近代造船技术的重要资料。1935年贺康所著《缫丝学概论》介绍了近代缫丝的工艺流程与技术设备，1936年郑辟疆所著《制丝教科书》讲解了近代制丝的工艺与技术设备情况，1937年青岛华新纺织股份有限公司所编《青岛华新纱厂特刊》介绍了近代华新纱厂的棉纺织与棉印染流程与技术设备，1938年成希文所著《纺纱学》介绍了近代棉纺工程的技术与设备情况，1948年蒋乃镛所著《纺织染工程手册》介绍了近代纺棉、纺丝、纺毛技术与练漂印染的技术情况。1949年中国纺织建设公司工务处所编《工务辑要》综合介绍了近代棉毛丝的纺纱、织布、染整的技术与设备情况等。上述近代工业技术资料为研究近代的工业技术与设备提供了很好的借鉴与参考。

（二）国内工业遗产保护的起源及发展

我国从20世纪80年代就有关于工业考古学的研究，1984年江苏省考古学会印有"日本、欧美产业考古学的现状及课题"文章的资料。1986年吕强在

《大自然探索》上发表《要重视工业考古》[①]。2000年中国台湾建筑师登琨艳开始了上海苏州河畔旧厂房的改造工程。2006年国家文物局召开中国工业遗产保护论坛并发表《无锡建议》,同年下发《关于加强工业遗产保护的通知》,意味着工业遗产的保护已进入国家层面,2006年国际古迹遗址日的主题为工业遗产。2007年第三次全国文物普查中工业遗产受到特别重视。2009年文物局召开"全国工业遗产保护利用现场会"。2009年文化部颁布《文物认定管理暂行办法》,首次把工业遗产纳入文物范畴。2010年上海世博会成功举办,同年国内工业遗产研究与保护领域的第一个学术组织——中国建筑学会工业建筑遗产学术委员会成立并发表《北京倡议》,其后每年该学术委员会都会召开研讨会并出版学术论文集,这对于推动工业遗产的保护与理论研究具有重要意义。2012年历史文化名城委员会在杭州召开工业遗产保护研讨会并发表《杭州共识》,同年TICCIH在台北举办第15届学术会议并通过了《台北宣言》,宣言突出了亚洲工业遗产有别于其他地区的特殊性。2013年中国历史文化名城委员会工业遗产学部成立。2014年中国文物学会工业遗产委员会成立。2015年中国科技史学会工业考古与工业遗产研究会成立。目前,ICOMOS China也准备成立工业遗产的机构。与此同时,进入21世纪后各地对工业遗产的保护与再利用实践也迅速增多,从2006年上海首批创意产业园成立后,各地涌现了大量的文化创意园区,工业博物馆、企业博物馆与工业景观公园也迅速增加,许多城市出台了相应的工业遗产保护政策。2017、2018年工业和信息化部公布了第一批和第二批国家工业遗产名单,2018年科协发布了中国工业遗产保护名录(第一批),目前工业遗产已处于国家文物局与住房和城乡建设部管理的"各级文物"与"历史建筑"体系内。

(三)国内工业遗产价值评价理论研究

国内对工业遗产价值评价理论的研究,按照研究的内容可大致分为两类:①工业遗产价值评价指标与构成研究;②工业遗产价值评价方法与体系研究。

1. 工业遗产价值评价指标与构成研究

(1)工业遗产价值构成与标准研究

工业遗产的价值构成研究最早见于刘伯英、李匡2006年的《工业遗产的构成与价值评价方法》,其后两位学者又于2008年在《北京工业遗产评价办法初探》中将遗产的价值分为历史赋予的价值(历史价值、科学技术价值、社会文化价值、艺术审美价值和经济利用价值)和工业遗产现状、保护及再利用相关价值(区域位置、建筑质量、利用价值、技术可行性),同时指出第一部分为工业遗产的绝对价值,在其评价基础之上才能讨论再利用问题。

寇怀云在2007年的博士论文[②]中将工业遗产的价值构成分为使用价值和

[①] 徐权森. 广西松脂业的工业遗产价值研究——以梧州松脂厂为例[D]. 南宁:广西民族大学,2011:3.

[②] 寇怀云. 工业遗产技术价值保护研究[D]. 上海:复旦大学,2007.

见证价值，并指出工业遗产价值的核心在于其承载的技术价值，对于工业遗产技术价值的保护包括对操作技能、工业设备、工艺流程与技术空间的保护。邢怀滨（2007）将工业遗产的价值分为两部分，一是遗产的本征价值（历史价值、科技价值、美学价值），二是遗产的功利价值（经济价值、教育价值），并指出本征价值是功利价值的基础。谭超（2009）将工业遗产的价值归结为内在价值和外在价值。单霁翔（2009）认为工业遗产具有重要的历史、社会、科技、审美和经济价值。赵万民、李和平（2010、2012）对重庆工业遗产的研究，认为其价值构成包括历史、社会、科学技术、经济、艺术、独特性与稀缺性价值。汤昭（2010）将工业遗产的价值分为内涵价值（历史价值、科技价值、美学价值）、外延价值（经济价值、教育价值）与综合性价值（社会价值、独特性价值），这三大价值都属于证言价值。张健、隋倩婧、吕元（2011）将工业遗产价值概述为历史、社会文化、艺术审美、科学技术、经济利用、生态环境价值。董一平（2013）的博士论文《机械时代的历史空间价值——工业建筑遗产理论及其语境研究》对工业建筑遗产的价值进行解读，对生产空间、机械综合体、水陆工程设施的价值进行了详细的分析研究。于淼、王浩（2016）对工业遗产的价值构成研究分为本征价值与引申价值，本征价值包括历史、科技、文化和艺术价值，引申价值包括区位、环境、集群、社会和情感价值等。

从2006年开始，一直都有学者对工业遗产的价值构成进行积极有益的研究与分析（表1-15），从中可以看出几乎所有的学者都注意到工业遗产的本体价值与经济价值问题。2017年徐苏斌教授以经济学角度为切入点，从宏观层面论述了工业遗产同时包含了物质、自然、人力和文化四种资本，而文化资本的评估分为两个方面，即文化领域和经济领域的评估，《世界遗产公约》和《中国文物古迹保护准则》等都是从文化学角度的评估，同时指出经济价值不宜与历史、艺术和科技价值并列评估。在有些情况下遗产的文化价值与经济价值甚至是负相关关系。

（2）工业遗产单方面价值的研究

国内学者对于工业遗产某一方面价值的研究成果也较多，包括技术价值、社会价值和消费经济价值等。寇怀云（2007、2010）指出工业遗产价值的核心为其所承载的技术的价值，"工业遗产有别于其他文化遗产（包括物质和非物质）的关键特质就在于工业的核心——技术"，"保护的核心是保护工业技术的价值"，其博士论文对技术价值与保护做了系统的研究。陈国民（2007）也把科技价值放在重要位置，认为科技价值应列于其他价值之前。[①] 季宏、徐苏斌、青木信夫（2012）在《工业遗产科技价值认定与分类初探——以天津近代工业遗产为例》中指出目前对科技价值的研究普遍归结为设施设备与工艺流程，而未对设备、生

① 陈国民.工业遗产的确定必须重视科技价值[N].中国文物报，2007-03-30（005）.

国内学者对工业遗产价值构成的研究   表1-15

学者	年份（年）	价值构成	
刘伯英、李匡	2006	历史、文化、社会、科学和艺术价值	产业经济价值
	2008	历史赋予的价值（历史、科学技术、社会文化、艺术审美价值）	经济利用价值 工业遗产现状、保护及再利用相关价值（区域位置、建筑质量、利用价值、技术可行性）
寇怀云	2007	使用价值（精神功能）和见证价值（艺术、历史、技术）	使用价值（物质功能）
邢怀滨	2007	本征价值（历史价值、科技价值、美学价值）。另外还指出工业遗产具有精神价值	功利价值（经济价值、教育价值）
郝珺	2008	历史价值、社会价值、科技价值、教育价值、审美价值	经济价值
李向北	2008	历史价值、科学技术价值、美学价值、社会及教育价值、精神价值、环境价值与生态意义	经济价值
张毅杉	2008	历史价值、文化价值、社会价值、美学价值、技术价值	经济价值
谭超	2009	内在价值（历史文化、科学技术和艺术美学价值等）	外在价值（经济和社会教育价值等）
姜振寰	2009	历史价值、社会价值、文化价值、科学研究价值	经济价值
刘翔	2009	历史价值、科学价值、艺术价值、精神价值	使用价值
单霁翔	2009	历史价值、社会价值、科技价值、审美价值	经济价值
王雪	2009	历史和社会、科技和审美、独特性和稀缺性价值	—
夏洪洲	2009	历史、文化、社会、科学、艺术价值	经济价值
赵万民、李和平	2010	历史、社会、科学技术、艺术、独特性与稀缺性价值	经济价值
汤昭	2010	内涵价值（历史、科技、美学价值）	外延价值（经济、教育价值）与综合性价值（社会价值、独特性价值）
李先逵、许东风	2011	历史、社会、技术与审美价值	—
张健、隋倩婧、吕元	2011	历史、社会文化、艺术审美、科学技术价值	经济利用、生态环境价值
陈元夫	2012	历史、精神文化、科学技术价值	转型发展、旅游休闲价值
黄建华	2013	历史、文化、科学技术、美学艺术价值	经济价值
陈凡	2013	历史文化及社会认识价值、技术工艺及科学研究价值、教育宣传及精神承载价值	转型发展及经济实用价值
李任	2013	文化价值、历史价值、社会价值、科技价值与审美价值	经济价值
韩强	2015	历史价值、社会价值、科技价值、建筑价值、审美价值	经济价值
王军	2015	本征价值（历史、科技、美学、文化价值）	功利价值（经济价值、生态价值、景观价值与区位价值）
于淼、王浩	2016	本征价值包括历史价值、科技价值、文化价值和艺术价值	引申价值包括区位价值、环境价值、集群价值、社会价值和情感价值
陈元夫	2017	历史价值、精神文化价值、科学技术价值	转型发展价值、旅游休闲价值

产工艺、流程及其之间的关系进行深入的分析讨论，甚至将三者混为一谈。

骆高远（2008）对工业遗产的旅游价值进行了分析，阐述应重视工业遗产旅游，丰富旅游产品体系。谭超（2008）对工业遗产的经济价值进行了研究，介绍了工业遗产经济价值的评估方法，如针对使用价值的机会成本法（opportunity cost method）和针对非使用价值的条件评估法（contingent valuation method）等。靳小钊（2009）对技术消费价值进行了研究与介绍。韩福文（2010）对东北地区工业遗产旅游价值的研究，将东北工业遗产旅游价值评价分为工业遗产价值和区位条件（市场区位、交通便捷性、遗产地生态环境质量、与其他旅游资源互补性）。唐魁玉、唐安琪（2011）对社会记忆价值的分析研究。张丹丹（2012）对工业遗产旅游资源价值的研究，利用层次分析法构建了一套工业遗产旅游资源价值的评价体系。徐子琳（2013）对城市工业遗产旅游价值的研究，采用层次分析法对旅游价值进行评估。杨明（2013）从科技哲学角度对工业遗产的科技价值进行了阐释与研究。孙捷（2015）对工业遗产的社区价值进行了研究。方一兵（2015）对冶金工业遗产技术史价值的研究等。

从上述分析中，可以看出学者对工业遗产价值集中最关心的两个方面：一是工业遗产的科技价值，二是工业遗产的经济价值。对于工业遗产的本体价值而言，科技价值的分析非常重要，从科技价值的角度分析工业遗存场地内各组成元素的内在工业逻辑性，厘清各行业的工业生产过程，研究这些生产过程的发生与发展，才能具体评估场地内哪些建（构）筑物与设备等物质遗存具有价值及价值的高低。

（3）工业遗产个案价值的研究

国内对工业遗产个案价值的研究也较多，田燕（2009）对汉冶萍工业遗产价值的研究；姚笛（2009）对西安大华纱厂价值评估的研究与调查；白莹（2010）对西安大华纱厂的研究；朱强（2007、2009）对京杭大运河工业遗产廊道的价值评价；汪德操（2009）对青岛国棉二厂工业建筑遗产的研究；肖立军（2010）对攀枝花工业遗产价值的研究；季宏、闫觅（2010、2012、2015、2016）对天津碱厂的价值评价研究；方一兵（2010）对汉冶萍工业遗产的研究；李敏（2010）对山东坊子地区工业遗产价值评估的研究；林雁（2010）对青岛国棉六厂工业遗产价值的研究；季宏（2011）对北洋水师大沽船坞价值的研究；刘凤凌（2012）对三线工业遗产廊道价值的研究；董一平（2012）对铁路线性工业遗产价值的研究，并呼吁借鉴国际经验推动我国铁路遗产的保护；佟玉权（2015）对中东铁路价值的研究；季宏（2013）对福建马尾船政价值的研究；闫觅（2015）对旧直隶工业遗产群价值的研究；刘金林（2015）对汉冶萍铁路工业遗产价值的研究；徐苏斌、郝帅（2016）对开滦煤矿工业遗产价值的研究；高飞（2018）对中东铁路工业遗产价值的研究等。

这些个案的研究为分析工业遗产的不同行业提供了丰富的案例研究资源，为分行业的探讨提供了丰富的案例物证资源。

2. 工业遗产价值评价方法与体系研究

（1）评价学中价值评价理论与方法研究

管理学中的科学评价方法众多，其分类方式也很多，有按主客观分为定性、定量和综合评价三类的[①]，也有按学科门类分为四类或九类的，如运筹学、数理统计学、系统工程学等评价方法。常用的定性评价方法有同行评议法、专家评估法、德尔菲法、深度描述法、态度分析法、案例分析法等，定性评价方法是基于同行或专家的经验与知识来对评价对象作出主观判断。常用的定量评价方法有运筹学方法、统计分析方法、经济计量法等，定量评价以数据运算和分析来对评价对象作出量化结论。当前应用较多的评价以综合评价为主，即综合运用多种评价方法来达到评价的目的。杜栋、庞庆华等编著的《现代综合评价方法与案例精选》中介绍了目前五种主要的综合评价方法：层次分析法、模糊综合评判法、数据包络分析法、人工神经网络评价法、灰色综合评价法，以及它们的组合使用来达到某种具体的评价目标。每种评价方法各自的使用条件与范围、适用的评价目标，以及各自的局限性在管理科学领域已有详细的研究，而如何将管理学的方法运用于文化遗产的价值评价，如何组合使用这些方法来尽量提高评价的准确性与科学性，是这些年来学界一直探讨的课题。工业遗产是文化遗产的一个特殊门类，其价值评价方法的选择可部分借鉴文化遗产的评价方法。本文将当前学界对不同类型文化遗产价值评价的方法与流程设计进行了梳理研究，如表 1-16 所示。

评价需根据数据特点和目标需求选择合适的评价方法，当代科学评价的趋势是定性与定量相结合，选用综合的评价方法。本文对当前五大类综合评价方法的原理、适用范畴与方式分析如下：

运筹学方法（如数据包络分析法，DEA）和统计分析方法（如因子分析、聚类分析、主成分分析）这类评价方法需有客观数据，此类方法较适用于文化遗产的再利用性评价（如建设投资、经济效益及性能评价等），相比而言此类方法不适于以主观定性描述为评价指标的本体价值评价。

智能评价方法（如人工神经网络评价法，ANN）更适合分类预测和快速评价，需有较成熟的历史样本与历史结论进行训练，样本的合理与正确与否对于评价结果十分重要，而工业遗产本体价值评价目前还未有较成熟、权威的样本或结论可直接训练。

灰色综合评价方法需有一个最理想方案，然后将其他方案与其关联对比，最接近理想方案的为最好，该方法也不合适。

---

① 邱均平，文庭孝. 评价学：理论·方法·实践 [M]. 北京：科学出版社，2010：144.

文化遗产价值评价方法与流程研究对比　　　　　表1-16

对象	作者	评价方法	评价流程特点分析
历史文化村镇	赵勇（建筑规划、地理与旅游领域），2006	因子分析法，聚类分析法	定性与定量方法相结合。首先定性选取15项评价指标，后运用FOXPRO和SPSS软件采用因子分析和聚类分析方法进行量化处理
	赵勇（建筑规划、地理与旅游领域），2008	层次分析法，问卷调查法	定性与定量方法相结合。首先定性选取24项评价指标。然后利用层次分析法分为A-F层建立指标体系，发放问卷对每层中的元素进行两两相对的重要度比较，构造判断矩阵，最终得出各指标权重值。最后对每项指标根据其权重分值再划分等级打分，每项最高分为权重分值
	张艳玲（建筑规划领域），2011	德尔菲法，专家调查法，层次分析法，模糊综合评价法	定性与定量方法相结合。问卷调查（一轮）评价因子集，将因子分为主、客观因子，评价体系分为主、客体系。总体评价体系首先建立指标，用德尔菲法发放问卷调查每层指标的权重，取专家评判值的几何平均数，然后用层次分析法构造判断矩阵进行一致性检验得最终权重。主、客观评价体系又经过专家咨询后确定评价指标，也采用上述方法确定各指标权重，最后制定了主、客观评价体系的评价标准，其中主观体系评价标准运用SD语义差别法，也运用模糊数学建立了多层次模糊综合主观评价模型
	邵甬（建筑规划领域），2012	无具体说明	定性与定量方法相结合。特征评价（如历史建筑的典型性和聚落环境的优美度）采用定性比较方法。真实完整性（如原住居民比例、历史建筑数量）采用定量比较方法
历史文化名城	李娜（建筑规划领域），2001	层次分析法	定性与定量方法相结合。首先定性选取27项评价指标，利用层次分析法分为A-D层，建立指标体系层次结构模型，然后利用层次分析法求权重值
	常晓舟（地理与环境科学领域），2003	因子分析法，因子综合评价法，系统聚类分析法	定性与定量方法相结合。首先定性选取22项评价指标。利用因子综合评价法等，采用URMS软件进行数据处理，提取主因子，计算主因子的特征值、方差贡献率、累计方差贡献率和公因子载荷矩阵等
历史地段	梁雪春（系统工程领域），2002	问卷调查法，模糊综合评判	定性与定量方法相结合。首先定性选取8项评价指标，建立层次结构模型。采用专家调查法确定每层指标的权重值，然后运用模糊多层次综合评判法用问卷形式对四处历史地段进行分析
	黄晓燕（建筑规划领域），2006	层次分析法，德尔菲法	定性与定量方法相结合。将历史地段综合价值的评价内容分为对单体（组）建筑和历史地段整体两大部分。首先定性选取两部分的评价指标，然后用德尔菲法获得指标权重的咨询值，再用层次分析法计算指标的最终权重值
建筑遗产	朱光亚（建筑规划领域），1998	问卷调查法，层次分析法	定性与定量方法相结合。首先定性选取20多项评价指标，运用层次分析法将指标分级，发放问卷调查专家对每项指标的权重及专家的熟悉程度，将权重值乘以上一层的熟悉度系数，进行累加后再除以每个人的熟悉度系数之和，得出每一层的权重值

续表

对象	作者	评价方法	评价流程特点分析
建筑遗产	查群（遗产保护领域），2000	层次分析法，德尔菲法	定性与定量方法相结合。首先定性选取评价指标，然后发放问卷调查各指标权重，同层权重之和定为100，运用德尔菲法做了两轮问卷，回收以求绝对平均值的方法得出每个指标的权重。然后将评价指标分为四个等级打分，最高分为指标的权重值，并按100%、60%、30%和0递减。应用于实例时把每项指标的总分除以人数求平均值
	尹占群（遗产保护领域），2008	专家打分法（自主开发软件）	定性与定量方法相结合。首先定性选取评价指标，权重由专家打分得到
	胡斌（建筑规划领域），2010	德尔菲问卷，层次分析法，专家评分	定性与定量方法相结合。本体价值评估：首先定性选取评价指标，将指标分为四级，每级分值相差20分，然后发放问卷调查表请专家打分，再汇总。可利用性评估：采用层次分析与德尔菲法（两轮问卷）结合，发放问卷进行指标权重打分，汇总求平均权重值，按从上到下逐层连乘的方法得到每个指标权重，然后将指标划分为四级打分，将指标得分乘以指标权重值得出最终价值分
	蒋楠（建筑规划领域），2012	层次分析法，模糊综合评价法，ARP评价模式	定性与定量方法相结合。综合评价与再利用完成效果评价：首先定性选取评价指标，然后运用层次分析法与模糊综合评价法。适应性再利用运用ARP评价模式

模糊综合评价目前在文化遗产价值评价中应用较多，需注意该方法中的隶属度本身会增加主观误差，本体价值评价原本主观因素就偏多，需谨慎引入主观系数，若在评价中引入不当，会将主观误差加大重叠。

系统工程评价方法（如层次分析法，AHP；评分法等），目前也较多应用于文化遗产价值评价，其一般与专家评议、问卷调查或德尔菲法等配合使用，这类方法容易把难以精确计算的主观评价量化，将定性转为定量，不需要历史数据和样本，并通过数理运算从一定程度上改善纯主观误差，经分析该类方法较适于工业遗产本体价值这种主观性较强的评价。

当今的评价方法众多，还有很多方法的变种和延伸，遗产保护领域应发挥本专业专长，把重心放在对遗产本体价值的全面认知和精确描述，而不是管理学评价方法和算法的创新上，只需找到合适、科学的方法即可。

（2）工业遗产价值评价方法与体系研究

工业遗产量化评价方法的研究较早见于黄琪（2007）对上海近代工业建筑的评价，以定性与定量方法相结合，首先定性选取评价指标。利用德尔菲法和层次分析法确定指标权重。权重表中最底层各项指标的权重值则是评估标准中各项指标的最高分值，然后按100%、60%、30%、0的递减方式将评分标准分为4档。最后将各指标的分数相加求和得到该遗产的分数。

对学界关于工业遗产评价方法与设计的梳理如表1-17所示。

工业遗产价值评价方法与流程研究对比　　　　　　　　　　表 1-17

作者	评价方法	评价流程特点分析
黄琪（建筑规划领域），2007	层次分析法，德尔菲法	定性与定量方法相结合。首先定性选取评价指标。利用德尔菲法和层次分析法确定指标权重。权重表中最底层各项指标的权重值则是评估标准中各项指标的最高分值，然后按 100%、60%、30%、0 的递减方式将评分标准分为 4 档
刘伯英（建筑规划领域），2008	专家评分法	以定性分析为主，各指标的分数事先确定后，再由专家打分评价。首先定性选择评价指标，评价指标体系分为两大部分：①历史赋予工业遗产的价值：分为 5 项，每项价值 20 分。②现状、保护及再利用价值：分为 4 项，每项价值 25 分
张毅杉（建筑规划领域），2008	生态因子评价方法	以定性分析为主，各指标的分数事先确定后，再由专家打分评价。首先定性选取 20 个评价指标，将每个指标划分为 3 个等级，每级相差 5 分，Ⅰ-5 分，Ⅲ-10 分，Ⅴ-15 分。对每项指标打分后相加，这样最高分 300 分，最低分 100 分
齐奕（城市与景观设计），2008	专家评分法	以定性分析为主，各指标的分数事先确定后，再由专家打分评价。首先定性选取评价指标，分为 5 个大类，17 个小类。每个小类分为 3 个等级——0、1、2 分，总分 51 分
刘翔（考古及博物馆学），2009	多指标评价，专家评分法	以定性分析为主。首先定性选取评价指标，把总目标分解为子目标，再把子目标分解为可以具体度量的指标。评价人对标准进行打分汇总。最后相关专家学者对评价结果进行修正补充，采取以多指标评价方法为主，专家补充意见为辅的方式
张健（建筑规划领域），2010	人工神经网络评价模型	定性与定量方法相结合。首先定性选取评价指标，分为 3 个层次。将评价指标分为 13 个等级，专家打分时选其中两个等级，取这两个等级中间的分数作为专家的打分值。利用软件采用人工神经网络作为评价过程处理模型，将复杂数据处理过程隐含在神经网络的隐含层、权重及阈值计算过程中，整个模型对于使用者是不可见的黑箱子
邓春太（建筑规划领域），2011	专家评分法	以定性分析为主，各指标的分数事先确定后，再由专家打分评价。评分内容分为 6 项，每项 20 分，每项又分为 2 个分项，每个分项 10 分
李和平（建筑规划领域），2012	专家评分法	以定性分析为主，各指标的分数事先确定后，再由专家打分评价。首先定性选取重庆工业遗产的价值评价指标，再经专家学者定性选出各指标的权重值。将指标细化为二级指标，二级指标分为 4 个等级，按照一级指标的权重分值分配 4 个等级的分数
许东风（建筑规划领域），2012	层次分析法，问卷调查法	定性与定量方法相结合。首先定性选取评价指标，分为 4 个层次。然后利用层次分析法确定指标的权重，根据权重确定指标的分值。最后专家根据分值表打分后取平均数
刘凤凌（建筑规划领域），2012	层次分析法问卷调查法	定性与定量方法相结合。首先定性选取长江沿岸重庆段船舶工业遗产价值评价指标。利用层次分析法，发放问卷确定指标权重
金姗姗（建筑规划领域），2012	层次分析法	定性与定量方法相结合。首先定性选取评价指标，分为 3 个层次。利用层次分析法确定指标权重
蒋楠（建筑规划领域），2016	运用德尔菲法、层次分析法与模糊综合评价法	定性与定量方法相结合。将工业遗产综合价值评价指标体系分为三级指标，3 个层次，一级指标包括历史、文化、社会、艺术、技术、经济、环境与使用价值 8 个指标。每个一级指标下面又分为 3 个二级指标，二级指标共 24 个。三级指标有 45 个。采用德尔菲法和层次分析法得出指标的权重，采用模糊评价确定价值等级

国内学者对于对工业遗产本体价值的评价方法多运用层次分析法、模糊评价打分或德尔菲问卷法，其步骤一般是首先选取一部分专家后进行指标权重的选取或计算，基本上还是以定性的专家分析为主，辅以某些定量方法进行数据的修正。对于工业遗产本体价值的分析，终究还是专家分析、评议以及大众民主评价为主，很难像历史文化名镇村或经济价值数据那样可以有大量可落地的数据作参考，主要还要依据技术史、科技史、美学、文化、社会价值作参考。综合国内外的研究发现，最关键的是先建立对工业遗产本体价值评价全面的理解，而其中对于科技价值的理解至关重要。英国的评价导则，其只列出对价值理解的评价指标，没有量化打分的做法，遗产的价值判定是专家依据这些指标进行评判，以专家评价为主，英国的导则中十分重视对各行业科技价值的理解分析。

3.《中国工业遗产价值评价导则（试行）》的建立

笔者所在的"中国城市近现代工业遗产保护体系研究"课题组于2014年5月，在中国文物学会工业遗产委员会成立大会上通过了专家学者所共识的《中国工业遗产价值评价导则（试行）》（以下简称《导则》），笔者全程作为主要负责博士参与了该导则的制定。《导则》的制定借鉴了英国的经验，提出了对工业遗产价值较为全面的认知，是对工业遗产价值认知与评价的一次有力推动。《导则》中的指标是所有行业工业遗产价值认知与评价的共性指标，即具有共识的且具有工业遗产自身特点的二级指标（文化遗产的"历史、科学、艺术、社会与文化价值"为一级指标）。本书的研究一方面鉴于工业遗产科技价值的重要性，另一方面也是在《导则》基础上的继续推进，《导则》中提出了12项评价指标，针对其中的"历史重要性""工业设备与技术"与"地域产业链、厂区，或生产线的完整性"，本研究细化至不同工业行业的分析与研究，从科技价值视角具体阐释不同行业科技价值认知与评价的关注点。

中国近百年的文化遗产保护经历了从以使用为目的的修缮到以价值为核心的保护渐变过程。这反映了"遗产化"的过程，即少数人的价值观成为多数人的价值观，最后成为法定保护遗产的过程。在国际文化遗产保护的大背景下，中国对于文化遗产的价值认识也在逐渐深化，其结果是文化遗产种类不断增加，工业遗产就是其中较新型的遗产类型。在中国，古代建筑先于近代遗产完成了"遗产化"，近代遗产尚处于"遗产化"的中间阶段，即很多人已经认为近代遗产具有价值，应该保护，但是还没有完全进入到"遗产化"的最后阶段，即法律保护阶段。这个时期的近代遗产十分脆弱。由于我国城镇化和产业转型的快速推进，近代遗产特别是工业遗产面临着严峻的挑战。

三、目前研究存在的问题

根据对上述国内、外工业遗产价值评价理论与保护现状的分析，对目前近代技术史研究的分析，对比英美等国工业遗产价值评价、保护现状和中国当前研究现状，发现国内研究目前存在的问题如下：

（1）工业遗产行业门类众多，但目前的价值认定还没有系统深入到分门别类的研究分析中，缺乏对不同门类工业发展、工业技术与流程、与此相关实物物证的分析。多数研究都止于价值评价二级指标后就不再继续深入分析了。在对英国的研究中发现其除了有"一般指标"外，还有"工业特殊性考虑"，在这种特殊性考量中细分了不同的行业门类，对这些"一般指标"进行不同行业的深入解释与分析，并重视与工业生产过程相关的实物物证，中国目前缺乏系统的分门别类的研究与保护。

（2）工业遗产的价值评价与保护没有明确落实到具体应保护的物证实物载体上，保护的主次与依据不明晰，不清楚最需重点保护的物证实物是什么，保护往往本末倒置，拆除了最具有价值的物证载体，遗产完整性保护的范畴同样不明晰。

（3）各专业学科虽对工业遗产价值评价的讨论较多，但大都泛泛地止于文物的历史、科学、艺术与社会文化价值，到了二级指标及其解释，观点与说法较多，研究离散而不系统。相关的工业技术史、工业考古学研究薄弱，丧失了对工业遗产价值评价的重要基础。

第五节　关于工业遗产完整性的思考与近代动力设备的发展

一、对于工业遗产完整性的思考

真实性和完整性是衡量遗产价值的重要标尺，但目前对文化遗产真实性的研究比较多，而完整性探讨较少，工业遗产也是如此，对其完整性的研究也存在和其他文化遗产一样探讨不足的问题。2003年的《下塔吉尔宪章》只在论述中指出工业遗址、建筑物、构件、机器以及工业景观、档案记录、记忆习俗都属于工业遗产的范畴，但是并没有明确定义工业遗产的完整性。

那么工业遗产的完整性是什么？具有核心价值的遗产边界是什么？徐苏斌、青木信夫教授在《关于工业遗产的完整性的思考》[①]一文中把有关工业遗产完整性的认识体现在三种基本的工业遗产单元，即："点"（遗产点）、"线"（生产线）、"面"（产业链）三种基本单元的理解中。其指出："最小的是'点'，'点'即可

---

① 徐苏斌，青木信夫. 关于工业遗产的完整性的思考[C]//2012中国第3届工业建筑遗产学术研讨会论文集. 北京：清华大学出版社，2013：135-148.

为工业遗址本身、建筑物、构件、机器和装置等，这些单独的点可以具有独立的功能，这些点的完整性应该还包括景观、环境以及与其相关的档案和记忆等非物质内容。'线'指生产线，生产线是构成工业生产的最基本的单元，也是极具工业遗产特征的。生产线不同于街区，它的表现形式可能很像街区，但主要不是以地理边界限定的，而是根据生产的流程决定建筑、设备或者构件的布置。生产线在某种意义上也可以理解为线性工业遗产，如中东铁路，这些铁路也包含一个完整的运输流程。'线'的完整性应该和'点'一样包括周围环境景观以及非物质层面的内容，生产线是工业遗产完整性评价的重要指标，可以以生产线为核心限定区域的边界。'面'指工业遗产群或产业链，它是具有工业生产逻辑的有机体，为了运输煤炭所以开辟铁路和港口，因为有海盐资源，所以建设了碱厂、化工厂，而这些更带动了交通的发达，这样的内在关联性构成了一个完整的产业链。'点''线''面'也是一个相对的关系。'点''线''面'三者有覆盖的关系，'面'可能包括了很多生产线和'点'，生产线上可能有'点'构成，因此也是相对的。'点''线''面'的概念不同于历史文化街区或类似街区的厂区，其完整性不是以物质边界为依据，而是以'生产线''产业链'为主要线索，整合与其相关的工业遗址本身、建筑物、构件、机器装置、景观和档案以及非物质遗产等内容。"

上述针对工业遗产完整性的理解，也是本书重要的理论研究基础，工业遗产的基本单元"点""线""面"为本书探讨工业遗产的完整性提供了很好的参考与借鉴。同时，对完整性的保护也是对真实性较好的保护，最好的例子就是美国有关"真实性"一词完全用"完整性"来代替。

二、近代动力设备的发展历程

近代所有行业的工业化，始于机器生产，而各行业机器设备的运转都离不开动力支撑，工业化的进程与机器动力系统的发展息息相关，在世界范围内工业动力系统的进化经历了水力、风力，到蒸汽机动力，再到电动力的过程。近代中国各行业机器设备的使用，早期由蒸汽机和锅炉提供动力，后期采用发电机提供动力，各行业动力设备的发展大致如此，因此在分行业探讨之前有必要将近代动力设备的情况统一阐释之。

以蒸汽机为例，从塞维利（Thomas Sevry）蒸汽泵，到纽科门（Thomas Newcomen）蒸汽机，再到瓦特（James Watt）蒸汽机（图1-7），从单缸到双缸，从往复式蒸汽机到涡轮蒸汽机，所提供运转机器的能力越来越大。1850年代后，西欧国家又渐渐开始了第二次工业革命，发电机、电动机发明，很快又将进入电气时代。就在西方国家处于动力设备更新换代的前夕，中国开始了近代工业化进程。在世界范围内，采煤业是最早使用蒸汽机的行业，中国近代各行业动力设备的引进从蒸汽机开始。

近代早期各机器设备由蒸汽机提供动力，锅炉带动大飞轮，再通过皮带传送至各机器，机器经皮带的带动而运转起来（图1-8）。

开平唐山矿于1905年最早安装了一台交流发电机和一台直流发电机，是近代煤矿用电的开始。利用煤、石油等资源，和锅炉、涡轮蒸汽机配合，可以制成汽轮发电机。发电机组的工作原理就是发电机在原动机的带动下不断地运转，从而达到发电的目的（图1-9）。

第六节　研究特色与未尽事宜

一、研究特色与创新之处

（1）基于科技价值的角度，系统深入到不同工业行业的价值评价与保护中，分门别类地研究与分析近代六个行业的工业发展历程、近代工艺流程、近代工

图1-7　瓦特改良的蒸汽机模型与西门子发电机
（a）瓦特改良的蒸汽机模型；（b）西门子发电机
图片来源：笔者2018年摄于唐山工业博物馆

图1-8　山西太原兵工厂近代设备，由皮带传来动力运转
图片来源：笔者2018年摄于晋造工坊展览馆

(a)　　　　(b)

图 1-9　1906 年创建的开平林西电厂与发电机组
图片来源：笔者 2018 年摄于开滦博物馆

业技术与设备，以及与之相关的实物物证，厘清了该类型工业遗产保护的主次与依据，突显各行业工业遗产的特点。

（2）基于完整性角度，厘清工业生产的内在逻辑性，分析不同行业的工业产业链、厂区及生产线的完整性，落实六个行业完整性保护的群体范畴内容，并用典型案例阐释与分析。

（3）目前近代系统化的技术史研究是一个缺项，本书通过对六个行业工人、技师与研究员的访谈，通过大量的实地调研与文献资料的查阅，研究近代六个行业的工业技术、流程，以及与其相关的实物物证，补充并完善对近代技术史的相关研究。

二、未尽事宜

（1）工业遗产的行业门类众多，本书限于有限的时间与精力，无法更多地覆盖。后续研究可继续拓展至更多行业工业遗产科技价值的研究与探讨。

（2）本书或因跨专业的掣肘而有不深入之处，文中跨专业学科的工业技术史研究或有未精细之处，且由于六个行业的近代工业化程度不同，工业技术发展成熟度不统一，有些欠发达行业的工业技术资料相对匮乏，研究较困难。但无论如何，这应该是工业遗产价值评价分行业分门类的一个开端，对工业遗产的研究一定要跳出"建筑圈"，这也应是学术研究所要继续推进的方向，后续也应该继续有"一五""二五""三线"建设时期的分析及其他行业门类的拓展，以形成系统的体系。

第二章 近代采煤业工业遗产科技价值评价与保护研究

2003年俄罗斯TICCIH第十二届大会上宣称:"工业活动的营造物和建筑物,曾经使用过的生产流程和设备,所在的城镇和外部环境,以及所有其他有形的和无形的显示物都意义重大。它们应该被研究,它们的历史应该被讲述,它们的意义和内涵需要深究并且使每个人都明了,最具典型意义的实例应该给予鉴定、保存和维护。"

工业遗产包含了众多的行业门类,每个行业都有其鲜明的特点,体现其价值的物证载体各不相同,目前国内对工业遗产分行业价值评价的探讨还没有系统的研究,唯有零散的文章对个案进行评价,没有形成体系,这不便于工业遗产进一步的详细评价与保护。参照英国对工业建筑物和工业遗址的评价导则,对本国各行业的大致发展历程、关键技术与代表性遗存进行介绍。工业遗产评价要想更为详细、精确,对每个行业进行具体的分析是必经之路。工业遗产有别于其他文化遗产的最大特征是其具有展示工业技术与进步、展现工业社会与文化的使命,以工业科技的角度为切入点进行分析,找到能体现该类型工业遗产核心价值与特色关键的物证实物,将具有重要意义。

本书试图分行业探讨工业遗产的科技价值评价与保护,先以重工与轻工中有代表性的行业为例,对每个行业的工业发展历程、工业技术与设备、工艺生产流程,以及相关的物证实物进行分析。首先,分析各行业工业发展历程,研究各行业中历史重要性突出的工厂及其遗存现状,这些历史与文化价值突出的工业遗存不仅要保护其有价值的物证遗存,还要保护其社会文化、历史记忆等非物质文化遗存。其次,书中重点从科技价值与完整性角度,研究该行业的近代工艺流程、近代工业技术与设备,落实六个行业中体现该类型工业遗产科技价值的物证实物,厘清该类型工业遗产保护的主次与依据,为工业遗产的保护与再利用提供理论参考与依据。同时,书中也基于完整性角度,研究分析不同行业的工业产业链、厂区或生产线的完整性,用典型案例阐释说明六个行业完整性保护的范畴。

本书选择近代时期工业遗存为研究内容的原因有二:一是近代的这些工业

遗存历史较久、重要性高且消失很快，对其价值认知的偏失，常常使其保护本末倒置。像天津碱厂，其最重要的近代"氨碱法"生产线被拆掉，只留下了一座厂史馆，实在可惜。二是目前对近代工业技术史的研究相对缺乏，有待推进和完善。1949年后工业的快速发展同近代落后战乱时期的状况完全不同，对近代和中华人民共和国成立后的工业遗产应分别作不同的分析。

1840年鸦片战争，尤其是洋务运动之后，近代中国的诸多行业逐渐从手工操作转向机器生产，踏入机械工业化的进程。我国迈入近代的时间点与我国重工业起步的时间点大致相同。本书以重工业中的采煤业、钢铁冶炼业和船舶修造业为切入点展开分析。在近代，但凡有些规模的煤炭、钢铁和船舶修造企业都需有雄厚的资金和技术支持，这些企业的数量在近代相对较少，有价值的遗存历历可数，这也是重工行业区别于轻纺行业的方面。

第一节　近代采煤业的历史与现状研究

中国的采煤业直到1870年代中期才开始出现机器采煤（表2-1），然而所谓的机器采煤在近代也仅仅只在提升、排水与通风三个环节上，其他生产环节仍旧依靠手工工具和人力劳作，这是近代煤矿区别于旧式手工煤窑和现代化采煤的特点。机械采煤的动力，初期由蒸汽提供，后渐渐发展为电动力。

世界机器采煤业与中国机器采煤业技术起步之对比　　表2-1

世界采煤业		中国采煤业	
1690年代末	1698年英国人塞维利制造了第一台抽取矿井水的蒸汽泵。1701年纽可门对塞维利的蒸汽泵进行改进，研制出了更加有效的矿井抽水蒸汽机。1760年代瓦特研制出适用于其他各工业部门的蒸汽机	1878年	开平煤矿从英国引进"大维式"抽水机，成为近代中国煤矿引进的第一台水泵
1780年	英国的诺伯兰威灵顿矿首次使用蒸汽绞车	1881年	开平煤矿最先引进近代中国煤矿第一台蒸汽绞车
1866年	英国出现蒸汽动力的圆盘式截煤机，以压缩空气作动力。19世纪上半叶西欧各国已广泛应用蒸汽动力的提升机、通风机和排水泵。回采掘进工作面使用机械采掘	1921年	阳泉煤矿曾从美国购进以压缩空气为动力的截煤机。
		1931年	中兴煤矿曾从德国引进2台电动截煤机
19世纪下半叶	电气时代即将到来，各机械设备开始由蒸汽动力更新为电动力	1906年	开平煤矿从比利时引进万达往复式双引擎发电机为中国近代煤矿用电的开端
1877年	美国萨斯金哈纳煤矿使用电机车，西方煤矿大量使用则在20世纪初	1907年	萍乡煤矿在井下运输大巷中使用架线式电机车

以往对近代各行业工业史的研究更多关注于各行业历史发展的梳理与原因意义的探讨，还未落到遗产价值评价分析的层面。从近代采煤业的历史与现状研究分析，主要从遗产的年代、历史重要性、文化与情感认同、对当地社会的发展贡献等方面分析近代采煤业的发展历程、有价值的工业遗存及其遗留现状，这些煤矿遗留的遗址、建筑物、构筑物与设备等物证实物需引起重视，急需保护。

一、近代采煤业的年代分期与发展历程

近代采煤业的发展大致经历了四个历史时期：

（1）1875—1894年为初创阶段。此期间先后筹划开办了16个近代煤矿企业，其中使用机器且规模较大者只有基隆和开平煤矿，其余煤矿大都规模小，机器设备简陋或仍以手工为主。台湾基隆煤矿是近代第一所使用机器的新式煤矿。开平煤矿在近代发展较好，起着机器采煤的带头示范作用，成为近代新式煤矿的代表。

（2）1895—1936年为渐次发展阶段。甲午战争后各国取得在华设厂采矿的权利，外资乘机掠夺中国的煤炭资源，这段时期外资或合资煤矿企业有32个，其产煤量约占全国总产煤量的一半以上，其中规模大、技术先进者9个。民资在该时期亦先后开办了几十个新式煤矿，但大都规模较小、技术落后，其中规模相对较大者9个。这段时期年产5万吨以上的近代煤矿共有61个，其中年产曾经达到60万吨以上的煤矿有10个[①]，分别是：开滦、抚顺、中兴、中福、鲁大、井陉、本溪湖、西安、萍乡和六河沟煤矿（图2-1）。

① 中国近代煤矿史编写组.中国近代煤矿史[M].北京：煤炭工业出版社，1990：61.

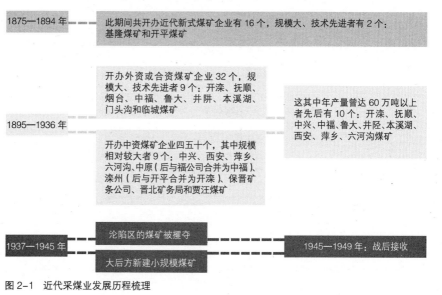

图2-1 近代采煤业发展历程梳理

（3）1937—1945年为全面抗日战争时期。抗日战争对渐次兴起的近代化采煤业造成沉重打击，当时的国民政府在西南等省开办了一批中小型煤矿，但大都设备简陋，管理落后，浓厚地保留着旧式煤窑的色彩。

（4）1945—1949年为战后回收时期。原沦陷区的煤矿多被国民政府接收，这些煤矿在经受了战争破坏之后又受到国民政府的腐败统治与不稳定政局的影响，多数处于停产或半停产状态，能维持正常生产的矿井寥寥无几，大都破落不堪。直到中华人民共和国成立后，采煤业才得以重获新生。

二、历史重要性突出的近代采煤业工业遗产

近代曾建立起大大小小众多的采煤厂和煤窑，但如同其他重工行业一样，因需要技术与资金支持，其中使用机器设备开采、技术较先进、规模较大者历历可数，这些新式的近代采煤厂反映了近代中国煤炭工业的发展历程。近代采煤工业不同于钢铁冶炼和船舶修造业，很多采煤方法和工艺埋于地下不易展示与保存，这时文献记录和模型展示尤为重要。无论是中资还是外资以入侵掠夺为目的建设的采煤厂都是近代采煤史最真实的反映，给予人们深刻的警示和启迪，其厂区遗迹都应进行评判，将其中有价值的给予保护。通过对近代采煤工业发展历史的研究，整理出历史重要性突出的近代采煤业工业遗产及其遗存现状，如表2-2所示，它们在近代采煤业中具有突出的历史与社会文化价值。

历史重要性突出的近代采煤业工业遗产梳理　　　　表2-2

名称	开办时间	地点	意义或特点	近代设备或技术	遗存现状
基隆煤矿	1875年筹建，1878年正式投产	台湾	中国近代第一个新式煤矿	雇佣英国矿师翟萨（David Tyzack），选购英国机器	1892年停办。今基隆煤矿仍存有多处矿井遗址
开滦煤矿	1877年李鸿章、唐廷枢筹建开平煤矿。1907年袁世凯成立滦州煤矿。1912年开平、滦州两矿联合，1934年两矿合并	开平、滦州	开平煤矿是中国大陆第一所近代机械化煤矿，其建设了中国第一条标准轨铁路，制造了中国第一台蒸汽机车。1906年开滦林西煤矿创建了中国近代最早的火力发电厂。1922年前，开滦煤矿年产量居全国第一，1923年后仅次于抚顺煤矿	引进近代煤矿的第一台水泵、第一台选煤机，有中国近代煤矿中第一个自制井架。开滦的提升机基本上反映了近代煤矿提升机的应用历史，有近代中国煤矿中动力最大的蒸汽绞车。开滦也是中国近代煤矿用电的开端，最早使用电动力通风机	今开滦唐山矿早期工业遗存已被列为第七批全国重点文物保护单位，早期遗存包括1878年开凿的一号井、百年达道、唐胥铁路和部分井巷等遗迹

续表

名称	开办时间	地点	意义或特点	近代设备或技术	遗存现状
抚顺煤矿	1904年日本非法设立抚顺采炭所	辽宁抚顺县	1923年后年产量超过了开滦煤矿，成为当时近代中国的第一大矿	1936年抚顺龙凤矿安装了近代煤矿中最大的电力提升机	今主要遗有抚顺西露天矿、龙凤矿竖井等
中兴煤矿公司	1878年山东峄县中兴矿局成立	山东峄县	我国近代民族资本投资煤矿最多者，虽发展过程曲折，但总体发展迅速，很快成为中国近代第三大煤矿	聘用煤矿专家，技术不断革新，1913、1922、1934年分别建成采用机械提升的三个大井，安装了当时德国最新的电动提升机，1929年各井下主要石门均安装有无极绳循环索，1931年从德国购进电动割煤机，还运用簸运机，这些在当时的煤矿中都是独一无二的	早期遗存有东大井、南大井、北大井，建于1923年的"华德中兴煤矿公司"办公建筑等
中福煤矿	1898—1913年为福公司独办时期。1915—1925年为福、中原联合经营时期。1929—1937年为中、福两公司合办时期	河南焦作	近代中国有限的几个大矿之一	生产规模大，技术设备先进。抗日战争时期，中原公司机器设备拆迁至湖南、四川等地，中福在四川投资了多处煤矿，对战时煤炭供应起了重要作用	今焦作煤矿遗留有1902年建造的1号井井架，2号井井架及井台、竖井用房，3号井井架及井台、发电机房与卷扬机房，1910年代建造的加工车间等
鲁大公司	1899年德国设立华德矿务公司，1922年成立中日鲁大公司	山东淄川、坊子和博山	其生产规模仅次于抚顺、开滦煤矿等，是当时中国有限的几个大矿之一	生产规模大，技术设备先进，在近代的矿井产量中已达到相当高的水平	早期遗存有鲁大矿业公司董事会总经理办公楼旧址、淄川煤矿事务所旧址、煤矿工人俱乐部旧址和多处日、德式建筑
井陉煤矿	1898年开采，1908年设立井陉矿务局	河北井陉县	是近代井陉地区最大的采煤厂，也是当时中国有限的几个大矿之一	生产规模大，技术设备先进。引进德国设备，采用国外先进的煤矿管理经验	今遗存有百余年历史的南井井架以及中西风格合璧的段家楼建筑群等
本溪湖煤矿	1905年日商大仓喜八郎侵占本溪矿山。1910年成立中日商合办本溪湖煤矿有限公司	辽宁本溪	是当时中国有限的几个大矿之一。为新中国的建设作出了巨大贡献，本溪也因煤和铁而兴	日本人锐意经营，产能大、技术设备先进，是大规模的近代化煤矿，1914年建成发电厂，此后矿区开始改用电动力	早期遗存有本溪煤矿中央大斜井、彩屯煤矿竖井与本溪湖煤铁公司事务所旧址等
西安煤矿	1927年成立西安煤矿公司	辽宁辽源	是当时中国有限的几个大矿之一	生产规模较大，技术设备较先进	1955年因西安县改名为辽源市，西安矿务局更名为辽源矿务局，2005年辽源矿务局改制为辽源矿业（集团）有限责任公司，现仍在生产

续表

名称	开办时间	地点	意义或特点	近代设备或技术	遗存现状
萍乡煤矿	1898年成立"萍乡等处煤矿总局"	江西萍乡县	煤炭的洗选能力在当时的亚洲首屈一指。也是当时中国有限的几个大矿之一	萍乡煤矿设备的完善程度在近代煤矿中名列前茅,拥有洗煤台、西式炼焦炉、发电厂、化验室、机修厂与煤砖厂等,生产能力相当可观,其洗煤台、煤砖机和炼焦炉更是近代煤矿中的佼佼者。1907年左右曾在总平巷中铺设了双轨电车道,这在当时全国的煤矿中属于首创	中华人民共和国成立后改为萍乡矿务局,今为萍乡矿业集团公司,现仍在生产。主要遗存有大罢工谈判处总平巷矿井口等
六河沟煤矿	1904年定名为"六河沟机器官煤矿"	河南安阳县	中国近代的十大主要煤矿之一	技术和设备较先进,产量较大,先后开凿了十三个立井和三条主巷道。除开采煤炭之外,还设有铁厂,从事小规模的制铁冶炼	中华人民共和国成立后,建立了峰峰矿务局,2008年改组为冀中能源集团有限责任公司

1. 台湾基隆煤矿

近代第一所使用机器设备的新式煤矿。1878年建成投产,选购英国机器设备,雇佣英国矿师,日产高出当时一般手工煤窑的几十倍。1884年法国侵犯台湾,基隆煤矿遭到严重破坏,战后煤矿的恢复举步维艰,后经营不善日渐衰落。今基隆煤矿仍存有多处矿井遗址(如图2-2所示,在一处通风井遗址上建立了"清国井遗址"的纪念碑)。

图2-2 基隆煤矿矿井遗址
图片来源:吴淑君摄

2. 开滦煤矿

开滦煤矿由开平煤矿和滦州煤矿组成。1881年正式投产的开平煤矿,是中国大陆第一座采用机械开采的近代新式煤矿。不仅如此,开平在中国近代采煤历史上拥有多处开创或"第一",历史年代久远、意义重大。开平煤矿为了解决煤炭的运输问题,还修建了运煤河和运煤铁路,唐胥铁路是中国近代第一条标准轨铁路和第一条自主修建的铁路,开平也制成了中国第一台蒸汽机车。

1900年英商侵占了开平煤矿，当时的直隶总督袁世凯为挽救颜面和败局遂于1907年又成立了滦州煤矿公司，目的是与开平相抗衡，从1900年到开平与滦州两矿合并，共经历了34年。开滦煤矿是近代第二大矿，1922年前的年产量为全国第一，1923年后仅次于抚顺煤矿。也因为开滦煤矿，唐山市与秦皇岛市得以兴建。

开滦煤矿的设备齐全，其设备的引进与效能多为近代煤矿的"第一"。1878年从英国引进的"大维式"抽水机，为近代煤矿引进的第一台水泵。1880年左右开滦引进了近代煤矿第一台选煤机，开滦赵各庄二号井井架是近代煤矿中第一个自制井架。开滦煤矿的提升机基本上反映了近代煤矿提升机的应用历史，1908年开滦林西矿安装1000马力蒸汽绞车，是当时最新的产品，也是近代中国煤矿中马力最大的蒸汽绞车。1906年开滦从比利时引进万达往复式双引擎发电机，为中国近代煤矿用电的开端。1910年开滦在近代煤矿中最早使用电动力通风机。煤矿采用电动力后拥有电力水泵、电力通风机、电动洗煤机、筛煤机、水洗机和井下运输电车等设备，并在井下大巷设电灯，开滦林西矿发电厂所使用的设备基本可以反映20世纪二三十年代的发电水平。1895年中国第一所设有采矿专业的大学（北洋大学，近代最早的大学）也在这里成立。今开滦唐山矿早期工业遗存已被列为第七批全国重点文物保护单位，早期遗存包括1878年开凿的一号井（图2-3）、百年达道（近代最早的铁路公路立交桥）、唐胥铁路和部分井巷等遗迹。

3. 抚顺煤矿

1904年日本非法设立抚顺采炭所，1923年后抚顺煤矿年产量已超过了开滦煤矿，成为近代中国第一大矿，其规模在当时的东亚也首屈一指，掠夺了中国东北大量的煤炭资源。抚顺煤矿资源丰富，是中国目前发现的唯一能开采精美"煤精"的矿区，并储存有丰富的油页岩。日本人在抚顺煤矿的技术先进、

图2-3 一号井井架、一号井绞车房和井下运输巷道
图片来源：笔者2018年摄于开滦煤矿

设备齐全，不仅设有采煤厂，还建有制油厂、水泥、火药、制钢、化学、灯泡和安全灯等工业，肆意掠夺。1936年抚顺龙凤矿安装了一台5395马力的电动提升机，是当时最新的产品，也是近代煤矿中最大的电力提升机。烟台煤矿位于辽宁省辽阳县烟台村，1904年被日军侵占，设立烟台采炭所，在近代东北煤矿中仅次于抚顺煤矿，1910年后隶属于抚顺煤矿。

抗日战争胜利后抚顺煤矿被苏军接管，被拆走了大量的机器设备。1948年10月抚顺得以解放，当时的矿区一片荒废狼藉，1949年后抚顺煤矿才有了新的大发展。今主要遗存有抚顺西露天矿、龙凤矿竖井等（图2-4）。2011年由抚顺矿业集团等筹资兴建的抚顺煤矿博物馆落成开馆，介绍了抚顺煤矿的发展历史。

图2-4　抚顺老虎台洗煤厂与抚顺龙凤矿提升井塔
图片来源：《中国煤炭志（辽宁卷）》

4. 中兴煤矿

中兴煤矿是我国民族资本煤矿中投资最多者，也是近代与抚顺、开滦煤矿齐名的第三大矿。1878年山东峄县（今枣庄市）中兴矿局成立，1899年改为"华德中兴煤矿股份有限公司"，1908年取消德资，从此中兴煤矿完全由中国人独资经营，其过程发展虽曲折艰难，但总体发展迅速。中兴煤矿采煤中西兼用，开办伊始一边采用土法采煤，一边建设新式大井，聘用煤矿专家，技术不断革新，1913、1922、1934年分别建成采用机械提升的三个大井，其中二号井安装了当时德国最新的电动提升机。1929年中兴煤矿各井下主要石门均安装有无极绳循环索，1931年又从德国购进电动割煤机，还运用簸运机，这些在当时的煤矿中都是独一无二的。抗日战争时期中兴煤矿被日军占领，中华人民共和国成立后更名"枣庄煤矿"。今在中兴煤矿遗址上建立了枣庄中兴煤矿国家矿山公园，早期遗存有东大井、南大井、北大井等，建于1923年的"华德中兴煤矿公司"办公建筑（图2-5）已被列为山东省第三批省级文物保护单位。

图 2-5 建于 1923 年的中兴煤矿办公楼建筑与朱子埠矿外景
图片来源：《枣庄矿务局志》

5. 中福煤矿

1898 年英商骗取河南焦作地区的采矿权，成立了福公司，引起当地民众的不满，后中州、豫泰和明德三个民资煤矿于 1914 年组成中原公司。1898—1913 年为英商福公司独办时期，1915—1925 年为福、中原两公司联合经营时期，1929—1937 年拆迁为止，为中、福两公司合办时期。抗日战争全面爆发后，福公司被日军占领，中原公司的机器设备拆迁至武汉和湖南等地，当时的国民政府资源委员会利用拆迁的设备与人员合组了湘潭煤矿有限公司，后武汉失守，其机器设备又迁至四川，中福公司在四川投资了多处煤矿。[①] 中华人民共和国成立后焦作的煤矿才重获新生[②]，焦作因煤而兴。今焦作煤矿遗留有 1902 年建造的 1 号井井架，2 号井井架及井台、竖井用房，3 号井井架及井台、发电机房与卷扬机房，1910 年代建造的加工车间等（图 2-6）。

6. 鲁大公司

1898 年德国插手淄川、坊子和博山一带的煤矿，1899 年设立山东矿山公司（即华德矿务公司），名义上为中德合办，实为德国垄断，第一次世界大战爆发后日本取代德国获得在山东的采煤权，1922 年 8 月正式成立了中日合办鲁大公司，实为日本独立经营，从此日本强占淄川与坊子等煤矿直至 1945 年，

图 2-6 焦作煤矿遗留的 1 号井井架、2 号井井架与工程馆
图片来源：张晶枚摄

---

① 包括天府、嘉阳、石燕和威远等煤矿，其中中福与天府煤矿、北川铁路共同组成的天府矿业股份有限公司产量最大，对战时煤炭供应起了重要作用。
② 1949 年成立了焦作矿务局，在当年企业办社会的模式下，焦作矿务局成立了自己的学校、电影院和医院等，至今矿务局医院也是焦作地区技术最先进的医院之一，煤炭业对于促进焦作市的发展具有重要作用。

其规模在近代仅次于开滦和抚顺煤矿等,是当时有限的几个大矿之一。中华人民共和国成立后,在党和人民努力下战时千疮百孔的矿井得以恢复,1953年成立了淄博矿务局,2002年发展为淄博矿业集团。今淄博矿业集团德日建筑群已被列为第七批全国重点文物保护单位,包括了鲁大矿业公司董事会总经理办公楼旧址、淄川煤矿事务所旧址、煤矿工人俱乐部旧址和多处日、德式建筑。坊子炭矿至今还保留有1898年德国人建造的竖井(图2-7),是当时德国人的石灰石砌壁工艺,此外还有经过盐水耐腐蚀处理后的木质百年罐笼,以及德国人建造的百年地下井巷和大量近代德日式建筑物与构筑物,具有极为重要的价值。

7. 井陉煤矿

1898年由井陉县人张凤起呈请开采,1908年改为清官方与德商合办设立井陉矿务局。1914年第一次世界大战爆发后,德商被驱逐出境,井陉地区的另一家煤矿"正丰煤矿",在当时军阀段祺瑞的帮助下扩大了生产经营,引进德国设备,吸取国外先进煤矿管理经验。1928年直隶省改为河北省,直隶井陉矿务局也改为河北井陉矿务局,井陉矿与正丰矿是近代井陉矿区的两大煤矿。

图2-7　1898年德建竖井、百年木质罐笼、井下巷道与1906年建烟囱
图片来源：笔者2018年摄于坊子炭矿博物馆

1947年井陉矿山得以解放。1949年后井陉矿区原有各矿井被统一编号,从此一矿、二矿等名称取代了原井陉和正丰各矿井井口的名称,在党的领导和人民的奋力拼搏下,井陉煤矿为新中国建设贡献了巨大力量。今有百余年历史的南井井架依然矗立原地(图2-8),保留有中西风格合璧的段家楼建筑群等。

图2-8 井陉煤矿百年南井井架与段家楼建筑
图片来源:《井陉煤矿百年风云》

8. 本溪湖煤矿

1905年日商大仓喜八郎侵占本溪矿山,1910年成立中日商办本溪湖煤矿有限公司,1911年又因增加铁矿而改称本溪湖煤铁有限公司,实为日本完全垄断,大量掠夺本溪湖的煤、铁两项资源。1914年矿区建成第一发电厂,其后通风、提升与排水设备全部转为电动力驱动,成为近代少数几所大矿之一。1948年10月本溪得以解放,煤矿重回人民手中。1953年本溪矿务局成立,为本溪市的发展和新中国的建设作出了重要贡献。2008年本溪百年老厂区停产拆迁,现本溪湖工业遗产群已被列为第七批全国重点文物保护单位,遗存有本溪煤矿中央大斜井、彩屯煤矿竖井与本溪湖煤铁公司事务所旧址等(图2-9)。

9. 西安煤矿

辽宁的西安县在1955年之后改称为辽源市,1911年该地区就兴起了近代采煤业,起初西安矿区煤窑较多,规模不等。1927年东北军阀张作霖整合当时的十家中资公司成立了西安煤矿公司。1931年西安煤矿公司并入东北矿

图2-9 本溪煤矿中央大斜井与彩屯煤矿竖井
图片来源:《本溪市工会志》

务局，改名为"东北矿务局西安煤矿公司"。1931年"九一八"事变后公司被日本侵占，直至1945年，期间企业名称几经变化，矿区煤炭遭到大量掠夺。1947年西安县得以解放，1948年东北人民政府批准成立西安矿务局，1955年因西安县改名为辽源市，西安矿务局更名为辽源矿务局。2005年辽源矿务局改制为辽源矿业（集团）有限责任公司，现仍在生产。

10. 萍乡煤矿

1898年成立的"萍乡等处煤矿总局"，开办之初便向德国购买机器，聘德国矿师与技师，至1907年时已建有一条长2800余米的总平巷，后又在总平巷中铺设了双轨电车道，这在近代的煤矿中属于首创。萍乡煤矿设备的完善程度在近代煤矿中名列前茅，其洗煤台、煤砖机和炼焦炉（图2-10）是近代煤矿中的佼佼者，煤炭的洗选能力在当时的亚洲也首屈一指。1908年萍乡煤矿与大冶铁矿和汉阳铁厂组成汉冶萍公司，可惜汉冶萍在1916年发展达到高峰之后便走向下坡路。1949年后改为萍乡矿务局，今为萍乡矿业集团公司，现仍在生产，主要遗存有大罢工谈判处总平巷矿井口等。

图2-10　萍乡煤矿炼焦炉与洗煤机
图片来源：《湖北省冶金志》《汉冶萍公司志》

11. 六河沟煤矿

位于河南安阳县（今河北省磁县观台镇），1904年定名"六河沟机器官煤矿"，1907年改称"六河沟煤矿股份有限公司"，后技术和设备逐步提高并扩充，产量逐步增大。六河沟煤矿先后开凿了十三个立井（图2-11）和三条主巷道，成为近代十大主要煤矿之一。除采煤之外，还设有铁厂，铁厂所需焦炭，皆由本厂焦炉炼制。抗日战争时期六河沟被日军侵占，煤炭资源遭到大量掠夺。1949年后，建立了峰峰矿务局（六河沟和怡立等煤矿是其前身[①]），

图2-11　六河沟煤矿井架
图片来源：《邯郸市工会志》

① 杨金辉. 我参与编修矿志的记忆碎片[J]. 当代矿工, 2015(1): 13-14.

2003年改制为峰峰集团有限公司，2008年改组为冀中能源集团有限责任公司，现仍在生产。

上述工业遗产的总结，从行业工业史的发展历程中，以历史重要性的角度选出历史与社会文化价值相对较高的，它们在近代中国的采煤史上具有重要意义，有的是开创或"第一"，历史年代久远、意义重大；有的与重要历史人物、事件或成就相关，对公众有重要的教育和展示意义；有的工厂的发展贡献大，对当地社会发展有重要影响。其中，遗留有厂址遗迹或设备等物证实物的煤矿需引起重视，急需保护。另外，相关的历史文档、技术资料、影像照片等物证也需要保护，相关的企业文化与记忆等非物质文化遗产也同样重要。本书整理的上述近代煤矿，从行业史的发展历程中，选出历史与社会文化价值较高、急需保护的工厂，这只是工作的第一步，后续应在此基础上继续进行历史重要性的分地区补充并分级，或继续沿着时间轴续写，而这些工作都是必须和必要的。

第二节　近代采煤工业技术与设备研究

前文从行业的发展历程中梳理了历史与社会文化价值突出的近代煤矿，那么从科技价值的视角，则应研究采煤业的近代工艺流程、近代工业技术与设备，落实采煤业中体现该类型工业遗产科技价值的物证实物，厘清该类型工业遗产保护的主次与依据。在英国的导则中非常重视实物物证（physical evidence），重视物证的证明价值，重视与工业过程相关的建（构）筑物，并认为识别和保护遗址中关键的组成元素是保护遗产品质的关键。

工业科技价值是工业遗产有别于其他类型文化遗产的特殊之处，而科技价值的物证载体是我们应着重分析与保护的关键元素。从科技价值角度对工业遗产进行评价分析时还有一个重要作用和目的：在对某行业类型工业遗产进行保护时，尤其是在现实中不能将其完整保存时，为应着重保护哪些物证实物提供依据，避免本末倒置，这些物证才是最能体现工业遗产核心价值与特色的关键。采煤业的许多工艺与技术往往埋于地下，因此要注意核心工艺的模型展示，保留与采煤生产工艺流程相关的物证载体是保护采煤类工业遗产科技价值品质的关键。

采煤的过程经历了原始的手工挖掘、打眼放炮（炮采），逐渐到普通的机械开采（普采），再发展至当今的现代综合机械化开采（综采）。近代时期，采煤业仅仅只在矿井提升、矿井排水和矿井通风三个辅助环节上逐步实现了机械化，使用了提升机（绞车）、通风机和水泵等，初期由蒸汽提供动力，后发展至电动力，其他生产环节仍旧主要依靠人力劳作，这是近代煤矿区别于旧式手工煤窑和现代化采煤的特点。近代煤矿中只有极个别大型煤矿使用了采掘设备和运输设备（表2-3），例如仅中兴煤矿在1931年后引进过电动力的簸运机，仅萍乡煤矿使用过架线式的电机车。同时，近代煤矿在矿井照明和煤的洗选加工水平上有进步和提高，例如开平煤矿于1880年引进近代中国第一台蒸汽动力选煤机，萍乡煤矿的洗选能力在当时的亚洲也首屈一指。

近代煤矿中典型设备的使用情况　　　　表2-3

运输设备	井下运输	簸运机（仅中兴煤矿，1931年后使用）、无极绳（当时称循环索，仅抚顺煤矿，1926年；中兴煤矿，1930年）、架线式的电机车（仅萍乡煤矿，1907年，且拥有36台）
	井口运输	蒸汽机车、电机车（仅抚顺煤矿，1914年）、架空索道（阳泉第五矿，1919年；京西房山矿，1925年）
采掘设备：割煤机（阳泉矿最早引进（1921年蒸汽动力），中兴煤矿最早应用（1931年电动力））、电钻（中兴煤矿最早应用，1914年）、风钻（萍乡煤矿最早应用，1905年）		
提升设备：蒸汽绞车（又称高车或卷扬机，近代最大马力（1000马力）蒸汽绞车于1908年安装于开平林西矿）、电动提升机（近代最大马力（5395马力）电动提升机于1936年安装于抚顺煤矿）		
通风设备：蒸汽动力通风机（抽出式和压入式）、电动力通风机（抚顺煤矿通风设备的能力为近代煤矿之冠）		
排水设备：蒸汽动力的水泵（开平煤矿引进近代第一台水泵"大维式抽水机"）、电动力的电动水泵		
照明设备：安全灯（抚顺煤矿的安全灯类多量大）、蓄电池灯（阳泉第二矿于1918年最早使用）、电灯（抚顺煤矿于1909年最先使用）		
洗选设备：选煤机（萍乡和开滦煤矿的机械洗选能力较强，最早开平煤矿于1880年代引进近代第一台选煤机，萍乡煤矿的洗选能力在当时的亚洲也首屈一指，开滦煤矿的设备最先进，即鲍姆式，也就是跳汰机；追波式）		
炼焦设备：炼焦炉		
动力设备：蒸汽机、发电机（开平煤矿于1905年最早安装发电机，电力最大者在抚顺煤矿）		

一、近代采煤的完整工艺流程

近代采煤工艺分为矿井开采和露天开采。矿井开采包括了开拓系统、采煤系统、矿井提升与运输系统、矿井通风与排水系统、动力供给系统，另外，大型的煤矿还包括煤的洗选与炼焦系统（图2-12）。近代煤炭开采技术比以往手工煤窑的进步之处在于其掘进与回采有了区分，巷道的掘进与煤的回采设计更为复杂，矿井的开拓与支护水平有所提高，形成了不同的近代采煤方法。

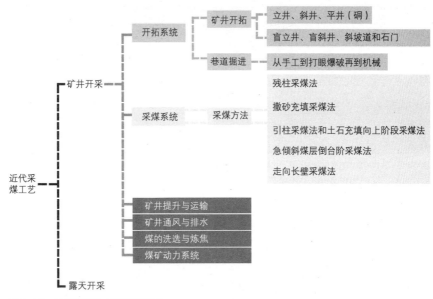

图 2-12 近代采煤的完整工艺简图

二、近代采煤工艺技术与关键技术物证

1. 开拓系统工艺技术与关键技术物证

矿井开拓是地下采煤的第一步，开拓掘进的内容包括了井、硐的形式、数目、尺寸大小及布置方式等。近代矿井开拓的方式主要有立井开拓、斜井开拓和平硐开拓三种方式（图 2-13），此外，还增加了盲立井、盲斜井、斜坡道和石门等，设计更为复杂，开拓系统有了明确的阶段和采区划分。

近代新式煤矿在井筒的形状、直径和深度，井下巷道的长度，以及井筒与巷道的支护方式上都有了进步。支护技术的提高使得斜井和平硐除了梯形外还有拱形，立井也由方形逐渐变为多角形或圆形，大型煤矿以圆形居多（坊子煤矿使用百余年的圆形立井，今在立井中安装了螺旋上人楼梯），方形或多角形

图 2-13 立井、斜井、平井（平硐）展示模型
图片来源：笔者 2018 年摄于坊子炭矿博物馆

图 2-14　坊子煤矿百年圆形立井、水泥支护立井、砖支护巷道
图片来源：笔者 2018 年摄于坊子煤矿

图 2-15　手工挖掘、钻眼爆破、割煤机采煤
图片来源：笔者 2018 年摄于开滦煤矿博物馆

较圆形容易支护，但受力承压差，井筒截面的有效利用面积也比圆形小。支护材料的提高使得以前无支护或木支架逐渐变为砖、石或水泥支护（坊子煤矿百年立井水泥支护，井下巷道砖石支护）（图 2-14）。

　　井筒的掘进与巷道的挖掘逐渐经历了从手工挖掘，到钻眼爆破，再到动力机械采煤的过程（图 2-15）。1905 年左右萍乡煤矿在巷道掘进中首先使用风钻，1914 年中兴煤矿在巷道掘进中最早使用电钻，此后风钻和电钻相继在各大煤矿使用。阳泉煤矿在 1921 年最早引进蒸汽动力的割煤机，蒸汽割煤机的一般构造如图 2-16 所示。中兴煤矿在 1931 年最早使用电动力的割煤机。近代煤矿除极个别煤矿使用割煤机、电钻或风钻外，绝大多数仍为手工回采。

　　近代开拓系统的关键技术物证包括：①构筑物：井、硐、巷道；②开拓设备：风钻、电钻、割煤机。可以井与硐的形式、尺寸大小、直径和深度，巷道的长度，井、硐与巷道的支护方式，以及风钻、电钻、割煤机的效能作为价值评判的依据。

　　2. 采煤系统工艺技术与关键技术物证

　　旧式手工煤窑掘进与回采合一，近代新式煤矿在掘进一系列井硐和巷道之

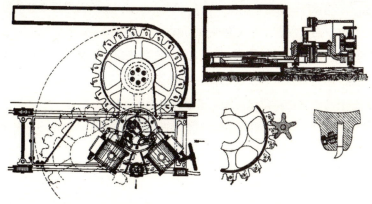

图 2-16 汽动圆盘式割煤机结构图
图片来源:《中国近代煤矿史》

后,再进行回采。其回采工艺和巷道布置不同,采用不同的采煤方法。回采工艺决定着巷道的布置,回采工艺是矿井采煤生产的核心,需要根据煤层的厚度、倾角、稳定性、瓦斯涌出和含水量等地质条件选用不同的回采工艺。当今的矿井采煤方法大致分为壁式与柱式两大类,我国多采用壁式采煤法,壁式方法的特点是煤壁较长,采出的煤平行于煤壁运出工作面。[①] 柱式采煤法的特点是煤壁呈方柱形,可同时开采的工作面较多,采出的煤垂直于工作面运出,柱式采煤法又可分为房式、房柱式等(图2-17)。

近代的采煤方法不同于当今的普采或综采,经历了由"落垛法"或"残柱法"逐渐发展到"长壁法"的历程(图2-18)。应用最早和最广的是落垛、残柱式

① 壁式采煤法也根据煤层条件的不同,分为单一长壁、放顶煤、掩护支架、倾斜分层等。

壁式采煤示意图

现代单一长壁式采煤法

柱式采煤示意图

现代房柱式采煤法

图 2-17 当今壁式与柱式采煤方法
图片来源:笔者 2018 年摄于坊子炭矿博物馆、百度百科

采煤法①，其回采率低且极不安全，资源浪费严重，基本靠围岩本身的稳固性支撑采空区。后又出现了充填采煤法，如1912年抚顺煤矿的"撒砂充填采煤法（注砂添坑采煤法，sand flosing）"，1920年代锦西大窑沟薄煤层和厚煤层中使用的"引柱采煤法和土石充填向上阶段采煤法"，此类方法通过向采空区充填碎砂石等充填材料或使用支架来维护采空区（图2-19）。1920年代开滦煤矿使用"急倾斜煤层倒台阶采煤法"，1930年代中兴煤矿最先开始采用"走向长壁采煤法"。

① 其开采方式是沿煤层掘煤巷，将煤层分段截成棋盘状小垛，先采小垛下部的煤，使上部煤自行坍落，然后用长齿扒勾扒出装运。这种方法劳动强度大，安全隐患多。

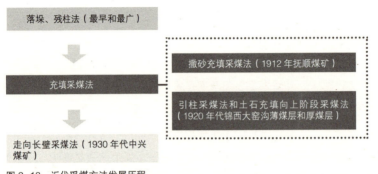

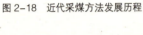

图2-18 近代采煤方法发展历程

图2-19 回采时使用木柱来维护采空区
图片来源：笔者2018年摄于开滦煤矿与坊子煤矿

近代采煤系统的关键技术物证包括：①构筑物：巷道；②采煤设备：风钻、电钻、割煤机。可以巷道的布置方式、长度、尺寸大小和支护方式，以及风钻、电钻、割煤机的效能作为价值评判的依据。

3. 矿井提升与运输及其关键技术物证

（1）矿井提升。近代的矿井提升大致经历了辘轳提升，到蒸汽绞车提升（又称卷扬机），再到电动提升机。开滦煤矿提升机的使用基本上反映了近代煤矿提升机的应用历史，1881年开平唐山煤矿引进了150马力的蒸汽绞车

（图2-20），1899年又从德国西门子公司引进蒸汽绞车（图2-21）。1908年开滦林西矿安装1000马力蒸汽绞车，这是1906年英国的最新产品，也是近代中国煤矿中马力最大的蒸汽绞车。1920年开滦赵各庄煤矿4号井安装75马力电动绞车，1922年又安装1175马力电动绞车，1926年1号井安装1340马力电动绞车，1948年唐山矿和林西矿各自安装了一台3000马力电动绞车。[①] 抚顺龙凤矿大竖井在1936年了安装了5395马力的电动提升机，是近代中国煤矿中马力最大的电动绞车。近代的其他煤矿，其提升设备多为二三百马力。

① 郝帅. 从技术史角度探讨开滦煤矿的工业遗产价值 [D]. 天津：天津大学，2013：23.

图2-20　开平唐山矿一号井安装的蒸汽绞车
图片来源：笔者2018年摄于开滦博物馆

图2-21　唐山矿1899年从德国西门子公司引进的蒸汽绞车与实物模型
图片来源：笔者2018年摄于开滦博物馆

（2）井下运输。近代煤矿的井下运输相较于矿井提升是落后的，井下运输和井口地面运输基本全靠人力或畜力，仅有几个大型煤矿在主要巷道和地面使用了机械运输。仅中兴煤矿1931年后使用过簸运机，仅抚顺煤矿在1926年后和中兴煤矿在1930年后在主要大巷中使用过无极绳（当时叫循环索，实例如图2-22所示），萍乡煤矿在运输大巷中使用了架线式的电机车，开平煤矿也使用过电机车（图2-23）。

图 2-22 簸运机与无极绳
图片来源：笔者 2018 年摄于开滦与坊子煤矿

图 2-23 用于井下巷道运输的日本电机车头，1943 年开始使用
图片来源：笔者 2018 年摄于开滦煤矿

（3）井口地面运输。近代井口地面运输与井下运输的机械化程度类似，仅有个别的大型煤矿使用了蒸汽或电机车运输。开滦煤矿制成了中国第一台蒸汽机车（图 2-24），并建设了中国近代第一条标准轨铁路和第一条自主修建的铁路。仅抚顺煤矿于 1914 年最先在地面使用电机车（之前使用蒸汽机车）。阳泉第五矿于 1919 年、京西房山矿于 1925 年使用了架空索道。

近代矿井提升与运输的关键技术物证包括：①提升设备：蒸汽绞车、电动提升机；②运输设备：簸运机、蒸汽机车、电机车；③提升与运输构筑物：井

图 2-24 近代第一台蒸汽机车与第一条标准轨铁路的实物模型
图片来源：笔者 2018 年摄于开滦煤矿

架、罐笼、运输铁路、循环索、架空索道等；④提升用房：绞车房（卷扬机房）、动力房（井口旁用来提供机械原动力的发电机房、锅炉房）与机修用房等。可以蒸汽绞车、电动提升机、簸运机、蒸汽机车、电机车的效能以及井架、铁路、索道、建筑物的建造方式与质量作为价值评判的依据。

4. 矿井通风与排水及其关键技术物证

（1）矿井通风。从1870年代开始，中国引入了西方的通风和排水技术，矿井通风与排水设备初期为蒸汽动力，1920年代后逐渐使用电动力。在20世纪二三十年代，矿井已广泛使用风桥、风门、风墙和风席，局部通风机也逐渐使用。通风机有抽出式和压入式，近代煤矿多采用抽出式，抚顺煤矿的通风能力是近代煤矿之冠。

（2）矿井排水。旧式手工煤窑主要用肩挑排水，近代时期渐渐采用机械化排水。最早引进的水泵是开平煤矿的"大维式抽水机"（图2-25）。近代涌水量最大的煤矿是焦作的中福煤矿，中福煤矿曾安装有世界上最大最古老的"Hathom Davey水泵"。近代矿井排水时一般先把井下各处的水集中到井底水仓，然后再用水泵排至地面。

近代矿井通风与排水的关键技术物证包括：①通风设备：蒸汽动力通风机、电动力通风机；②排水设备：蒸汽动力水泵、电动力水泵；③通风与排水构筑物：水仓、风桥、风硐、风门和风墙等。可以通风机与水泵的效能以及水仓、风桥、风硐、风门和风墙等的建造方式与质量作为价值评判的依据。

5. 煤的洗选与炼焦及其关键技术物证

（1）煤的洗选。从矿井中开采出来的原煤并不是一种单一物质，而是一种夹杂着矸石与杂质的复合物，原煤中的有机物、挥发物和固定碳等是我们所需要的，而其他组成部分如硫分、灰分、水分和磷分等则是有害的。选（洗）煤，

图2-25 近代中国第一台蒸汽水泵
图片来源：笔者2018年摄于开滦煤矿

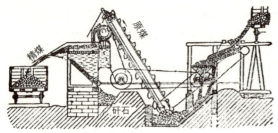

图 2-26　连续工作的机械传动式跳汰机
图片来源：《水介质跳汰选煤》

就是将原煤经过洗选和分级等加工处理，去除掉大部分的矸石和有害杂质，分选出符合后续使用要求的煤，例如冶炼钢铁时需要低硫分、低灰分的煤炭。近代煤矿的洗选设备大都十分简陋，绝大多数仍旧采用手工选煤，利用煤和矸石在颜色、密度、光泽及形状等方面的差异，在水池、水槽、皮带或翻板上用人力从煤里拣出矸石、木屑、铁器及其他杂物。近代的机械洗煤始于 1880 年代，开平最先引进了第一台洗煤机①，后萍乡煤矿的洗选能力迅速成为当时亚洲的佼佼者。近代其他各矿的洗选设备都还较为简单，远不及开滦和萍乡煤矿，直到 1940 年代时全国约只有 9 座洗煤厂。近代机械洗煤主要采用跳汰法②洗煤（图 2-26）。

（2）煤的炼焦。煤炭可根据成分不同分为褐煤、烟煤和无烟煤（白煤）三大类，其煤化程度越高，挥发分越低。③无烟煤的煤化程度最高，挥发分低，含碳量最高，燃烧时没有烟，是很好的民用燃料。烟煤是重要的工业燃料，主要用来炼焦，生产焦炭，可根据不同的生产所需，将各类烟煤按照不同的配比来炼制所需焦炭。褐煤的煤化程度最低，挥发分高，可用于煤的液化与气化，制得煤焦油与煤气。近代时期煤炭的加工主要为炼焦或制作煤球、煤砖，仅有抚顺煤矿利用低温干馏发生煤气来发电。近代炼焦多采用传统炼焦技术，传统炼焦有圆形炉和长方炉炼焦法（图 2-27），唯萍乡、抚顺与本溪等煤矿引进了西方的炼焦技术与洋焦炉。

近代煤的洗选与炼焦的关键技术物证包括：①洗选设备与构筑物：洗煤槽、洗煤池、洗煤台、洗煤机等；②炼焦设备：炼焦炉。可以洗煤机与炼焦炉的效能及技术革新程度作为价值评判的依据。

6. 煤矿的动力系统及其关键技术物证

直到 20 世纪初，蒸汽机一直都是近代煤矿的重要动力设备，大型煤矿都有数十台蒸汽锅炉，形式多种多样，为矿井的提升、通风和排水等提供机械原动力。后矿井的机械动力系统逐渐变为电动力，开平唐山矿于 1905 年最早安装了一台交流发电机和一台直流发电机，是近代煤矿用电的开始，1906 年开

① 但其具体的型号与洗选能力已较难查询。

② 跳汰选煤原理：跳汰法是指利用水、风（可利用活塞）等介质，通过垂直上下强烈振动，形成水或风的脉动，煤粒在脉动水流或空气流的作用下，按自身相对密度分层，重的矸石沉在底部，轻的煤层则位于矸石层上面，然后通过适当方法分别收取，来达到分选目的，该法也是一种利用重力的选煤方法。

③ 其再细分又可将褐煤分为两类（年青、年老），烟煤分为 12 类（贫煤、瘦煤、肥煤、焦煤、气煤、弱粘煤、不沾煤等），无烟煤分为三类（低、中、高）。

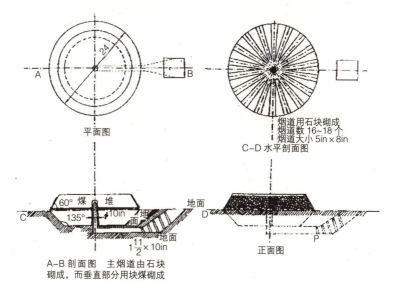

图 2-27 本溪土法炼焦炉的构造
图片来源：《中国近代煤矿史》

图 2-28 1906 年建设的开平林西矿发电机组
图片来源：笔者 2018 年摄于开滦博物馆

平林西矿建设了中国最早的火力发电厂[①]（图 2-28、图 2-29）。后萍乡、抚顺、中兴、鲁大、中福、井陉、本溪湖、门头沟等大型煤矿相继建起了自己的发电厂，其他中小型煤矿则仍以蒸汽动力居多。

近代煤矿的动力系统关键技术物证包括：①蒸汽动力设备：蒸汽机、锅炉；②电动力设备：锅炉、蒸汽机、发电机；③动力用房：发电房、锅炉房等。可以蒸汽机与发电机的效能及技术革新程度作为价值评判的依据。

7. 露天采矿与矿井照明

我国近代的露天机械采煤始于

图 2-29 1906 年建设的开平林西矿火力发电厂
图片来源：笔者 2018 年摄于开滦博物馆

① 火力发电厂是通过燃烧燃料产生的热能转换为机械能，然后驱动发电机，原动机通常是蒸汽机。开平矿务局林西矿发电厂，有 1040kW 德国产汽轮发电机组 2 台，比利时制造的兰开夏锅炉 8 台，年发电能力达到 700kW·h。

1914年的抚顺煤矿，露天机械采矿主要包括采掘、运输和排卸三个环节，抚顺煤矿于1915年购进蒸汽铲，1920年购进挖掘机，是近代露天机械开采技术的缩影。1930年代抚顺煤矿以使用蒸汽铲为主，1940年代蒸汽铲、电铲并用，经采掘的露天坑有若干台阶（称采掘段），每一台阶均铺设运输铁轨，其规模在当时的东亚也首屈一指，掠夺了中国大量的煤炭资源。露天机械采掘的过程大致有人工打眼装药放炮以松动岩石或煤层，再用蒸汽铲或电铲把剥离物装入车中，再分别将煤和矸石运往洗煤厂和废石场。近代矿井照明大致经历了明火灯，到安全灯，再到蓄电池灯或电灯的过程。

近代露天采煤的关键技术物证包括：①露天采掘设备：风钻、电钻、蒸汽铲、电铲、挖掘机等；②地面运输设备与构筑物：蒸汽机车、电机车、运输铁轨等。

三、关键技术物证小结

在采煤业工业遗产科技价值的保护中，非物质文化遗产与一些工业产品、手稿、文献记录等物质文化遗产也非常重要，但本书重点论述工业遗址、工业建（构）筑物与工业设备方面的物证实物。

1. 工业遗址与建（构）筑物

用于矿井提升的地面井架（塔）、罐笼等，是矿井提升的关键技术物证。井口、井台遗址等应作标记保护，立井、斜井、平硐、盲立井、盲斜井、斜坡道、巷道、达道等的遗址应予保留。井下巷道布置，尤其是井下大巷（图2-30），如有可能应尽量保留，这是巷道开拓掘进与煤炭回采工艺设计的物证实物，如因维护费用等无法保留地下部分，应注意做好模型与影像的展示。

图2-30 开平煤矿运输大巷
图片来源：笔者2018年摄于开滦博物馆

图 2-31　矿井提升运输模型
图片来源：笔者摄于坊子炭矿博物馆，在模型基础上绘制

矿井旁的井架用房（图2-31）、绞车房（卷扬机房）、动力房（井口旁用来提供机械原动力的发电机房、锅炉房）与机修用房等，是矿井提升的关键物证。用于地面或井下运输的铁轨、无极绳、架空索道等构筑物及其用房，是煤矿运输的关键技术物证。用于洗选煤的洗煤用房与蒸汽机、发电房、锅炉房是煤的洗选与动力的关键技术物证。

除了核心生产工艺对应的建（构）筑物外，还包括了辅助生产的用房与构筑物：①仓储构筑物与建筑用房，如煤筒仓、地面煤仓（图2-32）等；②其他辅助生产用房，如化验房、取水用房（水塔）、机修厂房（木工厂房、机械修理厂房）等；③办公与住宅用房等。

2. 机械设备

采煤业中用到的各类机器设备，是采煤业工业遗产的关键技术物证，包括：①开拓采掘设备，如割煤机、电钻、风钻等；②提升设备，如蒸汽绞车、电动提升机等；③运输设备，如簸运机、无极绳、蒸汽机车、电机车等；

图 2-32　煤经传送运输装置落入煤筒仓
图片来源：笔者摄于坊子炭矿博物馆，在模型基础上绘制

④矿井通风设备，如蒸汽动力通风机、电动力通风机等；⑤矿井排水设备，如蒸汽动力的水泵、电动力的电动泵等；⑥煤的洗选与炼焦设备，如洗煤机、炼焦炉等；⑦动力设备，如蒸汽机、锅炉、发电机等；⑧照明设备，如安全灯、蓄电池灯、电灯等；⑨露天采矿设备，如风钻、电钻、蒸汽铲、电铲、挖掘机等。

将近代采煤业工业遗产的关键技术物证总结如表 2-4 所示。

近代采煤业工业遗产关键技术物证小结　　　　表 2-4

类型	名称	工业遗址与建（构）筑物	工业设备
核心生产	近代开拓与采煤	立井、斜井、平硐、盲立井、盲斜井、斜坡道、巷道等的遗址	开拓采掘设备：①机械采煤设备：割煤机；②打眼放炮设备：风钻、电钻等
	近代矿井提升与运输	建筑物：①井架（井塔）用房；②绞车房（卷扬机房）；③绞车动力房（一般在井口附近）；④绞车机修用房；⑤安装循环索或运煤机等的运煤用房。构筑物：①提升构筑物：井架（井塔）、罐笼、井台；②运输构筑物：运输铁路、循环索、架空索道等	①提升设备：蒸汽绞车、电动提升机；②运输设备：簸运机、蒸汽机车、电机车等
	近代矿井通风与排水	通风与排水用房。水仓、风桥、风硐、风门和风墙等	①通风设备：蒸汽动力通风机、电动力通风机；②排水设备：蒸汽动力水泵、电动力水泵
	近代煤的洗选与炼焦	洗煤用房。洗煤槽、洗煤池、洗煤台等	①洗煤设备：洗煤机；②炼焦设备：炼焦炉等
	近代煤矿的动力	动力用房：蒸汽机房、锅炉房、发电机房等	①蒸汽动力设备：蒸汽机、锅炉；②电动力设备：锅炉、涡轮蒸汽机、发电机、发电机组
	近代矿井照明	照明用房	明火灯、安全灯、蓄电池灯或电灯
	近代露天采煤	地面运输铁轨、地面运输构架等	①露天采掘设备：风钻、电钻、蒸汽铲、电铲、挖掘机等；②地面运输设备与构筑物：蒸汽机车、电机车等
辅助生产	仓储	仓储构筑物与建筑用房：如煤筒仓、地面煤仓等	
	其他辅助生产用房	化验房、取水用房（水塔）、机修厂房（木工厂房、机械修理厂房）等	
	办公	办公用房	
福利性用房		职工宿舍、住宅用房、食堂、俱乐部等	

第三节 采煤业产业链、厂区或生产线的完整性分析

一、科技价值角度的完整性分析

探讨工业遗产的完整性,需要研究工业生产的内在逻辑性,分析采煤业工业遗产点、工业生产线与工业产业链的完整性,落实采煤业完整性保护的范畴,并用典型案例阐释说明。保护工业遗产的完整性,很大程度上也是保护遗产的真实性。

工业遗产点可为工业遗址本身、建筑物、构件或机器等,还应该包括景观、环境以及与其相关的文化记忆等非物质内容。"线"指生产线,包括采煤业的核心工艺(开拓与回采、提升与运输、通风与排水、洗选与炼焦、动力与照明)的实物物证,在上文已详细论述,生产线的完整性也包含了相关的非物质内容。下面重点从完整性的第三个层面,产业链与产业群的完整性进行遗产保护的探讨。

从完整性保护的角度:①采煤业的上、下游产业。与采煤业相关的产业链,如采煤的下游产业——水泥业与陶瓷业,古语就有"有煤窑就有瓷窑"的俗语,粉煤灰与高岭土①可用于水泥和陶瓷的制造,启新洋灰水泥厂的创建就与开平煤矿有很大关系。此外,煤矸石可用于矸石砖厂制砖,焦炭可用于钢铁的冶炼等。②因采煤辐射影响而兴建的运煤铁路、车站、运煤河,以及因煤矿的辐射影响,依靠采煤而兴建的居住、医院、学校、商业娱乐等建筑都需要从完整性角度评估考察其价值,需引起注意,尤其在申请世界遗产时更需要从源头到福利建筑等完整性角度加以考察(我们认为附属在工厂企业中的学校、医院与宗教等,如企业办社会的模式,因工厂而建的这些福利附属建筑,都是完整性的一部分)。以1936年的开滦唐山矿平面为例,其相关的铁路、车站、居住、医疗、学校、商业娱乐等建筑都在完整性的考察评估范围之内(图2-33)。

在采煤业工业遗产的完整性保护中,保护可分为几个层次:

(1)第一种是十分理想的情况,除了核心生产区的完整性,包括上述核心工艺(开拓与回采、提升与运输、通风与排水、洗选与炼焦、动力与照明)与辅助生产仓储、机修,以及办公等实物物证外,还要保护受采煤辐射影响而建的学校、住宅、医院等附属配套生活用房,因运煤而建的铁路、车站、运煤河及沿线建(构)筑物,以及下游的水泥厂、陶瓷厂、砖厂、钢铁厂等整个产业链的完整性。

(2)第二种情况是要重点保护采煤业本身工业生产的完整性,包括核心工艺(开拓与回采、提升与运输、通风与排水、洗选与炼焦、动力与照明),动

---

① 高岭土是制作陶瓷的主要原料,与煤在地质上往往共生,一般夹生于煤层中部。

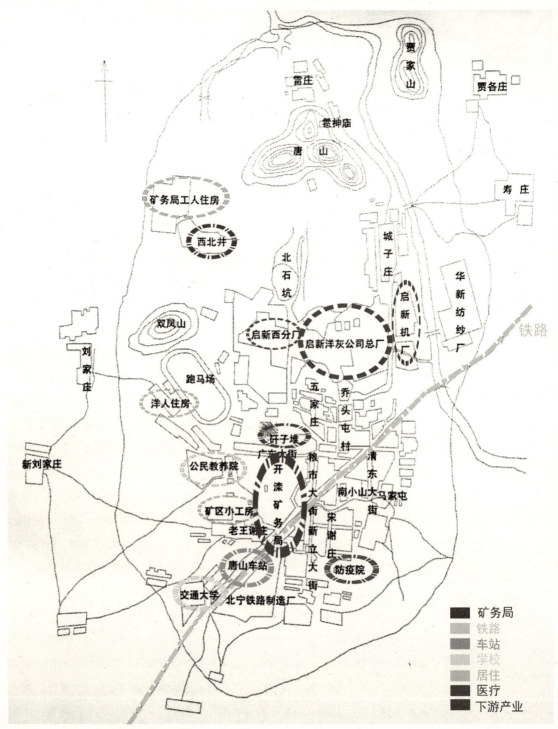

图 2-33 1936 年的开滦唐山矿
图片来源：笔者自绘；底图来自开滦煤矿档案馆，由郝帅描绘

力系统与辅助生产仓储、机修,以及办公等实物物证。

(3)若上述两种情况在现实中依旧无法实现时,那么应保护采煤业中最核心的生产线(开拓与回采、提升与运输、排水与通风、洗选与炼焦、动力与照明)中的建(构)筑物与设备遗留。

下面以近代萍乡安源煤矿和近代本溪湖煤矿的完整性保护为例来说明。

二、采煤业价值评价典型案例分析

1. 萍乡安源煤矿工业建筑群(图2-34)

图2-34 萍乡安源煤矿工业建(构)筑物分布图
图片来源:笔者自绘,底图来源于《江西萍乡安源煤矿调查报告》

最重要的核心生产实物物证：立井、平巷、起重机房、绞车动力房、洗煤台、洗煤槽、炼焦炉、蒸汽机房、锅炉房、发电机房、电车房、地面运输铁轨构架等（图 2-35）。

辅助生产的仓储用房，机料处、修理房、木工房、化验房、水井，办公（煤务、总工、总务等）用房与福利性餐宿用房等（图 2-36）。

完整性保护包括：受采煤厂辐射影响而建的学校、住宅①、银行、市场、警局、司法等附属福利配套生活用房，因运煤而建的铁路、车站、火车房及沿线建（构）筑物，以及下游的砖厂等整个产业链的完整性（图 2-37）。

① 有些住宅、宿舍、餐饮等建筑建设在厂区内部，一般可认为是厂区内的福利性建筑。有些住宅建在厂区外部，一般可认为是完整性保护中所需保留的福利性建筑。

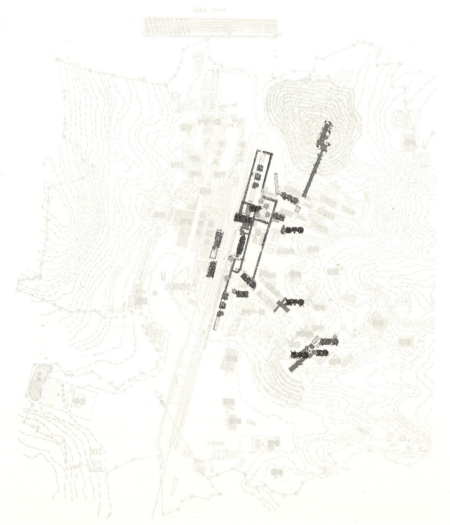

图 2-35 第一层级的保护
图片来源：笔者自绘，底图来源于《江西萍乡安源煤矿调查报告》

2. 本溪湖煤矿工业建筑群（图2-38）

最重要的核心生产实物物证：立井、斜井、动力用房、运输索道、地面运输铁轨等（图2-39）。

辅助生产的办公用房与福利性宿舍用房等（图2-40）。

完整性保护包括：受采煤厂辐射影响而建的学校、卫队，因运煤而建的铁路、火车站及沿线建（构）筑物，以及下游的制铁所等整个产业链的完整性（图2-41）。

图2-36 第二层级的保护
图片来源：笔者自绘，底图来源于《江西萍乡安源煤矿调查报告》

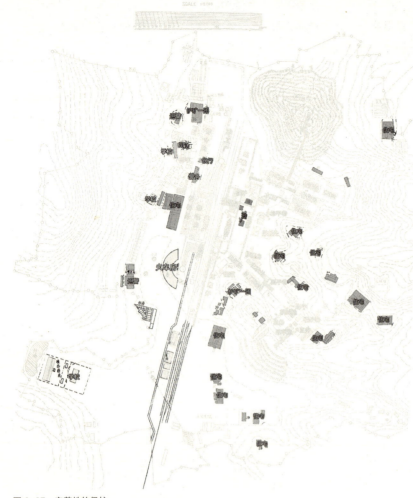

图 2-37 完整性的保护
图片来源：笔者自绘，底图来源于《江西萍乡安源煤矿调查报告》

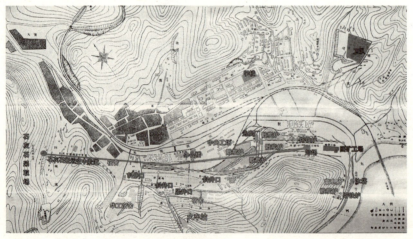

图 2-38 本溪湖煤矿工业建（构）筑物分布图
图片来源：笔者自绘，底图来源于《本溪湖煤铁公司报告》

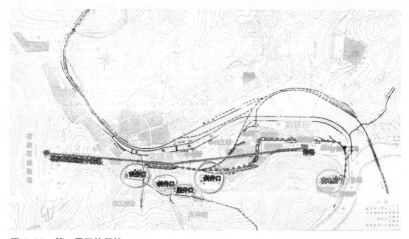

图 2-39 第一层级的保护
图片来源：笔者自绘，底图来源于《本溪湖煤铁公司报告》

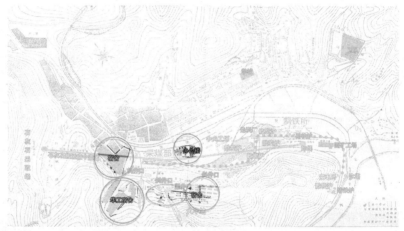

图 2-40 第二层级的保护
图片来源：笔者自绘，底图来源于《本溪湖煤铁公司报告》

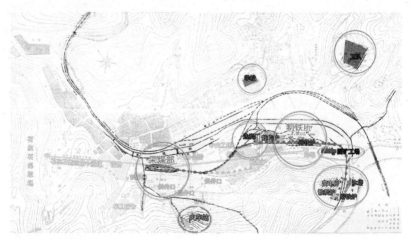

图 2-41 完整性的保护
图片来源：笔者自绘，底图来源于《本溪湖煤铁公司报告》

第三章 近代钢铁冶炼业工业遗产科技价值评价与保护研究

近代钢铁冶炼工业的发展对推进中国近代工业化起了至关重要的作用,钢铁工业是其他军事、交通、轻纺、化工等行业发展的基础。从表3-1中可以看到中国近代钢铁冶炼技术的起步比世界工业化钢铁冶炼晚了大半个世纪,初时以引进英国的冶炼技术为主。中国近代钢铁冶炼业虽起步较晚,但追赶世界的步伐却不慢,有些引进技术而建设的高炉曾在当时达到了世界先进水平。无奈错综的历史原因和战争,使得近代的钢铁冶炼业整体薄弱,较有规模的钢铁厂屈指可数,其中不乏有一些钢铁冶炼厂的技术可圈可点,有些工厂的设备或遗存一直遗留至今,并为中华人民共和国成立后钢铁工业的发展作出了重要贡献。

世界钢铁冶炼业与中国钢铁冶炼业起步之对比　　表 3-1

		世界钢铁冶炼业	中国钢铁冶炼业
炼铁技术	炼焦技术	1709 年英国人 Abraham Darby 制成适合炼铁的焦炭,从此焦炭炼铁技术得到推广	筹建于 1885 年的贵州青溪铁厂,1890 年出铁,1893 年停产,是近代中国第一家新式钢铁冶炼厂,引进的是英国技术
	鼓风技术	1742 年出现气压式发动机来代替皮革鼓风器鼓风。1782 年出现蒸汽机鼓风	
	热风技术	1828 年热风技术发明,降低了燃料成本	
	炼铁炉	1807 年英国已有日产百吨的炼铁炉。炼铁炉的容积不断增高,产量不断增大	
炼钢技术	炼钢炉	1856 年贝塞麦转炉炼钢法(Bessemer converter furnace)成功。1864 年平炉炼钢法(open hearth furnace)成功。1898 年电弧炉炼钢技术成功。1879 年矿石的碱性除磷技术成功	1891 年投产的江南制造局炼钢厂是近代中国第一个新式炼钢厂,采用平炉炼钢,引进英国设备。1893 年建成开工的天津机器局炼钢厂也采用平炉,只炼钢不炼铁,引进英国设备技术
	合金钢技术	1870 年代英国已发明自硬钢,随后各合金钢相继被开发	
钢铁加工		1836 年出现挤压法生产无缝钢管。1853 年出现三辊式型材轧机。1862 年出现连续轧机。1866 年发明可逆式轧机。1885 年发明二辊斜轧穿孔机	1871 年福州船政局建成拉铁厂与锤铁厂,采用蒸汽动力与机器进行钢铁加工,船政局所属铁厂是近代早期的钢铁加工厂

第一节 近代钢铁冶炼业的历史与现状研究

从近代钢铁冶炼业的历史与现状研究分析，主要从遗产的年代、历史重要性、文化与情感认同、对当地社会的发展贡献等方面分析近代钢铁冶炼业的发展历程、有价值的工业遗存及其遗留现状，无论最初由中资（民资或官资），还是外资以掠夺入侵为目的建设的钢铁厂，都是近代中国钢铁冶炼历史最真实的反映，给予人们深刻的警示和启迪，其遗留的遗迹等都应进行评判和分析，将其中有价值的给予保护。由于钢铁冶炼所需技术强、资金大的特点，近代化的钢铁冶炼厂的数量有限，因而其中历史重要性相对突出的工厂历历可数，这些工厂遗留的遗址、建筑物、构筑物与设备等物证实物需引起重视，急需保护。

一、近代钢铁冶炼业的年代分期与发展历程

近代钢铁冶炼业的发展大致经历了四个历史时期：

（1）1885—1911年为初创时期。该时期采用新法冶炼钢铁的工厂或车间主要有四家[①]：贵州青溪铁厂、江南制造局炼钢厂、天津机器局炼钢厂和汉阳铁厂（图3-1）。青溪铁厂是近代中国第一家新式钢铁冶炼厂。天津机器局与江南制造局所属炼钢厂规模均较小，只炼钢，没有采矿与炼铁工序。该时期规模最大、最为重要的钢铁厂为汉阳铁厂，它的成立开创了近代钢铁冶炼业的新

① 李海涛.近代中国钢铁工业发展研究(1840—1927)[D].苏州：苏州大学,2010：61-68.

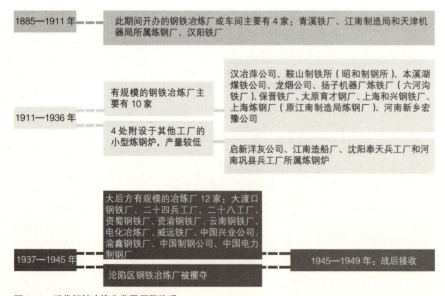

图3-1 近代钢铁冶炼业发展历程梳理

时代，在近代钢铁史上占有重要地位，具有重要意义。

（2）1911—1936年为渐次发展时期。该时期陆续发展起一批采用新法冶炼钢铁的企业，大致可分为三类：炼铁厂、炼钢厂和钢铁冶炼厂，其中一些钢铁厂的规模、设备和技术在当时达到了世界先进水平。该时期历史重要性相对突出的钢铁厂主要有10家：汉冶萍公司、鞍山制铁所（昭和制钢所）、本溪湖煤铁公司、龙烟公司、扬子机器厂炼铁厂（六河沟铁厂）、保晋铁厂、太原育才钢厂、上海和兴钢铁厂、上海炼钢厂（原江南制造局炼钢厂）和河南新乡宏豫公司，此外还有4座附属于其他兵工厂或水泥厂的小型炼钢炉，分别是启新洋灰公司（图3-2）、江南造船厂、沈阳奉天兵工厂与河南巩县兵工厂的炼钢炉①，但这些产能都较小。

（3）1937—1945年为全面抗日战争时期。日本的侵略对刚刚起步的近代钢铁冶炼业造成沉重打击，沦陷区的钢铁厂要么被侵占掠夺，要么毁于战火。该时期为支援抗战和适应战时需要国民政府曾在大后方新建或重组了一批钢铁厂，其中稍具规模的有12家②，规模较大且留有厂址遗迹的主要有重庆大渡口钢铁厂、二十四兵工厂、中国兴业公司和云南钢铁厂。大渡口钢铁厂是战时大后方最重要的钢铁厂，二十四兵工厂是西南地区最早的炼钢厂，中国兴业公司在大后方规模仅次于大渡口，云南钢铁厂于1941年始建，今昆明钢铁集团的前身。其他规模较大的资渝钢铁厂和渝鑫钢铁厂（图3-3）等已鲜有厂址遗迹。

（4）1945—1949年为战后回收时期。日本投降后，曾被其侵占的钢铁厂被接收，但由于国民政府的腐败统治，在不到四年的时间里中国的钢铁冶炼业陷入崩溃境地，尤其是战时大后方新兴的钢铁厂大量倒闭，直到中华人民共和国成立后，钢铁冶炼业才得以重获新生。

① 方一兵.汉冶萍公司与中国近代钢铁技术移植[M].北京：科学出版社，2011:104-105.

② 大致可分为四类：a.兵工署主办，如钢铁厂迁建委员会（大渡口钢铁厂，今重庆钢铁公司的前身）、第二十四兵工厂（西南最早的炼钢厂，今重庆特殊钢厂前身）、二十八工厂（1946年停办，归并第二十四兵工厂）；b.资源委员会主办，如资蜀钢铁厂、资渝钢铁厂、云南钢铁厂、电化冶炼厂、威远铁厂、昆明炼铜厂和彭县铜矿等；c.官商合办或独资经营，如渝鑫钢铁厂、中国兴业公司、中国制钢公司等；d.民营的小型钢铁厂。
刘萍.抗战时期西部钢铁工业兴衰评述[C]//中国社会科学院近代史研究所.中国社会科学院近代史研究所青年学术论坛2003年卷.北京：社会科学文献出版社，2005:270-288.

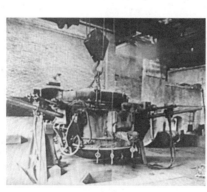

图3-2　1921年启新洋灰厂引进的电力炼钢炉
图片来源：笔者2018年摄于唐山工业博物馆

图3-3　渝鑫钢铁厂厂房旧貌
图片来源：许东风.《重庆工业遗产保护利用与城市振兴》

二、历史重要性突出的近代钢铁冶炼业工业遗产

高炉与炼钢炉的建设都需要大量的技术与资金支持,因此规模产能较大、技术较先进的近代钢铁冶炼厂历历可数,这些新式的近代钢铁冶炼厂反映了近代中国钢铁冶炼工业的发展历程。通过对近代钢铁冶炼业历史的梳理,并对历史线索中的工业遗存现状进行调查研究,整理出历史与社会文化价值突出的近代钢铁冶炼业工业遗产(表3-2)。

历史重要性突出的近代钢铁冶炼业工业遗产梳理　　　　表3-2

名称	开办时间	地点	意义或特点	近代设备或技术	遗存现状
青溪铁厂	1885年筹建	贵州	近代中国第一家新式钢铁冶炼厂	设备引自英国谛塞德公司(Tees-side Engine Co.),1890年出铁	后由于缺乏冶炼技术支持而于1893年失败停产,现仅剩河岸边的泊船码头,原有房屋及设备均已毁,所幸保留有一块"天字一号"熟铁锭,是铁厂生产的第一批铁锭中的一块
汉冶萍公司	1889年筹建。1889—1904年为汉阳铁厂的初创期;1904—1908年为技术改造和第二期建设期;1908—1919年是汉冶萍公司发展的黄金期;1919—1928年为衰落期	湖北	近代中国第一家大型钢铁联营企业,远东第一流的钢铁企业。开创了近代钢铁冶炼业的新时代,在近代钢铁史上占有重要地位和意义	炼铁设备: (汉阳铁厂) 日产250t高炉2座; 日产75t高炉2座。 (大冶铁厂) 日产450t高炉2座。 炼钢设备: 日产60t马丁炉7座	今遗留下了两座化铁炉、高炉栈桥、卸矿机、瞭望塔、天主教堂和日欧式建筑群等
鞍山制铁所	1917年动工,1918年正式成立。1933年鞍山制铁所并入昭和制钢所	辽宁鞍山	拥有近代最大、最先进的炼铁高炉与炼钢设备,钢铁冶炼设备的规模是当时各钢铁冶炼厂之冠	炼铁设备: 日产350t高炉1座; 日产400t高炉1座; 日产500t高炉1座; 日产600t高炉1座。 炼钢设备: 150t平炉2座; 100t平炉4座; 600t混炼炉1座; 300t预备精炼炉3座	今主要遗存还有昭和制钢办公楼、井井寮旧址、昭和制钢所研究所、利用1953年建设的炼铁厂二烧车间旧厂房改造建成的"鞍钢集团展览馆"、1919年建成投产的老1号炼铁高炉等
龙烟铁矿公司	1919年成立	北京石景山	近代华北地区最早的钢铁冶炼厂之一,标志着北京近代钢铁冶炼的起步,今首钢的前身	炼铁设备: 日产250t高炉1座。设备引自美国,聘用美国技术人员,高炉的设计及其附属设施在当时的亚洲都称得上是佳的,设计和建造精良	2010年为保护环境首钢搬迁,厂区留下了大量工业遗存(料仓、高炉、运输架廊等),整个园区目前正在被积极改造再利用
本溪湖煤铁公司	1905年筹办,1912年改称"本溪湖商办煤铁有限公司"	辽宁本溪湖	近代东北第一家大型钢铁冶炼厂。经营范围包括采煤、采矿和制铁	炼铁设备: 日产140t高炉2座;日产20t小炼铁炉2座。1915年1号高炉投产;1917年2号高炉投产。1941和1942年分别建了3、4号高炉。 炼钢设备: 1935年电炉钢开始试生产	今遗存有本钢一铁厂旧址、本钢第二发电厂旧址、本溪煤矿中央大斜井、彩屯煤矿竖井与本溪湖煤铁公司事务所旧址等,其中本钢一铁厂的遗存有1915年投产的1号高炉与热风炉、1930年建成的2号黑田式焦炉局部、1935年建成的烧结车间等

续表

名称	开办时间	地点	意义或特点	近代设备或技术	遗存现状
上海炼钢厂	原江南制造局炼钢部分改建。1890年兴建的江南制造局所属炼钢厂，近代期间曾几次易名并隶属不同的企业，如上海钢铁机器股份有限公司、上海炼钢厂	上海	兴建时间早，后续发展时间长，其机器设备沿用至中华人民共和国成立后的重庆钢铁公司	炼钢设备：平炉2座，每日产约30t	最初规模较小，发展至上海炼钢厂时有马丁平炉两座，抗战时期该厂的部分设备迁至重庆大渡口，留在上海的两座平炉被毁弃
钢铁厂迁建委员会（大渡口钢铁厂）	1938年筹建	重庆大渡口	抗日战争时期大后方规模最大和最重要的钢铁厂，为重钢的前身。中国第一座自行设计的平炉也在这里诞生	炼铁设备：日产20t高炉1座；日产100t高炉1座。炼钢设备：10t碱性平炉2座；3t电炉1座；1.5t电炉1座；3t贝塞麦炉1座。设备由汉阳铁厂、大冶铁厂、上海炼钢厂和六河沟铁厂的机器设备迁至重庆大渡口建立，其100t高炉为六河沟铁厂的百吨高炉迁建，炼钢和轧钢设备由汉阳铁厂设备改建	2010年重钢整体搬迁，中华人民共和国成立前的遗存有1938年建的轧钢车间厂房、锻造车间和1906年购进的双缸卧式蒸汽机等
扬子机器公司	1907年成立	湖北汉口	兴建时间早，后续发展时间长	炼铁设备：日产100t高炉1座。1919年建，高炉由美国公司设计，1920年出铁	1923年由六河沟煤矿公司接办。抗日战争时期该厂日产百吨的炼铁高炉迁至大渡口
宏豫公司	1911年成立	河南	河南地区最早、最大的新式炼铁厂	初期从美国购买设备，有日产25t炼铁炉一座	其烟囱等构筑物沿用至中华人民共和国成立后的新乡市线材厂
保晋铁厂	1917年成立	山西阳泉	山西地区第一家大型民资炼铁厂	炼铁设备：日产20t高炉1座。隶属于保晋公司，以制炼生熟铁为主	现今保晋铁厂旧址已建立起保晋文化园
上海和兴钢铁厂	1917年成立	上海浦东	近代少数几个民资冶炼厂之一。是集炼铁、炼钢与轧钢于一体的工厂	炼铁设备：日产12t高炉1座；日产33t高炉1座。炼钢设备：10t碱性平炉2座	中华人民共和国成立后上海第三钢铁厂的前身
太原育才炼钢厂	1923年兴建	山西太原	山西省炼钢之先河	炼钢设备：日产20t炼钢炉1座	中华人民共和国成立后太原矿山机器厂前身
二十四兵工厂	1919年筹建	重庆	西南地区最早的炼钢厂，中华人民共和国成立后重庆特钢厂的前身	炼铁设备：100t炼铁炉。炼钢设备：3t莫尔电转炉2座；10t欧炉1座；3t西门子电炉3座	2013年包括二十四兵工厂旧址在内的重庆抗战兵器工业旧址群被列为第七批全国重点文物保护单位，保存有抗战时期厂房和地下工事等

续表

名称	开办时间	地点	意义或特点	近代设备或技术	遗存现状
中国兴业公司	1939年成立	四川	抗日战争时期在大后方规模仅次于大渡口钢铁厂	炼铁设备： 30t高炉1座； 5t高炉1座； 15t高炉1座。 炼钢设备： 1~10t炼钢炉3座	中华人民共和国成立后重钢第三钢铁厂的前身
云南钢铁厂	1941年始建	昆明	云南地区早期的新式钢铁厂	炼铁设备： 50t高炉1座。 炼钢设备： 1t贝塞麦炉1座	今昆明钢铁集团的前身

1. 贵州青溪铁厂

1885年筹建的青溪铁厂，是近代中国第一家新式钢铁冶炼厂，由官商合办，设备引自英国谛塞德公司，1890年出铁，后由于缺乏冶炼技术支持而于1893年失败停产，现仅剩河岸边的泊船码头，原有房屋与机器设备（图3-4）等均已毁，所幸保留有一块"天字一号"熟铁锭①，是钢铁厂生产的第一批铁锭中的一块。青溪铁厂在近代钢铁冶炼历史上是开创与"第一"，历史年代久远，意义重大。

① 刘兴明.中国首个钢铁重工业——青溪铁厂[J].文史天地,2016(5)：12-16.

图3-4 青溪铁厂高炉与炼钢车间旧貌
图片来源：方一兵.《中日近代钢铁技术史比较研究：1868—1933》

2. 汉冶萍公司

1889年筹建的汉阳铁厂是近代中国第一家大型钢铁冶炼厂，标志着中国钢铁工业正式蹒跚起步。一般认为其设备最初引自英国谛塞德厂，与青溪铁厂为同一家公司②，引进的设备包括炼铁、炼钢及轧钢的全套设备（也有学者认为炼钢及熟铁的设备引自比利时）。汉阳铁厂初期的设备引进并不成功，没有解决生铁含磷高的问题，后又经李维格第二次设备的引进（分别来自英、德、美三国的9个厂家）问题方得以解决，生产顺利进行，并在1908—1914年经

② 方一兵.汉冶萍公司与中国近代钢铁技术移植[M].北京：科学出版社,2011：25.

历了一段短暂的黄金发展期获得巨大成功。1908 年汉阳铁厂、大冶铁厂与萍乡煤厂合并成立了"汉冶萍煤铁厂矿股份有限公司",成为远东一流的钢铁冶炼厂,当时的主要设备有 250t、100t 和日产约 450t 的炼铁高炉各两座,容积 30t 的西门子马丁平炉 7 座[①]。之后汉冶萍公司由于战乱,世界钢铁业的竞争及自身原因等由盛转衰,1925 年汉阳铁厂停产,大冶铁厂 1、2 号高炉也已停炼,1928 年萍乡煤矿脱离汉冶萍公司。抗日战争爆发后,国民党成立钢铁厂迁建委员会,将汉阳铁厂的部分设备迁至重庆大渡口。今汉冶萍公司煤铁厂矿旧址已被列为第六批全国重点文物保护单位,遗留下了两座化铁炉、高炉栈桥、卸矿机、瞭望塔、天主教堂和日欧式建筑群等(图 3-5)。

① 方一兵.中日近代钢铁技术史比较研究:1868—1933[M].济南:山东教育出版社,2013:81-115.

图 3-5 汉冶萍公司煤铁厂矿旧址
图片来源:全国重点文物保护网

3. 鞍山制铁所

1916 年日本满铁染指鞍山铁矿,非法筹建鞍山制铁所,1933 年后并入昭和制钢所,掠夺了鞍山地区大量的铁矿资源,令人痛心警醒,其拥有当时最大、最先进的炼铁高炉与炼钢设备,钢铁冶炼设备的规模是近代各钢铁冶炼厂之冠,有日产约 350t、400t、500t 和 600t 的四座高炉[②],两座 150t 平炉和四座 100t 平炉,也是当时远东第二大的钢铁公司,同时该厂还具有较强的研发能力,但这些基本都属于日本技术在中国的"飞地"。日本战败后国民党在鞍山成立了资源委员会鞍山钢铁有限公司,经营破败,千疮百孔,一直到 1948 年鞍山才得以解放。中华人民共和国成立后鞍山钢铁为新中国的经济建设作出了巨大贡献,1952 年全国集中力量首先建设鞍山钢铁,鞍钢亦是"156 项目"的重点项目之一,鞍钢人民艰苦奋斗,涌现出了孟泰等一批模范先进人物,"鞍钢精神""鞍钢宪法"是全国工业企业学习的榜样。今主要遗存还有昭和制钢办公楼、井井寮旧址、昭和制钢所研究所等。鞍钢集团利用 1953 年建设的炼铁厂二烧

② 1919、1921、1930、1937 年分别建成四座高炉。1、2 号高炉最初仿造八幡制铁所的高炉设计,炉体大部分由德国制造。3 号高炉由美国佩林马歇尔公司设计,开炉和生产由美国人舒尔负责。第一高炉的设计与本溪湖的高炉相同,为适应东北情形,曾作特殊设计。

车间旧厂房改造建成"鞍钢集团展览馆"（图3-6），并将1919年建成的1号炼铁高炉（2005年熄火停炉，图3-7）移迁至展览馆新址，与展览馆合为一体，展览馆展示与收藏了鞍钢的百年历史（图3-8）。

图3-6 鞍钢集团展览馆
图片来源：笔者2018年摄于鞍钢展览馆

图3-7 1919年建成投产的老1号高炉，2014年迁至鞍钢展览馆
图片来源：笔者2018年摄于鞍钢展览馆

图3-8 昭和制钢所本社事务所旧址，鞍钢集团办公楼
图片来源：笔者2018年摄于鞍钢集团

4. 龙烟铁矿公司

1919年成立的龙烟铁矿公司，是近代华北地区最早的钢铁冶炼厂之一，标志着北京近代钢铁冶炼业的起步，是今首钢的前身。1921年龙烟公司在北京石景山建设了日产250t的高炉一座，高炉与铁厂平面由美国佩林马歇尔公司设计，高炉的设计和建造精良，主体设备也从美国进口，在当时称得上是亚洲最佳的。1922年底，炼铁厂刚建成就因资金不足而未开炉炼铁，长期陷于停顿，十分可惜。抗日战争时期，龙烟铁矿被日军侵占后才强制开工炼铁，称为石景山制铁所。1945年日本战败后，国民政府接收更名"石景山钢铁厂"。1948年石景山得以解放，中华人民共和国成立后首钢为新中国的建设作出了巨大贡献。2010年首钢搬迁，厂区留下了大量工业遗存，第一贮水池等近代建设区域已被列为工业遗产保护区（图3-9），目前首钢工业遗产的保护改造正在进行中（图3-10），厂区北侧的六个高筒仓已被改造成冬奥会创意办公场所（图3-11），低筒仓也已改造完成，成功进驻了一些演播厅等不需高采光

要求的办公场所，第三高炉也基本改造完成，笔者调研时第三高炉博物馆正在承办奔驰的新车发布会，结合高炉布置的场地独具特色，高炉与管道清晰可见（图3-12）。龙烟铁矿是近代国人自主创办的少有的大型钢铁企业之一，工厂的关联性、象征性和公共性较强，对当地人民有着重要的归属感或情感联系，对公众有重要的教育和展示意义。

5. 本溪湖煤铁公司

1905年日本大仓财阀非法筹建本溪湖煤铁公司，开了近代东北第一家大型钢铁冶炼厂，1915年和1917年分别建成日产140t的高炉，是近代东北最

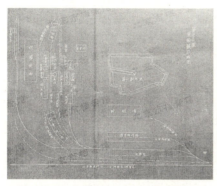

图3-9　日伪时期石景山铁厂运输铁路略图
图片来源：北京市档案馆，石景山制铁所概要（1-3）档号：J061-001-00287

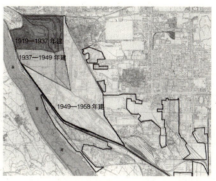

图3-10　首钢保护规划
图片来源：刘伯英、李匡.《首钢工业遗产保护规划与改造设计》

图3-11　近代"第一贮水池"现状、改造后的六个高筒仓与低筒仓
图片来源：笔者2018年摄于首钢产业园

图3-12　首钢第三高炉改造、第三高炉内部的奔驰发布会现场
图片来源：笔者2018年摄于首钢产业园

早的两座高炉，旧址在今本钢一铁厂所在地，这两座高炉初时模仿了日本八幡制铁所的技术，后又基于东北的特殊气候等进行了改良。中华人民共和国成立后本溪钢铁是"156项目"的重点项目之一，为新中国的建设作出了重要贡献，本溪市也因煤铁而兴。今本溪湖工业遗产群已被列为第七批全国重点文物保护单位，存有本钢一铁厂旧址、本钢第二发电厂旧址、本溪煤矿中央大斜井、彩屯煤矿竖井与本溪湖煤铁公司事务所旧址等，其中本钢一铁厂的遗存有1915年投产的1号高炉与热风炉、1930年建成的2号黑田式炼焦炉局部、1935年建成的烧结车间等（图3-13~图3-15）。

图3-13　本溪湖1920年时的1、2号高炉
图片来源：《本钢一铁厂保护工作资料选编》

图3-14　1930年建设的炼焦炉
图片来源：全国重点文物保护网

图3-15　1号高炉与2号高炉现状
图片来源：全国重点文物保护网

6. 大渡口钢铁厂

1938年筹建的大渡口钢铁厂，是抗日战争时期大后方规模最大和最重要的钢铁厂，今重钢的前身，由当时的国民政府钢铁厂迁建委员会将汉阳铁厂、大冶铁厂、上海炼钢厂和六河沟铁厂的机器设备迁至重庆大渡口建立，其100t高炉为六河沟铁厂的百吨高炉迁建，炼钢和轧钢设备由汉阳铁厂设备改建，中国第一座自行设计的平炉也在这里诞生。2010年重钢整体搬迁，厂区留下多处工业遗存，中华人民共和国成立前的遗存有1938年建的轧钢车间厂房、锻造车间[①]和1906年购进的双缸卧式蒸汽机等（图3-16）。

① 李先逵，许东风.重钢工业遗产整体保护探析[J].新建筑，2011(4)：112-114.

图 3-16 轧钢厂房与锻造车间厂房
图片来源：全国重点文物保护网

7. 近代其他钢铁企业

（1）1890 年兴建的江南制造局所属炼钢厂，兴建时间早，后续发展时间长，其机器设备沿用至中华人民共和国成立后的重庆钢铁公司，近代期间曾几次易名并隶属不同的企业（如上海钢铁机器股份有限公司、上海炼钢厂、大渡口钢铁厂等），最初规模较小，发展至上海炼钢厂时有马丁平炉两座，抗战时期该厂的部分设备迁至重庆大渡口，留在上海的两座平炉被毁弃。

（2）1891 年兴建的天津机器局所属炼钢厂（图 3-17），兴建时间早，有炼钢平炉及配套设备，八国联军入侵时被焚毁。

（3）1907 年成立的扬子机器厂炼铁厂（六河沟铁厂），兴建时间早，后续发展时间长，1919 年建有日产约百吨的炼铁炉一座，聘请美国技术人员，高炉除炉体外，全部设施由汉冶萍公司制造，后经营困难于 1921 年租给六河沟煤矿公司经营，抗战时期该厂日产百吨的炼铁高炉迁至大渡口。

（4）1911 年成立的宏豫公司是河南地区最早最大的新式炼铁厂，初期从美国购买设备，有日产约 25t 的炼铁炉一座，其烟囱等构筑物沿用至中华人民共和国成立后的新乡市线材厂。

（5）1917 年成立的保晋铁厂是山西地区第一家大型民资炼铁厂，初时从

图 3-17 江南机器局与天津机器局炼钢厂
图片来源：（清）魏允恭《江南制造局记（一）》、季宏《天津近代自主型工业遗产研究》

日本购买设备，有日产约20t的炼铁炉一座，战时破坏严重，现今保晋铁厂旧址已建立起保晋文化园。

（6）1917年成立的上海和兴钢铁厂，近代少数几个民资冶炼厂之一，初期从德国购买10t和25t两座炼铁炉，1922年后该厂转变思路，又添置两座10t碱性炼钢平炉，成为集炼铁、炼钢与轧钢于一体的工厂，并改称"和兴钢铁股份有限公司"，是中华人民共和国成立后上海第三钢铁厂的前身。

（7）1919年筹建的二十四兵工厂，是西南地区最早的炼钢厂，中华人民共和国成立后重庆特钢厂的前身，2013年包括二十四兵工厂旧址在内的重庆抗战兵器工业旧址群被列为第七批全国重点文物保护单位，保存有抗战时期厂房和地下工事等。

（8）1923年兴建的太原育才钢厂（图3-18），山西省炼钢之先河，有日产约20t的炼钢炉一座，为中华人民共和国成立后太原矿山机器厂前身。

图3-18 育才炼钢机器厂与工人劳动场景
图片来源：《太原兵工发展史》

（9）1939年成立的中国兴业公司，由三家公司①合并组成，抗战时期在大后方规模仅次于大渡口钢铁厂，有5t、15t和30t的炼铁炉三座，为中华人民共和国成立后重钢第三钢铁厂的前身。

① 三家公司是：华联钢铁股份有限公司、中国无线电业公司与华西兴业公司矿业组。

（10）1941年始建的云南钢铁厂，云南地区早期的新式钢铁厂，有50t炼铁炉一座，为今昆明钢铁集团的前身。

上述工业遗产的总结，从行业史的发展历程中，按照历史重要性角度选出历史与社会文化价值相对较高的案例，它们大多是开创或"第一"，历史年代久远、意义重大；工厂的关联性、象征性和公共性大，它们大多与重要历史人物、事件或成就相关，对公众有重要的教育和展示意义；工厂的发展贡献大，它们大多对当地的社会发展有重要影响。其中，遗留有厂址遗迹或设备等物证实物的冶炼厂需引起重视，急需保护。另外，相关的历史文档、技术资料、影像照片等物证，相关的企业文化与记忆等非物质文化遗产也同样重要。本文整理的上述钢铁冶炼厂，从行业史的发展历程中，选出历史与社会文化价值较高、急需保护的工厂,这只是工作的第一步,后续应在此基础上继续进行历史重要性的分地区补充并分级,或继续沿着时间轴续写,而这些工作都是必须和必要的。

第二节　近代钢铁冶炼工业技术与设备研究

前文从行业的发展历程中梳理历史与社会文化价值突出的近代钢铁冶炼厂,那么从科技价值的视角,研究该行业的工艺流程、工业技术与设备,研究体现科技价值的物证实物(physical evidence),重视与工业过程相关的建(构)筑物(process buildings associated with industry),识别和保护遗址中关键的组成元素以保护遗产的关键品质,厘清钢铁冶炼类工业遗产保护的主次与依据,避免本末倒置,这些物证才是最能体现钢铁冶炼类工业遗产核心价值与特色的关键。

一、近代钢铁冶炼的完整工艺流程

近代钢铁冶炼的完整工艺主要包括以下几个环节(图3-19):选矿、炼铁、炼钢与钢铁加工,此外大型的钢铁冶炼厂还包括上游的炼焦、耐火材料制造与下游的水泥制造,以及机械修理、发电厂等。以近代大渡口钢铁厂和鞍山钢铁厂为例,大型钢铁厂区自成一套系统,大渡口钢铁厂有七个制造所,包括了动力、炼铁、炼钢、钢铁加工、炼焦、耐火材料与机修(表3-3),近代鞍山钢铁厂的规模更庞大,各工序一应俱全,其炼焦、炼铁、炼钢与加工形成一系列联串作业(图3-20、图3-21)。

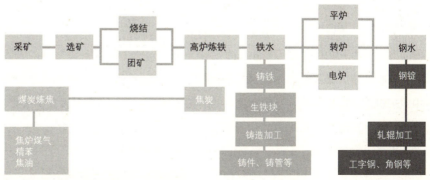

图3-19　近代钢铁冶炼完整工艺流程简图

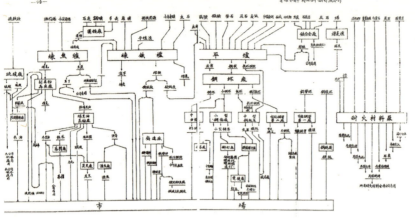
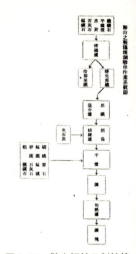

图 3-20 鞍山钢铁厂炼焦、炼铁、炼钢与加工形成一系列联串作业
图片来源:《资源委员会鞍山钢铁有限公司概况》,1947 年

图 3-21 鞍山钢铁厂制铁炼钢联串作业系统图
图片来源:《钢铁》,1947 年

大渡口钢铁厂七个制造所   表 3-3

第一制造所	动力厂	蒸汽透平交流发电机 2 座;水管式锅炉 7 座;抽水机 5 座;水塔 1 座
第二制造所	生铁冶炼厂	100t 炼铁高炉 1 座;20t 高炉 1 座
第三制造所	炼钢和铸造厂	炼钢设备:10t 碱性平炉 2 座;附属煤气发生炉 3 座;3t 和 1t 半电炉各 1 座;3t 贝塞麦炉 1 座。 铸铁设备:4t 半熔铁炉 4 座;1t 半熔铁炉 1 座。 此外有 30t、15t 及 10t 起重机各 1 部
第四制造所	钢条厂	设有钢条轧机,动力设备有 400 马力蒸汽机 1 部及其锅炉配备。主要产品为各种钢条,轻钢轨角钢及钢轨
	钢轨钢板厂	设有 34 寸二重三联式钢轨轧机和 30 寸二层三联式钢板轧机 1 套,并附设冷却床及连续式再热炉两座,动力设备有 6500 马力蒸汽机 1 部,并配有锅炉 5 座
	钓钉厂	钓钉厂设备有螺钉机、钓钉机十余部
第五制造所	高温炼焦	废气式炼焦炉五室一组及副产品吸收装置
第六制造所	耐火材料、水泥	以制造耐火材料、水泥为主,后第六所撤销,耐火砖归第三制造所,水泥部分归第二制造所管辖
第七制造所	修造机件	以修造机件、锉刀、洋钉五金及兵工器材为主,设有车钻刨工作机百数十部、蒸汽锤 3 部、制钉机及制锉机各 2 部

保护应注意保留整个冶炼工艺的完整性,同时重点保护核心工艺与生产线中的关键技术物证载体。钢铁冶炼业的核心工艺与生产线主要有四条:选矿、炼铁、炼钢和钢铁加工。

选矿工艺相较其他三个环节而言简单些,主要包括采矿(铁矿)—破碎—粉磨—磁选或浮选—烧结团矿。①采矿。近代采矿一般用打眼爆破的形式,如近代鞍山钢铁厂,在坑内填"液体氧炸药"爆破铁矿石(图 3-22)。②破碎与

粉磨。开采出来的铁矿石含有杂质，需要先经过破碎与粉磨，目的是为下一步将杂质与铁矿分离，破碎设备常用破碎机，粉磨设备常用球磨机。③磁选或浮选。是指利用矿石的特性而使各种矿质分离。铁矿中的磁铁矿磁性极强，可利用磁力选出，如近代鞍山钢铁厂采用磁力起重机磁力选矿（图3-22）。④选出来的矿称为"精矿"，为粉状物，不能直接倒入高炉炼铁（大量铁矿粉尘不利于空气的流动与充分混合燃烧），必须和着煤末、媒剂将铁矿粉烧结成块才适合于炼铁高炉的应用。

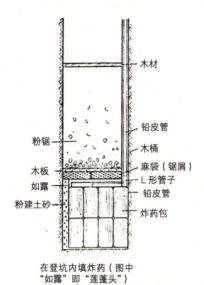

在登坑内填炸药（图中"如露"即"莲蓬头"）

图3-22 近代鞍山铁矿石开采与磁力选矿
图片来源：何德华．《钢城鞍山》，1946年

二、近代炼铁工艺技术与关键技术物证

1. 炼铁工艺流程

对原料进行化学分析，计算装炉的比例，然后称重装入炉中，原料由炉的上口装入，先装焦煤，后装矿石及石灰石。预热的空气在一定气压下由风管送入炉的底部，炉内原料燃烧并发生化学反应，产生的铁液与炉渣下降集于炉缸内，铁水因为比较重，流经焦炭的孔隙而积聚在炉的下部，聚集在下层，流动性的矿渣则浮在铁液的上层。铁液从炉中流出后经沙槽流入模中，待凝结即为生铁块，也可将流出的铁液注入熔铁锅，送往铸铁工厂，或者直接送往炼钢炉。至于矿渣，由炉底的出渣口流入矿渣锅，有的弃而不用，有的与水、石灰混合，作为矿渣砖的原料，或者送往水泥工厂。高炉开炉后除非遇到大的修补，一般连续出铁不停炉，出铁、出渣同时还会产生煤气。

近代炼铁高炉一般为直立圆筒状，外围有钢壳，内砌有耐火砖，大致分为炉身、炉腰和炉缸，一般用数对钢柱支持（图3-23~图3-25）。炉缸在炉的下端，用以收集铁液与炉渣，出铁口较出渣口位置低，便于铁液流出。风管绕炉装置，在炉腰与炉缸之间，空气由其送入炉中，风管的位置需高于炉渣的水平面。炉腰部分是全炉最热之处，为了防止炉墙过热，装冷却管道于耐火砖中，管中装有冷水吸收热量，然后流入环绕炉身外围的水槽中。炉顶有漏斗与钟形分布器，既防止煤气漏出，又使原料均匀分布于炉中。① 炼铁炉内的煤气由炉顶煤气管流出，经去灰器去灰，再经过洗净器等净化，然后可送至热风炉为燃料，过多的煤气可作锅炉或内燃机的燃料。

　　热风炉配置于高炉旁，因高炉炼铁需有极高的热度，为了节省成本，吹入高炉的空气需先经过预热。近代热风炉为圆柱形，高度较炼铁高炉低，外有

① 原料装入吊车送至炉顶，倾入漏斗中，小分布器放低，使原料坠于大分布器上，小分布器归原位，再放低大分布器，使原料坠于炉中，漏斗与小分布器皆能转动，随意倾泻原料于炉内任何部分。

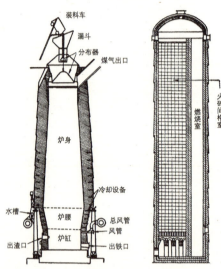

图3-23　近代高炉和热风炉剖面
图片来源：《钢铁》，1947年

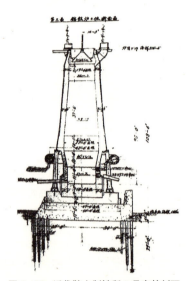

图3-24　近代鞍山制铁所3号高炉剖面
图片来源：方一兵《中日近代钢铁技术史比较研究：1868—1933》

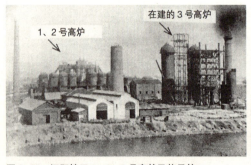

图3-25　汉阳铁厂1、2、3号高炉及热风炉
图片来源：方一兵《汉冶萍公司与中国近代钢铁技术移植》

钢壳，内砌有耐火砖，炉内有燃烧室与火砖间格室（图3-23），煤气在燃烧室燃烧后，由上而下经过火砖间格，所含热量被火砖间格吸收，将煤气关闭，导空气入炉，由下而上经过火砖间格，预热空气。

2. 关键技术物证

近代炼铁工艺对应的关键技术物证有：①核心生产物证：炼铁高炉本体、热风炉（图3-26、图3-27）、装料装置（装料机、起重机等）、渣铁运送装置（鱼雷车等）。②仓储传送物证：料仓（图3-28）或仓储用房、贮存炉，以及原料仓与高炉之间、高炉与炼钢炉之间大量的传送带、传送钢架、运输铁轨等构筑物（图3-29~图3-32）。③动力能源物证：动力设备与用房、动力能源输送管道等。④其他辅助生产物证：机修设备与用房、化验房、办公用房等。其中，炼铁高炉是核心，可从近代高炉的产能判断其先进程度，近代高炉产能低者日产仅数吨，高者日产可达600t。

图3-26 鞍钢1919年投产的老一号高炉与热风炉
图片来源：笔者2018年摄于鞍钢集团

图3-27 济南钢铁厂的高炉。与首钢和鞍钢的高炉基本类似，热风炉与高炉清晰可见
图片来源：笔者2017年摄于济南钢铁厂

图 3-28　首钢厂区中的料仓、首钢 3 号高炉顶部的料钟、济钢的料钟
图片来源：笔者 2018 年摄于首钢产业园

图 3-29　首钢 1 号高炉，2009 年投产。仍可以看到从料仓（左图，长方体框架支撑）经运上料系统至高炉顶部（右图），此外还有热风炉、绕炉的风管、（水管）冷却系统、环保除尘系统、渣铁处理与排气的烟囱等，可以看到从近代高炉发展改进的影子
图片来源：笔者 2018 年摄于首钢产业园

图 3-30　鞍钢 2 号高炉。左图为热风炉，右图可以看到上料系统、绕炉的风管、水管、环保除尘系统与排气的烟囱，可以看到从近代高炉发展改进的影子
图片来源：笔者 2018 年摄于鞍钢集团

图 3-31　首钢 3 号高炉：绕着热风炉与高炉的管道
图片来源：笔者 2018 年摄于首钢产业园

图 3-32　鞍钢 2 号高炉出铁。高炉的出铁水口（左图）流经地板下的铁水沟流进贮存炉（右图）中待用
图片来源：笔者 2018 年摄于鞍钢集团

除了核心的高炉与热风炉外，钢铁冶炼厂还有大量的仓储建筑，以及原料仓与高炉之间、高炉与炼钢炉之间大量的原料传送带、传送钢架。此外，还有动力设备、能源动力管道（水、燃气）和运输的铁轨等（图 3-33~图 3-38）。

近代钢铁冶炼厂的规模较小，炼焦炉、高炉、炼钢炉的数量都很少。而当代大型的钢铁冶炼厂中，炼焦、烧结、炼铁、炼钢等都会成为一个厂区规模，称为焦化厂、烧结厂、炼铁厂、轧钢厂、钢管厂等。

图 3-33　济钢厂区中的原料传送带
图片来源：笔者 2017 年摄于济南钢铁厂

图 3-34　首钢厂区中传送用的钢架："首钢蓝"钢架
图片来源：笔者 2018 年摄于首钢产业园

图 3-35　大渡口钢铁厂 8000 马力蒸汽机
图片来源：全国重点文物保护网

图 3-36　鞍钢厂区中的能源动力管道
图片来源：笔者 2018 年摄于鞍钢集团

图 3-37　济钢厂区中的传送钢架、能源管道与运输铁轨
图片来源：笔者 2017 年摄于济南钢铁厂

图 3-38　首钢 3 号高炉的鱼雷式铁水罐车。高炉生产的铁水装进罐车经运输轨道运至炼钢炉
图片来源：笔者 2018 年摄于首钢产业园

三、近代炼钢工艺技术与关键技术物证

1. 炼钢工艺流程

近代炼钢工艺大致可分为转炉炼钢、平炉炼钢、电炉炼钢及它们的组合使用。

（1）转炉炼钢不需外源加热，以液态生铁为原料，将炼铁高炉所炼铁液装入转炉中，从风管吹入受压空气，空气经过熔融铁液以发生化学反应，氧化铁水中的碳和其他杂质，这时会有火焰从炉口吹出，待火焰停止碳烧完后将风门关闭，倾入钢液桶中，为使碳量适中，还可加入矽铁等调节碳量，然后再将钢液倾入模中，待凝结后即成钢锭。

（2）平炉炼钢工艺流程：需要有外源加热[①]，将生铁、废钢、铁矿砂和石灰石等入炉，在燃烧火焰直接加热状态下，通入空气与煤气，将原料熔化并精炼成钢液。熔炼过程中废钢与生铁受氧化，其所含的矽、锰等杂质转入炉渣。铁矿砂受氧化，硫变为气体流出，磷与石灰石化合成磷酸钙转入炉渣。石灰石受氧化分解成石灰与二氧化碳。最后待矽、锰、磷等杂质除去后即速出钢，可在钢液桶中加入矽铁或焦煤等调节钢的含碳量，最后将钢液倾入模具中，铸为钢锭。

[①] 加热燃料可用天然煤气、发生炉煤气或炼焦炉煤气等。

需值得一提的是，近代转炉和平炉都有酸性和碱性之分，酸性不能除磷，S·G·托马斯（S.G. Thomas）发明了通过改变炉壁材料，用碱性炉衬和碱性溶剂可以去磷的方法后，碱性的转炉和平炉都可以去磷。

（3）电炉炼钢工艺流程：电炉的热度及炉内的氧化或提炼能控制，且无燃料所含的杂质混入炉中，有充分地去硫、去磷、去杂质及吸收气体的功用。近代电炉分弧光式和感应式。弧光式电炉多炼制合金钢，炼制工艺为将废钢、石灰石与氧化铁入炉，熔炼时炉内温度先不使过高，磷元素氧化后成为黑渣，将黑渣扒出以免磷质还原，重新加石灰石、焦煤末及萤石炼出白渣，再提高热度，可以去硫，并使氧化物还原，也可以加入矽铁或锰铁调节碳量。感应式电炉利用感应产生电流发热，多用于熔炼纯洁原料，不需十分提炼便可得精纯的钢，产品多为工具钢与高速工具钢。

（4）组合使用的方法：①酸性转炉与碱性平炉连用，高矽、高硫或高磷的生铁亦可炼钢。先用酸性转炉吹去矽、锰等杂质，再转入平炉去磷炼钢。②三种炉子联用，先用酸性转炉吹去杂质，再用碱性平炉去磷和去硫，最后用弧光式电炉精炼等。

2. 关键技术物证

近代炼钢工艺对应的关键技术物证有：①核心生产物证：转炉、平炉和电

炉，装料装置，渣、钢运送装置。②仓储传送物证：料仓或仓储用房、贮存炉，以及原料仓与炼钢炉之间、高炉与炼钢炉之间大量的原料传送带、传送钢架、运输铁轨等构筑物。③动力能源物证：动力设备与用房、动力能源输送管道等。④其他辅助生产物证：机修设备与用房、化验房、办公用房等。其中，三种炼钢炉是核心，近代的平炉产能最高、应用最广，电炉多用于炼制精纯钢，出现较平炉、转炉晚。平炉和转炉可从产能来判断其先进程度，近代产能低者日产仅数吨，高者可达百吨。

（1）贝塞麦转炉（Bessemer converter furnace）

近代贝塞麦转炉多用酸性炉，酸性转炉为梨形直口状（图3-39），外有钢壳，内砌有酸性耐火砖，炉身置钢架上，高压空气从一侧进入炉底下端的风箱，然后通过炉底上端装有的风管入炉，风管之间填塞耐火材料，炉底因受强烈的侵蚀与摩擦需常换。碱性转炉除炉口偏外侧，其他构造与酸性相同（图3-39），但炉墙与炉底等皆用碱性耐火材料，装炉时将石灰石与铁液同时加入，熔炼时能去酸性炉子不能去除的磷。

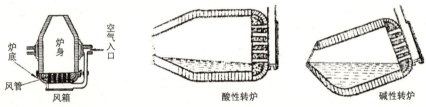

图3-39 酸性贝塞麦转炉剖面、碱性转炉剖面
图片来源：《钢铁》，1947年

（2）平炉（Siemens-Martin open hearth furnace）

平炉多用碱性炉，容量自数吨至数百吨，近代碱性平炉的产钢量所占比例最大，平炉的炉缸为长方形（图3-40~图3-42），每炉有用来装料的炉门三个或五个，装料时用装料机提起装有原料的钢盒，由炉门送入后倾倒原料于炉中。炉侧的出钢口位置较低，为使钢液能全部流出。平炉的两端各有两入口，预热的空气与煤气由此送入炉中，空气入口在上，煤气入口在下。装置于炉下的蓄热室对入炉的空气与煤气进行预热，蓄热室砌有火砖间格，一端通炉内，一端通烟囱，炉中燃烧后的气体交替流经左右两方的蓄热室，其热量被火砖间格吸收，冷空气与煤气也是交替经过左右方蓄热室，吸收火砖间格的热量预热后通入炉中燃烧。碱性平炉较酸性炉炼钢好，其原因是能去磷和去除一部分硫，酸性平炉不能去硫磷，故对原料要求高，酸性炉的构造与碱性炉同，为炉缸用砂砌筑。

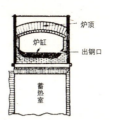

图 3-40 平炉剖面图
图片来源：《钢铁》，1947 年

图 3-41 汉阳铁厂 30t 马丁平炉
图片来源：《汉冶萍公司与中国近代钢铁技术移植》

图 3-42 鞍钢平炉模型
图片来源：笔者 2018 年摄于鞍钢展览馆

（3）电炉（Electric Furnace）

近代电炉分弧光式电炉（Arc Furnace）与感应式电炉（Induction Furnace）。弧光式电炉外有钢壳，内砌有耐火砖，炉后有装料门，炉前有出钢口（图 3-43），电流用三相交流电，由炉顶的炭精电极流入炉中发生弧热火花，电极距炉渣的高度能精确控制，可维持规定距离而得以控制热度。感应式电炉的炉身为一圆形高缸，缸内盛钢液，缸外用铜丝缠绕，以高压低流电流通于铜丝线圈，缸内的钢液感应发生电流，感应式电炉的炉缸会有出钢口与倾侧设备（图 3-44）。

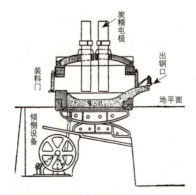
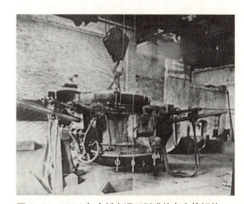

图 3-43 弧光式电炉剖面
图片来源：《钢铁》，1947 年

图 3-44 1921 年启新水泥厂引进的电力炼钢炉
图片来源：笔者 2018 年摄于唐山工业博物馆

四、近代钢铁加工工艺与关键技术物证

各炼钢炉所产的钢,须经过机械轧制成各色钢料,再经热处理才能求得较佳的物理性能。钢铁加工工艺包括轧、辊、拉、锻、压等,其关键技术物证载体为各类加工机器设备,包括轧钢机类、冷拉机类、锻炼机类及压制机类等(图3-45、图3-46)。轧钢机种类很多,轧辊各异,用电或水力提供动力,钢锭烧红后置于对向转动的轧辊装置中轧制,最普通的为钢条机,轧制方圆大小不等的钢条,钢轨机专轧制铁路用的各种钢轨,钢板机轧制各种大小厚薄的钢板。冷拉机类,如钢丝机以电力拉钢条穿过模具使成钢丝。锻炼机类,用落锤下坠冲击烧红的钢,钢经锻炼可制成各种钢件。压制机类与锻炼机类原理相似,用水或电为动力使用模具压制大件钢料。钢铁加工工艺设备较多,这些设备集中体现了当时的加工工艺水平,须重点保护。此外,工厂的加工车间等建筑在设计、材料、结构和建造工艺本身也可能具有重要的科学价值。

图3-45 鞍钢集团展览馆早期钢材加工设备模型展示
图片来源:笔者2018年摄于鞍钢展览馆

图3-46 近代鞍钢的钢坯与钢轨轧制设备
图片来源:笔者2018年摄于鞍钢展览馆

五、关键技术物证小结

在钢铁冶炼业工业遗产科技价值的保护中,非物质文化遗产与一些工业产品、手稿、文献记录等物质文化遗产也非常重要,但本文主要从工业遗产后续

的保留、保护规划的制定、遗存再利用的角度重点论述工业遗址、工业建（构）筑物与工业设备方面的物证实物。

从科技价值角度分析，需要特别保护钢铁冶炼业中的选矿、炼铁、炼钢与钢铁加工等环节的核心实物载体。选矿的核心技术物证为破碎机、粉磨机、磁选机、烧结炉、动力系统等及其相关车间用房。炼铁与炼钢的核心技术物证载体为炼铁高炉、转炉、平炉、电炉以及与这些炼炉相关的上料系统、铁或钢水储运系统、动力系统，然后为料仓、机修、办公等其他辅助生产用房与设备。钢铁加工的核心技术物证为各类轧、辊、拉、锻、压机器、动力系统及其相关车间用房等。笔者将近代钢铁冶炼类工业遗产的关键技术物证总结如表3-4所示，这些技术物证在钢铁冶炼类工业遗产的评价与保护中需加以重视，重点保留。

近代钢铁冶炼业工业遗产关键技术物证小结　　　　表3-4

类型	名称	工业遗址与建（构）筑物	工业设备
核心生产	选矿生产线	破碎、球磨、洗选等车间或用房。传送钢架、运输铁轨等传输构筑物	①破碎粉磨设备：破碎机、球磨机；②磁选或浮选设备：磁力选矿机、浮选机；③烧结与团矿炉等
	炼铁生产线	高炉、热风炉，高炉的上料装置，渣、铁运送装置。原料仓与高炉之间、高炉与炼钢炉之间大量的原料传送带、传送钢架、运输铁轨等传输构筑物	①高炉上料设备：装料机、起重机等；②渣铁运送设备：鱼雷车等
	炼钢生产线	转炉、平炉、电炉，炼钢炉装料装置，渣、钢运送装置。原料仓与炼钢炉之间、高炉与炼钢炉之间大量的原料传送带、传送钢架、运输铁轨等构筑物	①炼钢炉上料设备：装料机、起重机等；②渣铁运送设备：鱼雷车等
	钢铁加工生产线	各类轧、辊、拉、锻、压的加工车间用房	①轧钢机类；②冷拉机类；③锻炼机类；④压制机类等设备
	动力系统	动力用房：蒸汽机房、锅炉房、发电机房等。动力能源输送管道等构筑物	①蒸汽动力设备：蒸汽机、锅炉；②电动力设备：锅炉、涡轮蒸汽机、发电机、发电机组
辅助生产	仓储	仓储构筑物与建筑用房：如料仓、铁水贮存炉等	
	其他辅助生产用房	化验房、机修厂房（木工厂房、机械修理厂房）等	
	办公	办公用房	
福利性用房		职工宿舍、住宅用房、食堂、俱乐部等	

第三节　钢铁冶炼业产业链、厂区或生产线的完整性分析

一、科技价值角度的完整性分析

从科技价值角度研究钢铁冶炼业工业遗产点、工业生产线与工业产业链的完整性，工业遗产点可为工业遗址本身、建筑物、构件或机器等，还应该包括景观、环境以及与其相关的文化记忆等非物质内容。"线"指生产线，包括钢铁冶炼业的核心生产工艺（选矿、炼铁、炼钢与钢铁加工）的实物物证，在上文已详细论述，生产线的完整性也包含了相关的非物质内容。下面重点从完整性的第三个层面，产业链与产业群的完整性进行遗产保护的探讨。

从完整性保护的角度：①钢铁冶炼业的上、下游产业。与钢铁冶炼相关的产业链，如钢铁冶炼的上游产业，煤炭的炼焦，耐火材料的制造，与下游的机械修理等。②因运输材料或钢铁而兴建的铁路、运河及其相关的建筑，如沿线仓库、河桥、车站、机车修理等沿线遗迹，依靠钢铁冶炼厂而兴建的居住、商业、娱乐、教育、医疗、宗教等建筑都需要从完整性角度评估考察其价值，需引起注意，尤其在申请世界遗产时更需要从源头到福利建筑等完整性角度加以考察。以鞍钢为例，要从铁矿石的选矿开始，把源头说清楚，虽然选矿区与核心钢铁冶炼区的距离较远，但应告知参观者，选矿是其完整性的重要一部分（图3-47）。

图3-47　鞍钢的选矿区与核心冶炼区
图片来源：笔者自绘，底图来源于《鞍山市志·城乡建设卷》

图 3-48　近代鞍钢的动力工场
图片来源：笔者摄于鞍钢展览馆

图 3-49　现今济钢与首钢的电厂
图片来源：左图笔者 2017 年摄于济南钢铁厂，右图 2018 年摄于首钢产业园

大型钢铁冶炼厂的各生产线往往扩大为一个厂区或工场，如近代鞍钢的动力供给扩大为动力工场（图 3-48、图 3-49），这样分散在多个场区（或厂区）中与钢铁冶炼完整生产流程相关的多处工厂遗址，更需要纳入完整性角度加以评估考虑。

在钢铁冶炼业工业遗产的完整性保护中，保护可分为三个层次：

（1）第一种是十分理想的情况，除了核心生产区的完整性，包括上述核心工艺（选矿—炼铁—炼钢—钢铁加工），动力系统与辅助生产仓储、机修，以及办公等的实物物证外，还要保护受钢铁冶炼影响而建的学校、住宅、医院等附属配套生活用房，因运输铁矿石或钢铁而建的铁路、车站、运河及沿线建（构）筑物，以及上游的采煤炼焦厂、耐火材料厂以及下游产业或衍生产业，如机械修造厂的完整性，保护整个产业链的完整性。

（2）第二种情况是在无法保护相关产业链时，要重点保护钢铁冶炼业本身工业生产的完整性，包括核心工艺（选矿—炼铁—炼钢—钢铁加工），动力系统与辅助生产仓储、机修，以及办公等的实物物证。

（3）若上述两种情况在现实中依旧无法保留时，那么应保护钢铁冶炼中最核心、最重要的生产线（选矿、炼铁、炼钢与钢铁加工）中的建（构）筑物与设备遗留。

下面以近代鞍山钢铁和近代本溪湖钢铁的完整性保护为例来说明。

二、钢铁冶炼业价值评价典型案例分析

1. 鞍山钢铁有限公司工业建筑群（图3-50、图3-51）

最重要的核心生产实物物证：选矿、炼铁、炼钢、钢铁加工（铸造、钢辊、钢管、轧钢、钢板、钢管等）各工场的实物物证；电力工场等（图3-52）。

辅助生产实物物证：仓储用房，辅助生产的修造厂，办公用房等（图3-53）。

完整性保护包括：上游的洗煤厂、焦炭厂、耐火材料厂；以及上游产业中

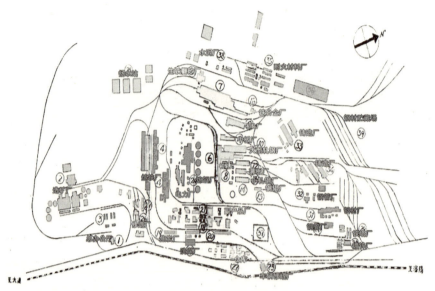

图3-50　鞍山钢铁有限公司工业建（构）筑物分布图
图片来源：笔者自绘，底图来源于《资源委员会鞍山钢铁有限公司概况》

图3-51　与上图对应的1948年鞍山钢铁有限公司沙盘
图片来源：笔者摄于鞍钢展览馆

的衍生产业：水泥厂、焦炭副产品厂；因运输而建的铁路、车辆修理厂等整个产业链的完整性（图3-54）。有些大型炼铁厂拥有自己的洗煤炼焦工厂，这种情况下的洗煤焦炭厂等不属于上游工厂，属于核心实物物证。

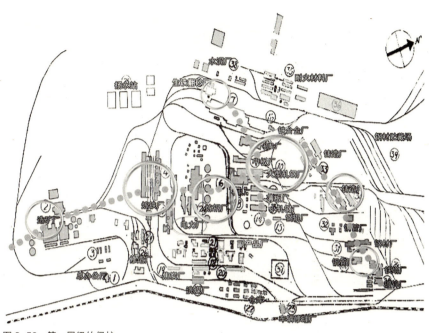

图3-52　第一层级的保护
图片来源：笔者自绘，底图来源于《资源委员会鞍山钢铁有限公司概况》

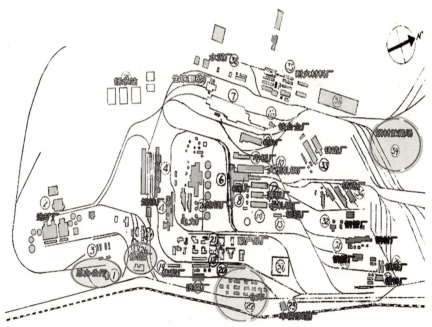

图3-53　第二层级的保护
图片来源：笔者自绘，底图来源于《资源委员会鞍山钢铁有限公司概况》

上游产业中的衍生产业：耐火材料——水泥厂、焦炭厂——焦炭副产品（图3-55、图3-56）。

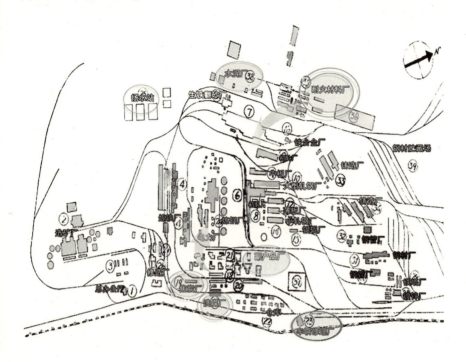

图3-54 完整性的保护
图片来源：笔者自绘，底图来源于《资源委员会鞍山钢铁有限公司概况》

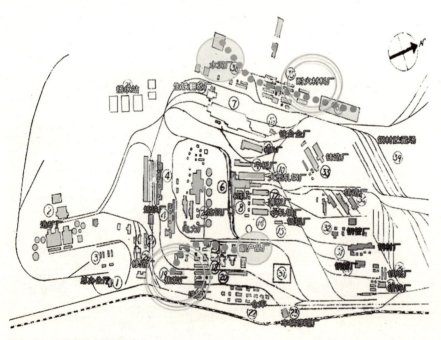

图3-55 上游产业中的衍生产业
图片来源：笔者自绘，底图来源于《资源委员会鞍山钢铁有限公司概况》

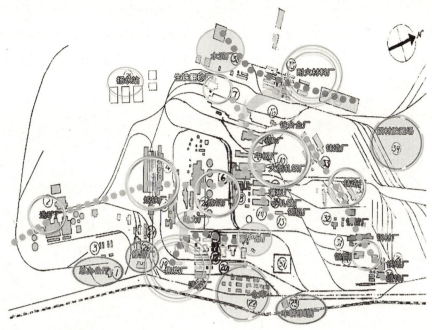

图 3-56 各建筑群间的工艺关系
图片来源：笔者自绘，底图来源于《资源委员会鞍山钢铁有限公司概况》

2. 本溪湖钢铁工业建筑群

再以今本溪湖工业建筑群为例，从科技价值视角分析其近代建（构）筑物遗留的保护，首先最需保护的是钢铁冶炼核心工艺实物物证，包括1号高炉、洗煤楼与炼焦炉，电力厂房与冷却塔，这是体现该行业核心工艺最重要的物证载体（图 3-57、图 3-58）。

其次是辅助的办公建筑——近代建造的大白楼与小红楼办公建筑（图 3-59）。

图 3-57 第一层级的保护：核心工艺炼铁、洗煤炼焦物证载体

图 3-58 第一层级的保护：动力系统建（构）筑物证载体

完整性保护包括：钢铁冶炼的上游产业采煤业建筑群（中央大斜井建筑群与彩屯矿竖井建筑群），因运输需要而建立的火车站与铁路，此外与本溪湖钢铁冶炼历史相关的重要历史人物、事件的实物见证也应予以保留，相关福利性建筑包括大仓喜八郎遗发冢和张作霖别墅等（图3-60~图3-62）。

图3-59　第二层级的保护：辅助生产的办公建筑

图3-60　完整性的保护：上游产业采煤业建筑群

图3-61　完整性的保护：本溪湖火车站与沿线建（构）筑物

图 3-62　完整性保护的遗址点分布

第四章 近代船舶修造业工业遗产科技价值评价与保护研究

船舶修造业可以说是中国近代其他工业行业的基础与先导,起到了工业"母行业"的作用,是中国近代最早开始兴办的工业行业。鸦片战争后外国资本为了便于倾销商品和掠夺原料,首先开办了轮船公司,设立船舶修造厂。从洋务运动开始,安庆内军械所、江南制造局、福州船政局和天津机器局等都研制轮船,近代中国第一台机床的制造、西方工业技术传播的开端都与船舶修造业有莫大关系。

船舶修造需要大量的机械设备与众多的机械加工工种的配合,近代轮船制造在材料、动力和工艺方面都有发展:材料由最初的木壳轮船,到铁骨木皮的铁胁船,再发展为后来的钢质船;动力上由最初的风帆,到蒸汽机明轮,再发展为后来的螺旋推进器;工艺上由刚开始的铆接船舶发展为1949年前夕的焊接船舶。从表4-1可以看到世界船舶制造业与中国船舶制造业起步的对比,中国近代机械造船的起步较晚,但造船技术与西方的差距不断缩减,其中有些中资自主创办的造船厂规模庞大,能成功制造出当时技术一流且适应自身水域特

世界船舶制造业与中国船舶制造业起步之对比　　　表4-1

世界船舶制造业		中国船舶制造业	
1787年	美国人约翰·菲奇(John Fitch)建造一艘由蒸汽驱动六对桡桨的小船	1865年	安庆内军械所由徐寿、华蘅芳等人研制建成我国自行设计制造的第一艘蒸汽机明轮船"黄鹄"号,该船的主机也为自制
1801年	英国人威廉·希明顿(William Symington)制造了一艘可作拖轮之用的轮船,获得成功		
1807年	美国人富尔顿(Robert Fulton)建成了世界上第一艘蒸汽机明轮船		
1839年	出现用螺旋桨推进的汽船	1877年	福州船政局第一艘铁胁船"威远"号下水
1850年	开始盛行铁木混合的铁胁船		
1860年	英国建成用风帆、明轮和螺旋桨联合推进的钢质船,后西方开始盛行钢质船	1870—1880年代	1876年江南制造局建成钢质兵船"金瓯"号。1888年福州船政局第一艘钢质军舰"龙威"号下水

点的轮船。但无奈近代中国的钢铁、机械、电气与仪表等工业薄弱，造船所需要的钢材原料和船用设备大多需进口，加之战乱等错综的历史原因，近代中国始终未能建立起独立完整的造船工业体系。

第一节　近代船舶修造业的历史与现状研究

近代的船舶修造业以外资经营的船厂为伊始，但无论是中资还是外资，以入侵为目的建设的造船厂都是近代船舶修造历史最真实的反映，能给予人们深刻的启示，其遗留的遗迹都应进行评判，将其中有价值的给予保护。从近代船舶修造业的历史与现状研究分析，主要从遗产的年代、历史重要性、文化与情感认同、对当地社会的发展贡献等方面分析近代船舶修造业的发展历程、有价值的工业遗存及其遗留现状。近代期间曾先后建立了大小船厂不下百余家，大致可分为外资、官资和民资，但其中技术较为先进、较有规模的船舶修造厂的数量有限，历史与社会文化价值相对突出的工厂历历可数，这些工厂遗留的遗迹，建（构）筑物与设备等物证实物需引起重视，亟待保护。

一、近代船舶修造业的年代分期与发展历程

近代船舶修造业的发展大致经历了四个历史时期：

1. 1840—1865 年为草创阶段

这一时期主要是一些外国"冒险家"，他们以来华尽快发财为目的，获得暴利后就卷钱走人，无心长期经营。该时期建立的外资船厂大多规模小，设备简陋，时兴时关，其中有几家外资船厂经过锐意经营渐渐发展壮大，主要集中在香港、广州和上海。

1843 年左右在香港开办的榄文船厂是外资在中国建立的第一个工业企业，拥有船坞三座。1845 年开办的柯拜船厂是外资在广州建立的第一个船厂，发展至1863 年时已有四座船坞。1863 年香港黄埔船坞公司成立，1864 年于仁船厂在广州黄埔成立，榄文、柯拜以及于仁船厂在后来的发展中都被香港黄埔船坞公司收购。

1852 年美商杜那普（Dewsnap）在上海虹口江岸经营一座简陋的泥坞，当时叫作"新船澳"，1859 年英商霍金斯（E.Hawkins）在其附近建了一家新船厂，名为祥安顺船厂，后这两个船坞合并为一家公司，1867 年组成上海船坞公司。1853 年苏格兰商人在上海浦东成立董家渡船坞，董家渡船坞被称为当时远东最好的船坞，中华人民共和国成立后归中华造船厂使用。

2. 1865—1936 年为发展兼并阶段

该时期官资船厂开始兴建，主要为洋务运动各地方兴办的机器局，典型的为"四局二坞[①]"，其中规模大、技术先进者有福州船政局和江南造船所。一些民资船厂在该时期也有发展，但规模与设备远不能与官资和外资船厂相比。该时期外资除继续新建规模较大的船厂外，各船厂间也展开激烈竞争，出现了兼并和垄断，形成了四家大型的垄断性企业：上海英联船厂、大连川崎造船所、香港黄埔船坞公司和太古船坞公司，这四家外资船厂在 1901—1936 年间几乎垄断了近代中国的造船业，1919 年后江南造船所发展较快，成绩显著。抗日战争前这五家大型船厂无论在规模、技术、设备与产量上都是极为突出的，另外该时期还有几家船厂也较有规模或是制造了一些较有意义的船舰（图 4-1）。近代的船舶修造业在该时期形成了一定的规模。

① 指的是"江南机器制造总局、福州船政局、天津机器局、广州机器局、旅顺船坞、大沽船坞"。

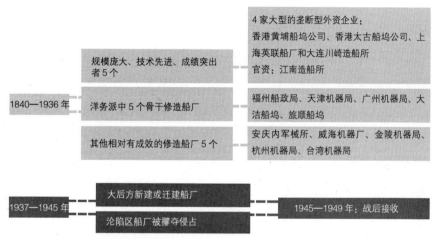

图 4-1 近代船舶修造业发展历程梳理

3. 1937—1945 年为全面抗日战争时期

战争对船舶修造业造成严重破坏，该时期沦陷区的船厂被日军攫夺或毁于战火，而大后方迁建或新建船厂的生产能力和规模均较小，但值得一提的是该时期建造出了能适应本土长江水域的船只。

4. 1945—1949 年为战后回收时期

日本投降后，其侵占的船厂或被国民政府接收或由苏军接管，直到中华人民共和国成立后，中国的船舶修造业才得以重获发展。

二、历史重要性突出的近代船舶修造业工业遗产

通过对近代船舶修造历史的梳理，并对历史线索中的工业遗存现状进行调

查研究，整理出历史与社会文化价值突出的近代船舶修造业工业遗产（表4-2），它们中有些在近代船舶修造历史上是工业技术与设备的佼佼者，在该行业发展中具有革新性与重要性；有些工厂的历史年代久远，工厂的关联性强，与重要的历史人物、事件或成就等相关，对公众有重要的教育或启示意义；有些工厂对当地的发展（社会、经济、文化或军事等）有重要影响，这些工业遗迹反映

历史重要性突出的近代船舶修造业工业遗产梳理　　　　　　　表4-2

名称	开办时间	地点	意义或特点	近代船坞数量或技术	兼并发展与遗存现状
榄文船坞	1843年左右	香港	外资在香港建立的第一个船厂	船坞1座（榄文船坞）	外资在中国经营的第一个工业企业。后被香港黄埔船坞公司收购
榄文东角及阿白丁船坞	1857年	香港		除了原榄文船坞外，又新建了石坞1座，名为阿白丁船坞（Aberdeen Dock），还有1座名为何伯的船坞（Hope Dock）	1865年被香港黄埔船坞公司收购
柯拜船厂	1845年	广州黄埔	外资在广州开设的第一个船厂	木坞1座；石坞1座；泥坞2座	1861年，小柯拜继承父业，扩充设备，成立柯拜船坞公司。1863年被香港黄埔船坞公司收购
香港黄埔船坞公司	1863年	香港和黄埔	近代香港规模宏大、设备完善的大型垄断性船厂，拥有先进的造船技术与设备，直到1960年代都是远东最大的修造船公司之一	香港地区：榄文船厂的3座船坞（榄文、阿白丁、何伯）。寰球船坞公司的2座船坞（寰球、三水铺）。桑兹船厂的2座船坞。1880年后新建的2座船坞（海军、九龙）。广州黄埔地区：柯拜船坞公司的4座船坞。新建的1座船坞。于仁船坞公司的4座船坞。船坞在当时已采用浮箱坞门和蒸汽抽水机，机械设备包括了各种刨、剪、冲、旋、压、钻等机床，可以进行大规模的修造作业，还有大型的起重设备可提升锅炉、桅杆等重物	收购了榄文和柯拜，合并了于仁、桑兹、寰球等公司，垄断港九地区的船舶修造业达数十年之久。今香港黄埔船坞公司在广州部分遗留有1862年建的柯拜船厂大石坞遗址，香港部分在船坞关闭后原址大都已开发为房地产项目
英商祥生船厂	1862年	上海	近代大型垄断型造船厂之一	设备齐全，修造船的能力强大，建造过许多邮轮、客轮、拖轮、货驳、炮艇等各类船舶	1901年与耶松船厂合并。1865—1900年的35年间，上海的船舶修造业是祥生船厂和耶松船厂互争雄长的时期，在此期间的其他外资船厂都不足与这两大船厂匹敌，或被兼并，或作艰难挣扎
英商耶松船厂	1865年	上海	近代大型垄断型船厂，修造船设备齐全，能力强大，为英国在中国工业投资的最大企业之一	几乎囊括了上海所有的大船坞，有木工厂、铁工厂、锅炉厂、油漆厂等，各有专司，且拥有机器制造、仓库、码头等各种附属设施设备，建造了许多船舰。1884年曾建造了一艘"源和"号，载重2522t，这艘船当时被称为在远东所造的最大商船	1900年耶松船厂和祥生船厂经过谈判，实行合并。1901年两家船厂正式合并，合组成为耶松船厂公司。1906年公司整顿财务，重新注册，改名为耶松有限公司。后耶松有限公司又继续垄断上海的船舶修造业达30余年。1936年，耶松与瑞镕两家船厂合并为英联船厂

续表

名称	开办时间	地点	意义或特点	近代船坞数量或技术	兼并发展与遗存现状
英商瑞镕船厂	1900年	上海	近代大型垄断型船厂，生产能力相当可观	工厂专造浅水船、拖船、驳船等，技术先进，生产能力可观	1936年，瑞镕与耶松两家船厂合并为英联船厂，中华人民共和国成立后英联船厂发展为今上海船厂，2005年上海船厂主体搬迁至崇明岛，这一百年老厂的旧址上建起展览中心和"船厂1862"艺术中心等，保留了原万吨轮下水用的船台和一处老厂房，船台遗址将改造成陆家嘴展览中心，船厂昔日的厂房将改造成"船厂1862"艺术中心
川崎造船所出张所工场	1908年	大连	近代大型垄断型船厂	规模宏大、设备齐全，修造船的能力十分可观	1957年发展为大连造船厂，2005年更名为"大连船舶重工集团有限公司"。今船厂继续生产，留有1902年所建船坞和1926年所建"沉箱船坞"等百年船坞
太古船坞机器有限公司	1900年筹建	香港	近代规模庞大，设备齐全，隶属太古洋行，为英帝国在华的最大垄断企业之一，资金雄厚	曾经建成当时远东规模最大的干船坞，船坞全长787ft，底长750ft，水深39ft。并配备有100t的电气起重机，10t、20t和25t的移动式起重机	1972年香港太古船坞公司与香港黄埔船坞公司合并成立香港联合船坞集团。自1970年代后，太古船坞搬迁，原来的太古船坞遗址已改建为商业和住宅区
安庆内军械所	1861年	安庆	国人自行设计制造了我国第一艘轮船	1865年，我国自行设计制造的第一艘轮船"黄鹄"号成功，为蒸汽机明轮船，轮船的蒸汽机主机也为自造	—
江南制造局	1865年	上海	近代化的造船大厂	机器设备规模虽大，但成效甚小。1865—1905年，40年来耗资巨大，但仅仅建造了8艘轮船，7只小艇，只修理了11艘船舶	制造局的目的在于制造军火，但后来分出为我国最著名的江南船坞
江南船坞	1905年		生产能力和工厂规模在近代名列前茅，是可与大型外资船厂相匹敌的国人自办船厂。对于川江轮船和大吨位轮船的建造都有建树，造船能力与技术水平已接近当时的国际先进水平	1905年江南制造局和江南船坞分立，1905—1937年的32年间共建造各种船舰716艘。拥有近代全国华厂中尺寸最大的船坞。1911年建造"江华"号，是当时上海所建吨位最大的双桨蒸汽钢质长江客货船；1921年建造的长江浅水轮"大来喜"号，是川江轮船的一大创新；1918—1922年建造了美国定制的四艘万吨级远洋货轮，是全遮蔽甲板型蒸汽机货轮，其主机也为自制，这四艘万吨级远洋货轮是我国1949年前所造的最大吨位的船舶	1953年改称"江南造船厂"，2002年上海世博会申办成功后，根据上海市规划的要求，江南造船厂整体搬迁至长兴岛，利用遗留的百余年老厂区工业遗迹改造成世博会浦西园区会场，许多老厂房被改造成世博会的展览馆。江南制造局遗存还有翻译馆、2号船坞、办公厅等9处旧建筑

续表

名称	开办时间	地点	意义或特点	近代船坞数量或技术	兼并发展与遗存现状
福州船政局	1866年	福建	中国造船工业的先驱，是国人第一所真正以造船为目的而创设的工厂，对西方工业科技和教育的引进，对本土人才的培养也贡献巨大	规模设备与生产能力在当时非常可观，有铁厂、锅炉厂、轮机厂、合拢厂、铸铁厂、钟表厂等厂。从福州船政局开办到1907年停办共建造了44艘船，这其中不乏在当时较为先进的轮船或舰艇，建造了近代中国第一艘钢甲战舰，创办了近代中国第一个飞机制造工程处，制成中国首架水上飞机，并最早在国内发展电信技术，铺设了近代国人第一条海底电信电缆，制造了国人第一台实用蒸汽机、起重机、车床、锅炉和精密仪器等	今福州船政建筑已被列为全国重点文物保护单位，厂址遗留有轮机厂、绘事院、1号船坞、官厅池和钟楼等
天津机器局	1867年	天津	近代造船数量较少，但曾制造了几艘较特殊的轮船	1874年建造一艘挖泥船。1880年建造我国第一艘潜水艇。1880年建造了一套舟桥。1881年建造了一艘小型汽船，全部机器都为自产	遭庚子之役（1900年），东南两局毁于兵火
大沽船坞	1880年	天津	主要目的是用来修理舰艇，也建造了一些小型船只	有轮机厂房、马力房、抽水房、大木厂、绘图楼、办公房，各类机床设备及码头、起重架、船坞等。甲午战争前共建成小型船舶10艘，民国初年曾建造轮船15艘，修理军舰商轮200余艘	今大沽船坞遗址已被列为全国重点文物保护单位，遗存有轮机车间、甲坞、丁坞和海神庙遗址。轮机车间1880年修建，砖木结构。甲坞1880年修建，在1974年改造为水泥船坞；丁坞1885年修建，在1981年改造为半坞式机械化船台
旅顺船坞	1880年筹建，1890年竣工	大连	旅顺大船坞被称为当时东亚第一大坞，装备充善，可称得上是当时东方第一流的修船基地	旅大地区第一个船舰修理基地，也是中国第一个较完备的军港，其自来水供水系统是中国最早的自来水设施。旅顺船坞有锅炉厂、机器厂、吸水锅炉厂、吸水机器厂、木作厂、铜匠厂、铸铁厂、打铁厂和电灯厂等。旅顺船坞的大石坞规模较大，石阶、铁梯、滑道俱全。还建有丁字式大铁码头一座，修小轮船的小石坞	旅顺船坞的大石坞至今仍在继续使用，现属大连辽南船厂，期间由于生产技术的进步经历过增建和维修。该船坞具有重要的历史意义，现已被列为大连市文物保护单位。除了船坞外，保留下来的还有建于清末的耳房与泵房、1888年从法国运来的龙门刨床与沙俄强租旅顺大坞时期1900年的落地车床等

了近代船舶修造工业的发展历程。

1. 香港黄埔船坞公司

1863年由英商建立的香港黄埔船坞公司逐渐发展成为近代香港规模宏大、设备完善的大型垄断性船厂，其在成立当年就收购了广州当时最大的柯拜船厂，1865年又收购了榄文船厂，1870年继续兼并了黄埔另一家规模较大的于仁船坞公司，后由于近代修造船的中心由广州逐渐转移到上海与香港，遂将位于广州黄埔的船坞（原柯拜和于仁在黄埔的船坞）厂房抛弃，于1876年卖给了当时的两广总督刘坤一（是广州机器局的开始），从而专营在香港九龙的业务，

图4-2 柯拜船坞遗址(黄埔造船厂一号船坞)与1890年建造的"广金"舰
图片来源:《广州黄埔造船厂简史1851—2001》

1879年与1880年又先后合并了九龙两家规模较大的桑兹船台和寰球船坞公司。香港黄埔船坞公司是当时设备最完善的船厂,拥有先进的造船技术与设备,它的各个船坞都已使用浮箱坞门与蒸汽抽水机,机械设备包括了各种刨、剪、冲、旋、压等机床,可以进行大规模的修造作业,并且机械都已使用蒸汽动力,还有大型的起重设备可提升重物,比如锅炉、桅杆等。香港黄埔船坞公司垄断港九的船舶修造业达数十年之久,直到1960年代都是远东最大的修造船公司之一。今香港黄埔船坞公司在广州部分遗留有1862年建的柯拜船厂大石坞遗址(图4-2),香港部分在船坞关闭后原址大都已开发为房地产项目。

2. 上海英联船厂

上海英联船厂的形成也是几家大型外资船厂不断发展兼并的结果。1862年英商祥生船厂于上海浦东成立,1870年代祥生船厂兼并了新船坞和浦东炼铁机器厂。1865年英商耶松船厂于上海虹口成立,1900年兼并了发昌机器厂与和丰船坞。1865—1900年的上海修造船业是祥生船厂和耶松船厂的独霸期,英商为了避免内部竞争,遂于1901年将祥生与耶松两家大型船厂合并,组成耶松船厂公司,1906年亦名耶松有限公司,后又继续垄断上海船舶修造业30余年,规模之庞大,设备之齐全,几乎囊括了当时上海所有的大船坞。1900年瑞镕船厂于上海杨树浦成立,1905年万隆铁工厂成立,这两家船厂在设备、动力及技术方面都相当出色,生产能力十分可观,万隆于1912年在激烈的竞争中被瑞镕船厂兼并。此后瑞镕与耶松成为上海最大的两家船厂,直到1936年,两家船厂合并为英联船厂,至此英联船厂的规模包括和丰船坞、董家渡船坞、耶松船厂、祥生船厂、瑞镕船厂和万隆铁工厂等。[①] 中华人民共和国成立后英联船厂发展为今上海船厂,2005年上海船厂主体搬迁至崇明岛,保留了原万吨轮下水用的船台(图4-3)和一处老厂房,船台遗址将改造成陆家嘴展

① 王树春,周承伊,池再生,等.上海船舶工业志[M].上海:上海社会科学院出版社,1999:75.

图 4-3　原万吨轮下水用的船台与搬迁前的上海船厂
图片来源：船舶数字博览馆、《上海市黄浦区地名志》

览中心，由大都会建筑事务所（OMA）设计，船厂昔日的厂房将改造成"船厂1862"艺术中心，由日本建筑师隈研吾设计。

3. 大连川崎造船所

1898年俄国人强租旅大地区，霸占旅顺船坞和军港，在大连设立中东铁路公司轮船修理和造船工场，日俄战争后，俄国在华权利被日本夺走，旅顺船坞和大连的修造船厂等也被日军占领，后隶属关系几经变更，1908年被川崎造船所租借，租借后成为川崎的一个分工厂，称川崎大连分厂，其在近代规模宏大、设备齐全，修造船的能力可观。1945年日本战败后由苏军接管，改称大连船渠修船造船机械工厂，直到1950年末才由中国接收，1957年更名为大连造船厂，2005年发展为大连船舶重工集团有限公司。今船厂仍在继续生产，遗留有1902年建成的3000t船坞和1926年建成的"沉箱船坞"等（图4-4）。

4. 江南造船所

由官资开办的江南造船所，其生产能力和工厂规模在近代名列前茅，是可与大型外资船厂相匹敌的国人自办船厂，拥有近代全国华厂中尺寸最大的船坞，长255.2m，且对于川江轮船和大吨位轮船的建造都有研究，其造船能力与技术水平已接近当时的国际先进水平。1865年李鸿章收购了美商旗记铁厂，在该铁厂的基础上建立了江南制造局，成为集兵工、火药、造船于一体的工厂。

图 4-4　1902年所建船坞，今南坞前身（左图）；1926年所建船坞，今北坞前身（右图）
图片来源：《大连造船厂史 1898—1998》

图 4-5　1918—1922 年制造的四艘万吨级远洋货轮
图片来源：《江南造船厂志 1865—1995》

1867 年制造局迁至上海高昌庙，工厂规模也随之扩充，成为在清官办甚至外资工厂中的佼佼者，但耗资巨靡的江南制造局在 1865—1905 年（局、坞分立之前）的 40 余年里仅造了几艘船[1]，可见制造局的主要目的在于制造兵器军火，造船只是敷衍了事。

1905 年局、坞分立后，江南船坞的造船才大获进展，辛亥革命后改称江南造船所，至 1937 年时共建造各种船舰 716 艘[2]，其中外国舰船 376 艘，中国舰船 340 艘。1911 年建造的"江华"号，是当时上海所造吨位最大的双桨蒸汽钢质长江客货船。1921 年建造长江浅水轮"大来喜"号，是川江轮船的一大创新。1918—1922 年建造了美国定制的四艘万吨级远洋货轮（图 4-5），是全遮蔽甲板型蒸汽机货轮，其主机也为自制，反映当时的造船技术已经接近国际先进水平。1931 年造船所开始试制水上飞机，制成侦察机两架，1932 年制成水上教练机两架，1933 年制造舰载飞机一架，1946 年建造了我国首艘采用全电焊建造工艺制造的船舶"民铎"号，为双螺旋蒸汽机钢质长江客轮。中华人民共和国成立后，1953 年改称江南造船厂，2002 年上海世博会申办成功，利用遗留的百余年老厂区工业遗迹改造成为世博会浦西园区的会场。江南制造局遗存还有翻译馆、2 号船坞、办公厅等 9 处旧建筑。

5. 福州船政局

1866 年筹建的福州船政局，是中国造船工业的先驱，是国人第一所真正以造船为目的而创设的工厂，不仅如此，其对西方工业科技和教育的引进，对本土人才的培养也贡献巨大[3]。从福州船政局开办到 1907 年停办共建造了 44 艘船，其中不乏在当时较为先进的轮船或舰艇。1888 年建成下水的钢甲舰"龙威"号平远舰，是近代中国建造的第一艘钢甲战舰，标志着我国造船技术的巨大进步。此外，船政局还创办了近代中国第一个飞机制造工程处，制成中国首架水上飞机，并最早在国内发展电信技术，铺设了近代国人第一条海底电信电缆（川淡电缆，图 4-6），制造了国人第一台实用蒸汽机、起重机、车床、锅

---

[1] 造船 8 艘、小艇 7 只；修船 11 艘。

[2] 王志毅. 中国近代船舶史 [M]. 北京：海洋出版社，1986：152.

[3] 创办了国人第一所科技专科学校（船政学堂）、第一所技工学校（艺圃）、第一所飞机潜艇学校和中国第一家电报学堂，培养了一大批有用之才。

图 4-6　1887 年船政局铺设海底电缆残存，被誉为"电信丝路"
图片来源：笔者 2014 年摄于中国船政文化博物馆

炉和精密仪器（钟表、经纬仪、罗盘、气压计、望远镜、瞄准器）等。福州船政局的规模设备与生产能力在当时非常可观，但可惜的是，1884 年中法战争，福建水师不战而败，船厂受损，从此一蹶不振渐至倒闭。1926 年改称海军马尾造船所，但发展也极不顺利。今福建船政建筑已被列为全国重点文物保护单位，厂址遗留有轮机厂、绘事院、1 号船坞、官厅池和钟楼等（图 4-7）。轮机厂是船政局十三厂中唯一保留完整的厂房，建于 1867 年，单层砖木结构，内有铸铁支架，当时主要用来制造船的机件和合拢校准，1870 年这里曾制造出了中国第一台船用蒸汽机。绘事院原名绘事楼画馆，也建于 1867 年，双层砖木结构，上层绘事，下层为合拢厂（安装车间）。马尾 1 号船坞建于 1887 年，1893 年建成，成为当时远东最大的船坞。

6. 旅顺船坞

旅顺船坞和大沽船坞主要用来修理船舰。旅顺船坞局 1880 年始建，1890 年基本完工，是旅大地区第一个船舰修理基地，也是中国第一个较完备的军港，

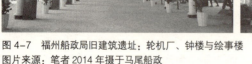

图 4-7　福州船政局旧建筑遗址：轮机厂、钟楼与绘事楼
图片来源：笔者 2014 年摄于马尾船政

其自来水供水系统是中国最早的自来水设施，其大船坞号称当时东亚第一大坞，旅顺船坞工厂也是东北地区最早用电的地方。后旅顺船坞历经甲午战争、日俄战争、俄日侵占与苏军接管，最终回到祖国怀抱，是至今仍在继续使用的百年船坞，现属大连辽南船厂。由于生产技术的进步，百年船坞经历过增建和维修，具有重要的历史意义，现已被列为大连市文物保护单位，除了船坞外，保留下来的还有建于清末的耳房与泵房、1888年从法国运来的龙门刨床与沙俄强租旅顺大坞时期1900年的落地车床等（图4-8）。

图4-8　旅顺百年大坞（左图）、1888年的龙门刨床（中图）、1900年的落地车床（右图）
图片来源：《旅顺大坞史（1880—1955年）》

7. 大沽船坞

大沽船坞是近代中国北方第一个船坞，1880年开始兴建，甲坞于5月兴工，1884—1886年又陆续兴建了乙、丙、丁和西坞。甲午战前建成小型船艇十艘。1900年义和团之役，八国联军侵占大沽船坞，拆卸颇多，破坏严重，1913年更名为大沽造船所，民国初年曾建造轮船15艘，修船200余艘。抗日战争时期被日军占领。中华人民共和国成立后经历了新河修船厂、新河船舶修造厂和天津市船厂。今大沽船坞遗址已被列为全国重点文物保护单位，遗存有轮机车间、甲坞、丁坞和海神庙遗址（图4-9）。轮机车间1880年修建，砖木结构。甲坞1880年修建，在1974年改造为水泥船坞。丁坞1885年修建，在1981

图4-9　大沽船坞遗址现状：遗址纪念馆（左图）、轮机车间（中图）、甲坞（右图）
图片来源：笔者2018年摄于大沽船坞

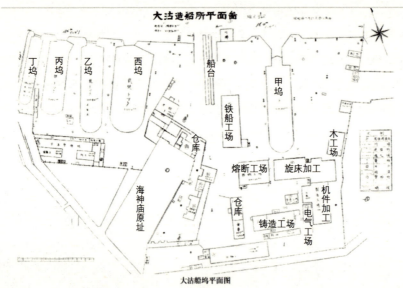

图 4-10　笔者根据《海军纪实》推测的 1941 年各坞对应位置
图片来源：笔者自绘，底图来源于《海军纪实》

年改造为半坞式机械化船台。此外，遗址中还埋有乙、丙坞、船台和海神庙遗迹等。笔者根据池仲祐《海军纪实》记载，于 1941 年的大沽船坞平面图上推测其记载的各坞对应关系如图 4-10 所示。

8. 天津机器局

天津机器局是一兵工厂，兼修轮船，造船数量较少，但曾制造了几艘较特殊的轮船，如 1874 年建造了一艘挖泥船，1880 年建造了一套舟桥，并制造了我国第一艘潜水艇，1881 年建造了一艘小型汽船，全部机器都为自产。可惜天津机器局遭庚子之役，毁于兵火。

9. 太古船坞机器有限公司

太古洋行是英国在华的大型垄断企业，19 世纪末太古公司在香港设立了船舶、糖厂和汽水等工业，经营门类繁多。1908 年太古船坞公司成立，隶属太古洋行，资金雄厚，近代规模庞大，设备齐全，曾经建成当时远东规模最大的干船坞，并配有 100t 的电气起重机，10t、20t 和 25t 的移动式起重机。抗日战争时期破坏严重，1947 年才逐渐恢复。1972 年香港太古船坞公司与香港黄埔船坞公司合并成立香港联合船坞集团。自 1970 年代后，太古船坞搬迁，原来的太古船坞遗址已改建为商业和住宅区，较为可惜。

上述工业遗产的总结，从行业史的发展历程中，按照历史重要性角度选出历史与社会文化价值相对较高的，它们有的是开创或"第一"，有的与重要历史人物、事件或成就相关，对公众有重要的教育和展示意义，有的对当地社会发展有重要影响等。在上述船舶修造厂中，有的已受到重视被列为文物保护单位,有的进行了改造再利用,有的还在继续使用,其中还遗留有厂址遗迹(遗址、建筑物、构筑物或设备等)物证实物的需引起重视,急需保护。若已没有任何厂址遗迹的,相关的历史文档、影像照片等更需要保护,此外遗留下来的企业文化与记忆等非物质文化遗产也同样重要。本文整理的上述船舶修造厂,从行业史的发展历程中,选出历史与社会文化价值较高、急需保护的工厂,这只是工作的第一步,后续应在此基础上继续进行历史重要性的分地区补充并分级,或继续沿着时间轴续写,而这些工作都是必须和必要的。

第二节　近代船舶修造工业技术与设备研究

前文是从行业的发展历程中梳理历史与社会文化价值突出的船舶修造厂,下文将从科技价值的视角,研究该行业的工艺流程、工业技术与设备,研究体现科技价值的物证实物。本文首先厘清了近代船舶修造的完整工艺流程,研究其中核心的生产工艺和生产线,然后分析了核心工艺与生产线中关键的技术物证载体,它们是该行业遗产科技价值的集中体现。

一、近代船舶修造的完整工艺流程

近代由木质轮船发展到金属船的过程中,在建造初期还仿照木船的结构与构造做法(用"以铁架装船皮"的"扎灯笼"式的造船方法),在逐渐生产铁、钢等金属船的过程中,木船装配的一些工艺程序也依然长期在使用。近代造船的完整工艺主要包括以下几个环节(图4-11):船体与构件的设计、放样,材

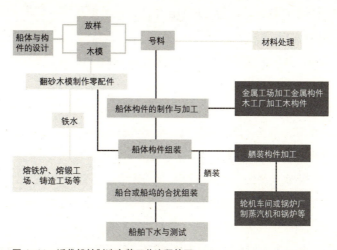

图4-11　近代船舶制造完整工艺流程简图

料的处理、号料，船体构件的制作加工与组装，翻砂零配件的制作，船台船坞的合拢，舾装与涂装，船舶下水与测试等环节。

二、近代船舶修造工艺技术与关键技术物证

1. 近代船舶修造工艺技术

（1）船体与构件等的设计、船体型线图的放样。设计一般在工厂绘事楼里进行。放样时有些在设计厂房中进行，有些直接在坞旁搭建的舢棚里进行。

（2）材料的处理与船体构件的号料。对木、铁或钢材料进行预处理，型材矫正与表面除锈等，然后根据设计图进行号料①工作，对船体构件和外板等所有的木板和钢板等进行切割。

① 当今的号料与下料都用计算机数控操作，在下料时也涂一层底漆，用于防锈。

（3）船体构件的制作与加工。对构件进行制作加工，如边缘加工、成型加工以及舾装件的制作加工等。

（4）船体构件的安装与组装。近代构件组装工艺主要分为两种：铆接工艺和焊接工艺。铆接工艺中船体构件通过铆钉连接，焊接工艺中船体构件通过电焊连接。焊接工艺在近代后期才渐有所应用发展。

近代早期，由于造船的吨位相对小且缺乏起重设备，而把各类构件都直接送去船台或船坞装配（图4-12）。后随造船数量与吨位的增加，大型起重设备的出现与应用，才渐渐采用构件部分装配后（分段装配，根据起重机的起重能力分为数段），再送去船台或船坞组装。分段建造法可分为初步装配、分部装配、船台或车间装配，各分部的装配工作可以同时进行，缩短了建造周期，提高了生产效率（图4-13），生产工段需要大量运输起重设备。随着技术的进步发展，起重设备可提升的组装构件重量也随之增大，后期焊接技术的发展使得原本构件装配所占用的多个车间或场地可联合成单一的装配焊接车间（图4-14）。

（5）合拢。在船台或船坞上将各分段合拢、接合及组装，大型分段及总段组装。

（6）涂装和舾装。涂装就是给船体上漆。舾装就是船体设备的安装，最重要的是船体的动力设备（近代称轮机，是蒸汽机、锅炉和明轮的总称），另外还可分为木舾装，如船体木家具的安装；铁舾装，如铁构件的安装等。

（7）船舶下水与测试。根据船舶大小、船台或船坞的不同形式，船舶下水的方式与方法也不同。可大致分为：漂浮下水，如浅坞、造船坞和灌水坞；重力下水，如纵向船坞和横向船坞；机械化下水，如曳引滑道等。早期多为简单的漂浮下水，后渐至发展为机械化下水。下水后还要进行航行试验等测试。

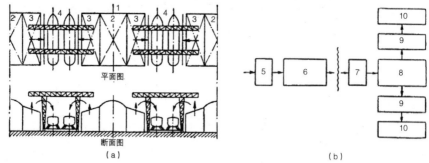

图 4-13　平行流水分段之侧向供应生产程序图
(a) 在侧向供应时之船台：1—中间仓库；2—初步装配；3—分部装配；4—船台；
(b) 侧向供应的方案：5—调料库；6—船体加工车间；7—中间仓库；8—初步装配；9—分部装配；10—船台
图片来源：1956 年《造船工艺学（下册）》

图 4-12　早期构件在船台或船坞装配
图片来源：《大连造船厂史 1898—1998》

图 4-14　后期联合成单一的大型装配车间
图片来源：《大连造船厂史 1898—1998》

①浅坞。浅坞是最简单的一种船坞，建于滨水、地势较低地带，依靠河海涨潮水位升高时将船舶浮起来下水，定期被水淹没，浅坞根据船舶下水所吃水量将所需场地加固，并装置建筑架、起重设备与设备路轨等，浅坞一般吃水较少。

②造船坞。造船坞可以利用中间船渠而不必依赖河海的水位高度而使船舶漂浮下水。河海通过坞门或其他设备与中间船渠连接（图 4-15），通过调节中间船渠的水量而使船舶漂浮起来，也可将船由河海拖进坞内修理。

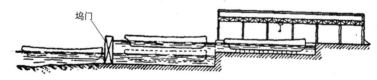

图 4-15　船舶从造船坞里出坞简图
图片来源：《造船工艺学（下册）》

③灌水坞。灌水坞是介于浅坞和造船坞之间的一种船台，船台地面比河海最低水位低，在两个船台之间引入水渠，用浮闸箱把水渠与河海相隔，待船舶下水时将水汲入坞内，此时水渠仍用浮闸箱关闭着，直到水的高度将船浮起，把船舶从船台移到引水渠内，后继续待到水渠水位超出河海水位，从水渠宣泄出时，浮闸箱即行开启，将船舶拖出。

④纵向与横向船台。这种船台的下水方式指船舶（一般为中型和大型船舶）依靠自身重量的作用，从纵向船台或横向船台的坡道上滑下去而下水，船台有一定坡度（图4-16），船舶下水时需要在滑道的下水架上涂油脂。

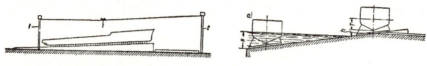

图4-16　纵向船台与横向船台下水
图片来源：《造船工艺学（下册）》

⑤机械化下水。还有一些船舶下水的方式是机械化的，采用机械设备使船舶下水，如曳引滑道，用绞车和起重机等设备来实施，将船舶移动至下水滑道后将其滑下坡道下水，一般在近代有起重实力的大型船厂采用，如今的天津船厂也采用这种方式下水。

2. 船舶修造关键技术物证

船舶修造包含了很多的机械加工，船舶修造类工业遗产的关键技术物证体现在与船舶修造工艺相关的各类机械加工设备、各加工车间用房，以及船台、船坞、运输轨道与大型起重架等构筑物上。近代大型船厂可自行生产轮机，由于船体构件本身制作的繁复，有些小型造船厂只进行装配作业，有组装和舾装车间，没有构件的加工制作环节。

（1）机械设备。船舶修造的构件加工所需机械设备种类甚多，根据与生产工艺的关联，可有如下分类：

金属构件的制作加工。包括：①冲、剪、削、切等各类设备（图4-17、图4-18），如各类钻床、刨床、铣床、剪床、搪床、刨削、冲孔、打眼、刨边、平面矫直、刨凹、曲管、弯曲、卷铁、螺栓床、整形、研磨、金刚砂轮机等。②锻造设备（图4-19），如汽锤、吊锤、锻工炉、鼓风机等。③铸造设备，有化铁炉、砂粒均整机、干燥炉、鼓风机等。④焊接设备，包括煤气发生器、交流电焊机和加热炉等，近代后期掌握了钢板的冷弯技术，采用冷弯设备后，加工厂房里就无须设置加热炉了。

木构件的制作加工。包括各类木工车床、带锯机、破锯机、刨削机、车床、钻床和整形机等。

图 4-17 大沽船坞冲剪设备
图片来源：笔者 2014 年摄于大沽船坞

图 4-18 福州船政局削切设备：购自法国的刨床，与旅顺船坞局当时购入的一样（左）
图片来源：笔者 2014 年摄于中国船政文化博物馆

图 4-19 福州船政局锻造设备：购自英国的 3t 汽锤（右）
图片来源：笔者 2014 年摄于中国船政文化博物馆

船坞抽水设备。包括大吸水机（抽水机）、送水机和压缩空气机等，由蒸汽或电提供动力。

动力系统设备。包括为机械设备提供动力的蒸汽机、锅炉和发电机组等，近代早期用蒸汽机带动皮带轮，皮带再带动各机器设备的运转（图 4-20），大型的船厂往往有自己的电力场或发电所。

起重运输设备。船舶构件的装配合拢所需设备包括起重机（图 4-21、图 4-22）、壁吊、起重杆和架，以及一些运输铁轨、铁路车等。船厂中起重设备的应用与升举能力对船厂意义重大，不仅影响着船厂的整个操作流程，还影响着车间厂房与船台的总体布局，以及船舶的下水方式。船厂中的运输铁轨、运输车辆或拖船等运输设施也非常重要。

笔者将近代旅顺船坞在不同年代进购的设备清单整理如表 4-3 所示，从中可以看到近代船舶修造所需要的各类机械设备。

图 4-20　马尾船政局旧式皮带车床，用蒸汽机带动旋转的皮带轮，通过车间里的皮带将动力传输给各机器，带动各机器的运转
图片来源：笔者 2014 年摄于中国船政文化博物馆

图 4-21　江南造船厂船台起重机　　　　　　　图 4-22　大沽船坞船台起重机
图片来源：《江南造船厂史 1865—1949》　　　图片来源：笔者 2014 年摄于大沽船坞

近代旅顺船坞在不同年代进购的设备清单　　　　　　　　　表 4-3

1887 年旅顺船坞机器订购清单	第一批有铁门船舶、大吸水机（抽水机）、小吸水机、大汽锤、锅炉、水泥等
	第二批有火轮机器、自来水设备、电气设备等
	第三批有铁轨、铁路车、火轮车、铁路转盘、60t 大起重架、金属切削机器、修船机具、铁码头等。 后来又增添了剪机 2 台、汽锤 2 台、车床 6 台、刨床 4 台
1936 年旅顺大坞工厂的主要机械设备	机械车间：轴类加工机床 1 台、各种型号机床 22 台、摇臂钻床 4 台、立式钻床 4 台、打眼机 4 台、龙门刨床 3 台、牛头刨床 4 台、刨床 2 台、万能铣床 2 台、其他机器 3 台、桥式起重机 20t1 座、壁吊 2 座
	装配车间：壁吊 5 座、平台 1 个
	锻工车间：锅炉 2 座、2t 汽锤 1 台、0.5t 汽锤 2 台、吊锤 1 座、重型起重机 3 座、鼓风机 1 台、炉 10 台、锻工地炉 3 台
	焊接车间：煤气发生器 2 台、交流电焊机 4 台、平台 2 个、加热炉 1 台
	铜工车间：钻床 1 台、曲管机 1 台、鼓风机 1 台、平台 1 个、立炉 3 座
	铸造车间：5t 吊 2 座、壁吊 5 座、3.5t 化铁炉 1 台、2.5t 化铁炉 1 台、0.5t 化铁炉 1 台、砂粒均整机 1 台、干燥炉 1 台、鼓风机 1 台、大铸锭坑 1 个

	续表
1936年旅顺大坞工厂的主要机械设备	木工车间：带锯机1台、破锯机1台、刨削机2台、车床1台、钻床1台
	铁船车间：冲孔机4台、冲孔台1台、摇臂钻床2台、立式钻床4台、弯曲机2台、刨边机1台、平面矫直机1台、刨凹机3台、鼓风机1台、壁吊3座、金刚砂轮机1台
	制罐剪铆车间：立式钻床5台、修边刨床1台、金刚砂轮机1台、鼓风机1台、电绞车1台
	模型车间：带锯机1台、木工车床2台、刨削机2台、钻床1台、整形机1台
	电气车间：空压机1台、储气筒1台
1942年旅顺大坞各车间设备统计	金属切削机床61台、剪床4台、曲弯机4台、削边机1台、汽锤4台、鼓风机1台、研磨机1台、工具研磨机3台、搅拌机1台、木工车床4台、刨削机5台、木工钻床1台、带锯5台、起重设备14台、试验机1台、熔炉4台、加热炉21台、干燥炉2台、动力机械24台、动力关联装置43台

资料来源：笔者根据《旅顺大坞史》内容自制

（2）工业遗址与建（构）筑物

①设计、放样与号料厂房

这类厂房建筑可能建筑本身并不具有很大的建筑价值，但它们却是体现造船核心生产工艺中的一环，是体现当时造船工业生产活动完整性的一部分。近代船体构件的设计工作在绘事楼里进行，早期的绘事楼与放样用房一般位于建筑的二层（图4-23），这样能较好地满足光线的需要，来进行设计图纸的绘制与船体型线图的放样工作，且建造成本较经济。有些放样需把线图放成船舶的原件大小，尺寸较大，因此安排在船坞旁的大板棚或后期设置于独栋平房里。有些可按一定比例缩尺放样，因此放样间的尺度较小。放样的资料将用来进行下一步的号料或检验工作。

模样厂房用来制作各种模样的模具，近代大都采用木制模样，木样板可用于钢板的比照号料，翻砂木模可通过注入熔融的铁水直接制作零配件。号料房则根据样板与草图裁切原料，有些船厂将号料厂房布置于库房和加工厂房之间，或紧靠加工厂房布置，号料厂房与放样间和构件加工厂房有密切联系。

图4-23 福州船政局1867年的绘事楼，该建筑现仍在使用
图片来源：笔者2014年摄于中国船政文化博物馆

②构件制作与装配厂房

这类车间厂房是船舶修造厂的主体,用于进行船体构件的制造,有些厂房既是船体构件的加工车间,又是构件的安装和装配车间,并且作业也是在厂房与船台之间流动。不同时期的造船厂对这类厂房的名称叫法也不同,如早期称为木工厂、翻砂厂、打铁厂、机器厂、合拢厂等,实际大都为生产车间。笔者根据《中国近代造船史》中日意格(Prosper Marie Giquel)的记录整理出福州船政局在1868年时的加工厂房组织(表4-4),从中可以看到近代早期造船所需工艺组织用房(图4-24),包括了木工车间用房,铁工车间用房(拉铁、锤铁、铸铁、打铁用房),蒸汽机锅炉的动力用房,轮机制造用房,构件合拢车间用房,以及风帆、帆索制造用房等。

③船体设备制作厂房

这类厂房用来生产全船大小机器,主要为船体的蒸汽机和锅炉等动力设备(近代称轮机)。早期建筑一般为砖木结构的单层或二层厂房,屋顶多用三角形

福州船政局1868年的厂房组织　　　　　表4-4

木模厂		制造轮机木模、铁锤木模和其他轮船工厂所需的各种木模等
铁厂	锤铁长	6个大铁锤,大炼炉16座,小炼炉6座
	拉铁厂	炼炉6座,展铁机4座(一座用展铁板、一座制竖铁与弯铁、一座制小型铁件、第四座制铜件),设有100匹马力发动机一座
铸铁厂		有15匹马力发动机一座,铸铁炉3座
打铁厂		专制船舶修造中所需各种小型铁件,炼炉44座,铁锤3个
水缸厂(即锅炉厂)		有15匹马力发动机一座(此厂除装配锅炉、装合船只外,曾制造过供150匹马力轮机之用的锅炉)
轮机厂		生产船只所需机器(曾制造过150匹马力的轮机),有30匹马力发动机一座
合拢厂		位于两轮机厂之间。厂的上层有绘事楼,用来打造机器图样
船台船槽(造船工厂)		船台三座。每座船台左右都有板棚,为工人做工之所。其中一座很大的板棚用作放样间,足以画下与船身同样大小的全部规划线
		起重机,能起重40t
		一座铁船槽。即一座机械牵引式的横向滑道,安设拖船机40架、大螺栓40条、40匹马力汽机一副
钟表厂		制造表、望远镜和指南针
帆缆厂		制造风帆、帆索、起重塔架等

图4-24　1870年代的福州船政局拉铁厂、木模厂和钟表厂
图片来源:笔者2014年摄于中国船政文化博物馆

桁架结构，且屋架坡度较高，屋顶开老虎窗或高侧窗，使得建筑采光好且在构图上增加了变化（图4-25、图4-26）。后期有些厂房屋顶开始采用钢筋混凝土平顶，且主体结构变为砖墙和钢筋混凝土梁板的混合结构。近代遗存下来的这类厂房车间已经极其少见，急需保护与修缮。

④船台、船坞与坞边用房

船台和船坞主要用来进行船体或分部的装配并使船舶下水，船坞由最初简陋的泥坞、木坞，发展到后来的石坞、混凝土坞，建造越来越坚固，可容纳船舶的吨位也越来越大。船台与船坞因其特殊的建造形式，较之地面建筑容易遗存下来，也是近代造船厂中遗址或遗留物较多的实物之一（图4-27、图4-28）。船台、船坞旁边会有水泵房与配电房等，水泵房安装有抽水机、送水机和压缩空气机等，用于船坞的抽水与放水，配电房为抽水和组装设备等提供动力。

图4-25　1870年代的福州船政局轮机厂外观和内景
图片来源：沈传经.《福州船政局》，笔者2014年摄于中国船政文化博物馆、马尾船政

图4-26　1880年修建的大沽船坞轮机厂（笔者此次拍摄时正在加固维修中）
图片来源：笔者2018年摄于大沽船坞

图4-27　1880年修建的大沽船坞甲坞、坞旁的水泵房。甲坞当时为木坞，1974年被改造成以水泥为基础的船坞
图片来源：笔者2018年摄于大沽船坞

图 4-28 福州船政局 1896 年竣工的 1 号船坞，当时被誉为仅次于英国利物浦的世界第二大船坞
图片来源：笔者 2014 年摄于中国船政文化博物馆、马尾船政

图 4-29 旅顺船坞的电灯及灯架
图片来源：《旅顺大坞史（1880—1955 年）》

⑤动力、仓储与其他辅助生产用房

动力厂房为全厂提供动力支持，如蒸汽机、锅炉与发电机组用房，大型的船厂往往有自己的电气场或发电所，通过电力网输送供给各生产厂房。如旅顺船坞是东北地区最早用电的地方，从国外购进发电机和蒸汽锅炉，设置了临时电线杆和电灯，在港口、船坞、各车间厂房、各库房和码头等处设置照明，电灯架用角钢铆接，部分电灯架一直保留至 1960 年代（图 4-29），工厂有电灯厂，实际是工厂的一个车间，用来修理电灯。此外，还有索具仓储等用房，以及化验、试验、设备维修、调度等其他辅助生产用房。

⑥办公与住宅用房等

其他具有良好建筑设计和建造技艺的办公用房与职工宿舍、住宅用房等。

根据《旅顺大坞史（1880—1955 年）》中的记录整理出旅顺船坞在不同时期的生产厂房组织（表 4-5），可以看到近代焊接与组装工艺的进步与用房组织的变化。

旅顺大坞不同时期的生产厂房建筑　　　　　　表 4-5

1890 年	大石坞 1 座、坞外港区石泊岸、厂房九座（锅炉厂、机器厂、吸水锅炉厂、吸水机器厂、木作厂、铜匠厂、铸铁厂、打铁厂、电灯厂）、库房 5 座、铁道和起重设备（60t 起重大架）、水电设施（大小电灯、铁架电杆 46 座、自来水管道）、铁码头、小船坞、舢板铁棚、办公洋楼及其他
1924 年	第一船坞（石造）、第二船坞（石及混凝土造）、船架、造船台、厂房（完成工厂、旋盘工厂、木工厂、制锅炉工厂、铆钉工厂、铸铁工厂、模型工厂、铜工厂、炼铁工厂、电气工厂、发电所、压缩空气机工厂）、20t 梁上滑走起重机

续表

1936 年	机械车间、装配车间、锻工车间、焊接车间、铜工车间、木器仓库、木工车间、放样间、造船场地、铸造车间、木型车间、电气车间、船具车间、铆具仓库
1946 年	船体车间、木工车间、轮机车间、管子车间、配件车间、锅炉车间、铸造车间、机械车间、电工车间、索具车间、设备与房屋修理间、化验室、保密室、医务室、调度室

三、关键技术物证小结

在船舶修造业工业遗产科技价值的保护中,非物质文化遗产与一些工业产品、手稿、文献记录等物质文化遗产也非常重要,但本书主要从工业遗产后续的保留、保护规划的制定、遗存再利用的角度重点论述工业遗址、工业建(构)筑物与工业设备方面的物证实物。从科技价值角度分析,需要特别保护船舶修造业中的设计、放样、号料、构件制作与加工、构件安装与组装、合拢接合、涂装和舾装、船舶下水等环节的核心实物载体。将近代船舶修造类工业遗产的关键技术物证总结如表 4-6 所示,这些技术物证在船舶修造类工业遗产的评价与保护中需加以重视,重点保留。

近代船舶修造业工业遗产关键技术物证小结　　　表 4-6

类型	名称	工业遗址与建(构)筑物	工业设备
核心生产	船体与构件等的设计、船体型线图的放样	绘事楼、设计用房,坞旁舾棚或放样用房、模型车间、模具用房等	各类绘图放样和模具制作工具设备
	材料的处理与船体构件的号料	材料处理车间、号料用房	①材料预处理设备:除锈机器、型材矫正等设备。②材料切割设备:各类刨床、剪床、搪床、刨削、弯曲、砂轮机等
	船体构件的制作与加工	机械车间,构件的制作、加工、安装与装配用房,如木工车间、翻砂车间、拉铁车间、铸铁车间、打铁车间、锻工车间、焊接车间、铜工车间、剪铆车间、轮机车间等	金属构件的制作加工:①冲剪削切类设备,如各类钻床、刨床、铣床、剪床、搪床、刨削、冲孔、打眼、刨边、平面矫直、刨凹、曲管、弯曲、卷铁、螺栓床、整形、研磨、金刚砂轮机等。②锻造设备,如汽锤、吊锤、锻工炉、鼓风机等。③铸造设备,如化铁炉、砂粒均整机、干燥炉、鼓风机等。④焊接设备,包括煤气发生器、交流电焊机和加热炉等。木构件的制作加工,包括了各类木工车床、带锯机、破锯机、刨削机、车床、钻床和整形机等
	船体构件的安装与组装	装配车间、安装用房、船台与船坞、坞边用房等。壁吊、起重杆和架,以及一些运输轨道和铁轨等	起重运输设备:起重机、铁路车、运输车辆、拖船等

续表

类型	名称	工业遗址与建（构）筑物	工业设备
核心生产	合拢	合拢车间、船台与船坞、坞边用房等。壁吊、起重杆和架，以及一些运输轨道和构架等	起重运输设备：起重机、铁路车、运输车辆、拖船等
	涂装和舾装	涂装用房、舾装用房、船台船坞、坞边用房。壁吊、起重杆和架，以及一些运输轨道和构架等	起重运输设备：起重机、铁路车、运输车辆、拖船等
	船舶下水与测试	船台、船坞（浅坞、造船坞、灌水坞、纵向与横向船台等）。码头与码头建筑。坞边用房：水泵房与配电房等。壁吊、起重杆和架，以及一些运输轨道和构架等	①起重运输设备：起重机、铁路车、运输车辆、拖船等。②船坞抽水放水设备：大吸水机（抽水机）、送水机和压缩空气机等，由蒸汽或电提供动力等
	动力系统	动力用房	蒸汽机、锅炉和发电机组等
辅助生产	仓储	仓储构筑物与建筑用房：索具房、物料用房等	
	其他辅助生产用房	化验房、试验房、机器设备的维修房、调度房等其他辅助生产用房	
	办公	办公用房	
福利性用房		职工宿舍、住宅用房、食堂、俱乐部等	

第三节 船舶修造业产业链、厂区或生产线的完整性分析

一、科技价值角度的完整性分析

从科技价值角度研究船舶修造业工业遗产点、工业生产线与工业产业链的完整性，工业遗产点可为工业遗址本身、建筑物、构件或机器等，还应该包括景观、环境以及与其相关的文化记忆等非物质内容。"线"指生产线，包括船舶修造业的核心生产工艺（设计、放样、号料、船体构件的制作与加工，船体构件的安装与组装，合拢、涂装和舾装，船舶下水与测试，动力提供）等的实物物证，在上文已详细论述，生产线的完整性也包含了相关的非物质内容。下面重点从完整性的第三个层面，产业链与产业群的完整性进行遗产保护的探讨。从完整性保护的角度：①船舶修造业的上、下游产业，如上游的钢材厂、钢板厂，与下游的机器设备、机械修理厂等；②因运输材料兴建的铁路、运河及其相关的建筑，依靠造船厂而兴建的居住、商业、娱乐、教育、医疗、宗教等建筑都需要从完整性角度评估、考察其价值，需引起注意。

在船舶修造业工业遗产的完整性保护中，保护可分为几个层次：

（1）第一种是十分理想的情况，除了核心生产区的完整性，包括上述核心工艺（设计放样—号料—构件制作加工—构件安装组装—合拢、舾装、涂装—船舶下水），动力系统与辅助生产仓储、机修，以及办公等的实物物证外，还要保护依靠船舶修造厂而兴建的学校、住宅、医院等福利配套生活用房，因运输而建的铁路、运河及沿线建（构）筑物，以及上游的钢材厂、钢板厂，下游的设备机械修造厂等的完整性，保护整个产业链的完整性。

（2）第二种情况是在无法保护相关产业链时，要重点保护船舶修造工业本身的完整性，包括核心工艺（设计放样—号料—构件制作加工—构件安装组装—合拢、舾装、涂装—船舶下水），动力系统与辅助生产仓储、机修，以及办公等关键实物物证。

（3）若上述两种情况在现实中依旧无法保留，那么应保护船舶修造的核心生产工艺（设计放样—号料—构件制作加工—构件安装组装—合拢、舾装、涂装—船舶下水，动力系统）中的建（构）筑物与设备遗留。

下面以近代马尾船政和今天津市船厂（原大沽造船厂）的完整性保护为例来说明。

二、船舶修造业价值评价典型案例分析

1. 福建马尾船政工业建筑群（图4-30）

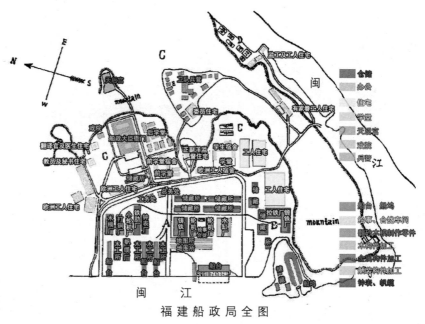

图4-30 清末马尾船政工业建（构）筑物分布图
图片来源：笔者自绘，底图来源于《福建船政局史稿》

最重要的核心生产实物物证（图4-31）：设计在绘事用房（在二楼，一楼为合拢车间），木模厂制作模具（可用来号料）、翻砂木模（可制作零配件），木工所制作船体木构件，铁肋厂、拉铁厂、锻铁厂、铸铁厂等制作船体金属构件，轮机厂、水缸厂制作蒸汽机与锅炉等舾装构件，帆缆工场、钟表工场制作帆缆和钟表仪器，然后将这些构件在船台组装，也有一小部分组装在合拢车间进行。

以其中的一个船台为例，木模厂翻砂制作零配件、木工厂制作木构件、铁工厂制作金属构件、轮机厂制作舾装构件，都送至船台进行船体组装（图4-32）。

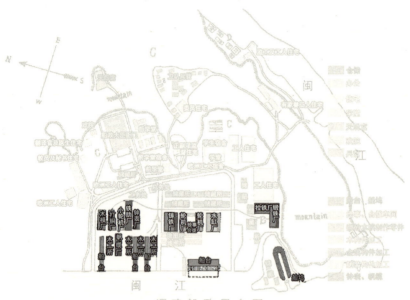

图4-31 核心生产实物物证
图片来源：笔者自绘，底图来源于《福建船政局史稿》

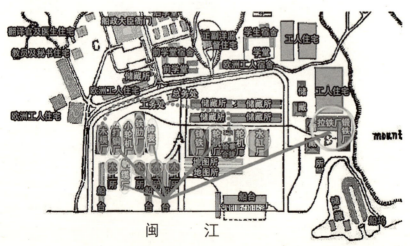

图4-32 木构件、金属构件、舾装的船台装配
图片来源：笔者自绘，底图来源于《福建船政局史稿》

辅助生产实物物证：仓储用房、办公用房（总务处、工务处）、地图绘制用房等辅助生产建筑（图4-33）。

福利性用房与完整性保护还包括住宅、衙门、学堂、宗教、娱乐与兵营等福利配套生活、宗教等建筑（图4-34）。

图4-33 辅助生产实物物证
图片来源：笔者自绘，底图来源于《福建船政局史稿》

图4-34 住宅、衙门、学堂、宗教、娱乐与兵营等建筑
图片来源：笔者自绘，底图来源于《福建船政局史稿》

2. 天津市船厂（原大沽造船厂）工业建筑群（图4-35）

最重要的核心生产实物物证：放样、数控（设计绘图放样）车间；木工车间、锻工车间、铸工车间、钳工车间、轮机车间等船体构件与船体动力设备厂房；船体组装车间、船台、船坞等构件组装与舾装厂房与构筑物；坞边的水泵房、起重房、配电房等动力系统厂房等（图4-36）。

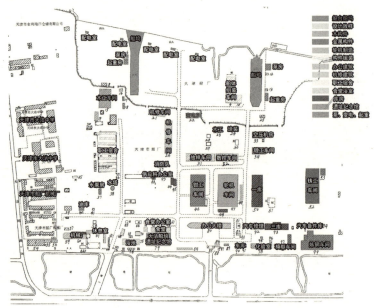

图4-35 天津市船厂工业建（构）筑物分布图
图片来源：笔者自绘，底图由船厂绘制提供

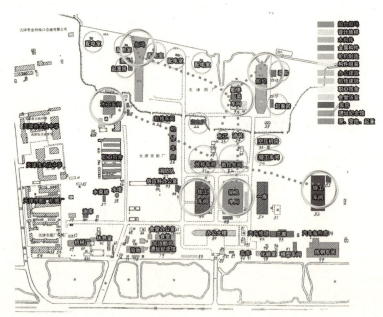

图4-36 第一层级的保护：核心生产实物物证
图片来源：笔者自绘，底图由船厂绘制提供

辅助生产实物物证：仓储用房，辅助生产的机器修理、汽车修理、化验室、辅助小型炼钢、模型与办公用房。福利性用房：配套的宿舍、食堂、浴室等生活用房以及纪念馆等（图 4-37）。

完整性保护还包括下游的船厂、机械厂的保护（图 4-38）。

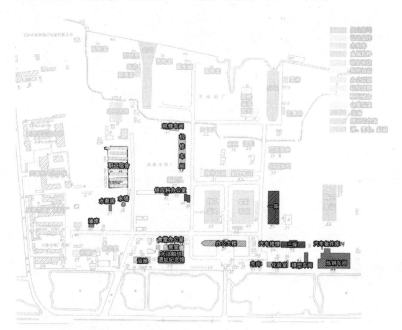

图 4-37 辅助生产实物物证与厂区的福利性配套用房
图片来源：笔者自绘，底图由船厂绘制提供

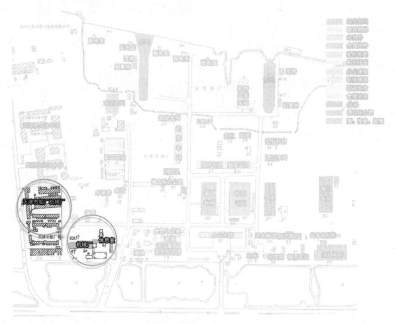

图 4-38 完整性保护
图片来源：笔者自绘，底图由船厂绘制提供

第五章 近代棉纺织业工业遗产科技价值评价与保护研究

近代的纺织工业在国民经济中占有极为重要的地位和作用。据统计，1949年时纺织工业在全国工业总产值中所占份额高达38%。[①] 本书以近代的纺织业，包括棉纺织业、毛纺织业与丝绸业为切入点展开分析，探讨纺织业的科技价值评价与保护。近代的棉、丝、毛等机器轻纺工业不同于采煤、钢铁与造船机械等重工业，轻纺所需技术相对好掌握，所投入的资金成本也相对少，因此近代的纺织企业开办数量众多，尤以中小型企业的数量大，且由于行业的竞争和战争的摧残，很多工厂或停办改组，或转卖租赁，或被兼并摧毁等，历史发展错综复杂。因此，不同于近代重工企业的历历可数，对轻纺工业在从历史重要性角度进行梳理时，本书重点梳理近代整个轻纺工业发展历程中，在行业范畴里规模和影响都较大的工厂企业，尤以华资工厂为主，后续可在此基础上继续分地区补充与分级，或继续沿着时间轴续写。

在世界范围内，纺织工业从手工逐渐转变为动力机器生产最初始于英国，随后传到欧美和日本。中国近代化的动力机器纺织工业是在1840年以后引进发展的，1840—1877年为动力机器纺织的孕育期，这段时期国外机制纺织品大量涌入中国，手工纺织逐渐受到洋货的冲击。1878—1913年为动力机器纺织的初创期，这段时期洋务派开始从西方引进机器设备和技术人员，兴办了一系列的动力机器纺织工厂，民资和外资也依次筹建厂，尤其是在《马关条约》签订之后，但总体来说这段时期的动力机器纺织工厂总量还为数不多，手工布匹仍是国人衣料的主要来源。1914—1936年，为动力机器纺织的成长期，第一次世界大战期间欧美各国无暇东顾，为民资纺织工厂提供了良好的发展契机，日资工厂也趁机扩大在华规模，第一次世界大战结束后欧美织品再度袭来，但此时华资纺织厂已具备一定的竞争实力，这段时期的华资工厂数量迅速增加，至1936年时机制布匹已成为国人衣料的重要来源，手工布匹仍是国人衣料的重要补充。1937—1949年，为动力机器纺织的曲折期，抗日战争使近代纺织工业遭受重创，战后国民政府接收了大量日伪纺织厂，成立了官办垄断性纺织

[①] 中国近代纺织史编辑委员会. 中国近代纺织史（上卷）[M]. 北京：中国纺织出版社，1996：55.

集团公司，战时纺织业虽在大后方有所发展，但整体规模不大。中华人民共和国成立前夕纺织工业的总体规模只相当于1936年的水平，我国还有约四分之一的棉布由手工业生产，针织、苎麻纺织、丝织、色织、巾被、线带及服装鞋帽各业都还大量利用手工，近代化还远未完成。

中华人民共和国成立前夕，我国纺织工业中发展最好的是加工工业，纺织原料和机械装备工业在近代尚处于萌芽状态（图5-1）。加工工业包括了棉、丝和毛等行业，这些行业在近代的发展状况和所达到的工艺水平并不同步，其中最先从手工转向机器生产的是缫丝业，缫丝业使用机器生产后约十年，毛纺织行业开始机器化，尔后又历经十余年棉纺织业先后兴起机器化生产。近代棉纺织的工业机器化起步虽比缫丝和毛纺晚，但一经出现很快就占据了首要地位，在近代纺织工业各行业中所占规模最大，其次是丝纺织和毛纺织。除了各行业发展不同步外，同一行业内部前后工段的发展也不同，如棉纺织行业中，棉纺的机器近代化大大早于棉织，一些专业还存在彼此交叉的情况，如大棉纺厂附设有棉织和棉印染。

近代的纺织机器大量依赖进口，多为1930年代以前制造，进口机器的机型杂乱，国内只有少数机械厂能仿造梳棉、粗纱、细纱和织机等机器，大部分机械厂仅能制造一部分配件，纺织机械生产未形成独立的工业体系。1840—1952年是动力机器纺织技术与工厂化生产方式的引进阶段[1]，中华人民共和国成立后动力机器纺织才开始了工业大发展阶段。

① 吴熙敬.中国近现代技术史（下卷）[M].北京：科学出版社，2000：1027.

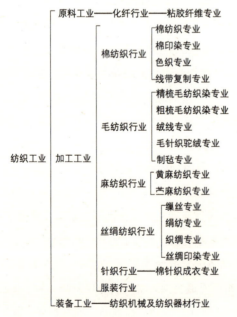

图5-1 近代纺织工业行业构成
图片来源：《中国近代纺织史（上卷）》

① 棉纺织行业各专业之间有一定的交叉，如棉织与棉印染有一定交叉形成染织专业。

近代动力机器棉纺织行业包括棉纺、棉织、棉印染和色织（染织①）等专业，色织在近代时期还大量利用手工机器，机器近代化还远未完成。机器棉纺早于棉织和棉印染，在棉纺织行业各专业中所占比例最大，大型的棉纺厂一般都附设棉织，有些小型的棉织厂与小印染厂合在一起，大型的棉印染厂则是棉印染专业的主体，直到1920年代以后才出现全套动力机器印染的工厂（表5-1）。

世界机器棉纺织工业与中国机器棉纺织工业起步之对比　　　　表5-1

	世界机器纺织工业		中国机器纺织工业
18世纪	1738年发明"飞梭"装置，使得织布投梭频率比手抛梭快1倍，且布幅可加宽。 1748年盖板式梳棉机成功。 1758年出现罗拉式翼锭细纱机。 1769年出现了利用水力拖动的翼锭细纱机。 1770年出现珍妮细纱机（图5-2）。 1774年创造出三滚筒梳理机。 1779年水力拖动，每台300~400锭的大型纺纱走锭机（走锭细纱机）成功。 1785年水力驱动的织机成功。活塞式蒸汽机开始用于纺织生产	1889年	1878年李鸿章筹办上海机器织布局，1889年试车，从英国、美国进口轧花、纺纱和织布的全套设备
	18世纪末19世纪初，有了并条机和粗纱机		
1825年	R·罗伯茨将走锭细纱机改进为自动作用的走锭细纱机		
1828年	出现了帽锭细纱机。J·索普创造了环锭细纱机		

图5-2　1770年的珍妮纺纱机
图片来源：笔者2018年摄于唐山工业博物馆

第一节　近代棉纺织业的历史与现状研究

近代的动力机器棉纺织厂开办数量较多，从地区分布上形成了上海、天津、青岛、无锡、南通和武汉6个棉纺织业中心，江苏、山东、湖北和河北四省为棉纺织大省。1840年以后手工棉纺织业在西方机制纱布的竞争下逐渐解体，手工纺纱首先渐趋衰落，1920年代以后手工织布也渐趋衰落，机器纺织代替手工纺织的交替过程持续了半个多世纪。

一、近代棉纺织业的年代分期与发展历程

近代棉纺织业的发展大致经历了五个历史时期：

（1）1890—1913年为初创时期。该时期洋务派开始着手创办动力机器纺织厂，1890—1913年间，华资和中外合资先后开办了棉纺织厂26家[1]（表5-2）。1895年《马关条约》签订后外资大规模来华设厂，1890—1913年间，开办外资棉纺织公司8家，先后开设了10个棉纺织厂（表5-3），外资棉纺织厂资金雄厚，技术力量强，对华资工厂构成极大威胁，影响最大的是后来居上的日资纺织厂。

[1] 中国近代纺织史编辑委员会.中国近代纺织史（下卷）[M].北京：中国纺织出版社，1997：11-13.

1890—1913年间开设的华资与中外合资棉纺织厂整理　　　表5-2

开车年份	工厂名称	沿革与发展情况
1890	上海机器织布局	近代中国第一家棉纺织厂，1878年由李鸿章等人筹办，从英美进口设备，1889年试车，1893年被焚
1891	华新纺织新局	几经易名，1894年改组复泰纱厂，后又改名恒丰纱厂
1892	湖北织布局	1888年由张之洞筹设，1892年底开车，后由于所订机器较多，便在织布局旁兴建南北两厂，北厂即湖北纺纱官局，南厂未建成
1894	上海华盛纺织总厂	在被焚的上海机器织布局原址上建立，经多次易名，后于1931年将设备卖给申新，安装在申新九厂
1894	上海裕源纱厂	1894年创办，1918年经营失败后售予日商内外棉公司
1895	上海裕晋纱厂	1897年改组协隆纺织局，1901年又改组为兴泰纱厂，1902年售予日商
1895	上海大纯纱厂	1906年售予日商，改称三泰纱厂
1896	宁波通久源纱厂	1917年毁于火灾
1897	无锡业勤纱厂	1936年被振业公司组办
1897	杭州通益公纱厂	1914年改组鼎新纱厂，1928年售予三友实业社
1897	苏州苏纶纱厂	初为清商务局所办，后经营失败改为商办，又几经易名和波折，1936年由振业公司租办
1898	武昌纺纱官局	张之洞在湖北织布局旁兴建南北两厂，北厂即是湖北纺纱官局

续表

开车年份	工厂名称	沿革与发展情况
1898	上海裕通纱厂	1917年改名宝丰纱厂，1920年毁于火灾
1899	南通大生纱厂	初为清商务局所办，利用张之洞未建成的湖北纺纱官局南厂设备，后称大生一厂，1899年建成投产，张謇创建
1899	萧山通惠公纱厂	后改称通惠公纺织公司
1905	常熟裕泰纱厂	先后由多家公司租办，1934年改组并恢复原名
1906	太仓济泰纱厂	先后被多家公司租办，1924年改名太仓纱厂，1930年改名为利泰纱厂
1906	宁波和丰纱厂	1911年停工，次年复工
1906	无锡振新纱厂	1937年被上海银行接管
1907	崇明大生第二纱厂	1935年倒闭，由中国、交通两银行取得所有权后将机器售予大隆铁厂作试验之用
1907	上海振华纱厂	中英合资，1909年归并华商，1937年改号合记
1907	上海九成纱厂	中日合资，1908年归并日商，1917年由申新承购改称申新二厂，1937年被中国和上海银行接管
1908	上海同昌纱厂	经历多次出租，1937年出租时改名天生
1908	江阴利用纱厂	1909年租予苏州厚生公司，1915年收回
1909	安阳广益纱厂	1928年改名豫新纺织公司，1935年复原名
1910	上海公益纱厂	先为华资，后为合资，1913年售予英商

1890—1913年间开设的外资棉纺织厂整理　　　表5-3

年份	发展情况
1897年	1897年外资在上海开设了4家大厂（英商老公茂纱厂、怡和纱厂、美商鸿源纱厂和德商瑞记纱厂），接办1家华资纱厂（由英商接办华商裕晋纱厂，成立了协隆纱厂）
1902—1913年	1902年日商收买原裕晋纱厂（1897年由英商接办改组协隆纺织局，1901年又改组为兴泰纱厂，1902年售予日商），改组兴泰纱厂（此为日资进入中国棉纺织业之始）； 1906年日商收买上海大纯纱厂，改称三泰纱厂； 1908年日商将兴泰与三泰合并，成立上海纺纱公司（此为日商在华自立纺织公司之始）
	1907年中日合资的上海九成纱厂开业不久就归并日商，改名日信
	1909年日本内外棉公司来华筹办上海第三厂，1913年又在上海开办了第四厂
	1913年上海公益纱厂售予英商

（2）1914—1931年为发展时期。第一次世界大战爆发后，欧洲各国无暇东顾，为中国棉纺织业的发展带来了机遇，华资棉纺织厂掀起建、扩厂的高潮。1914—1922年民资纺织厂建有49家，分属于40个公司，上海、无锡、南通、天津和武汉等地的棉纺织业发展迅猛。至1922年，全国有113家棉纺织厂，其中民资为76家。1922年后棉纺织业转向萧条，经营不善的华资棉纺织厂被

外资和少数大型华资厂兼并,在近代的民资棉纺织业中形成了几个大型的纺织企业集团,包括申新系、永安系、大生系、大成系、恒丰系、华新系、裕大华系与诚孚公司。第一次世界大战也给日资棉纺织厂以良机,1914—1931年日本以上海、天津、青岛和东北为基地,趁机扩张在华资本,纺织业获得迅速发展。1930年全国纺织厂共有130家,其中华资82家,日资45家,英资3家。[①]

(3) 1932—1936年为调整时期。1931年长江流域发生60年未遇的大水灾导致棉田减产,棉纺织业赋税加重,加之世界经济影响以及日本侵占东北三省致使东北棉纺织品销路断绝等一系列因素使棉纺织业开始陷入逆境。1932年后华资纱厂停工减工现象普遍,出租、改组和出售也极为频繁。这段时期日资纱厂凭借政治和军事优势,在侵占东北后,又在华北形成了青岛和天津两大纺织中心,发展迅速。这段时期的华资棉纺织厂虽然处境艰难,但整个行业还是在曲折中调整前进,1936年比1931年在棉纺织设备和产量上都有所增长(尤其是线锭和织机)。这一时期重要的华资企业是裕大华系,由裕华、大兴和大华3家纺织公司于1936年联合组成。

(4) 1937—1945年为全面抗日战争时期。抗战时期棉纺织业遭受了严重破坏,沦陷区没有内迁的工厂被摧毁掠夺,战争中的损失实难统计。日军对棉纺织业采取了多种形式的掠夺,除了控制东北地区发展植棉业外,还成立了华北开发公司和华中振兴公司,垄断华北和华中企业。抗战时期租界内的棉纺织业曾在短时期内(1937—1941年)获得畸形的繁荣,但太平洋战争爆发后,电力和原料供应困难,日伪又实行产品管制,租界的孤岛繁荣也随之结束。抗日战争时期只有少量工厂和机器设备迁入大后方,四川在战前并无动力棉纺厂,经过内迁,至1943年仅重庆就有棉纺织厂13家。[②]申新四厂迁至四川后于1939年在重庆开车,是四川建成的第一个棉纺织厂,定名为庆新纺织厂。豫丰厂迁至重庆后,于1941年建成厂房,并在合川建设支厂,1942年租用西安雍兴公司纱锭,至1943年共有纱锭5.5万枚,是内地规模最大的纺织厂。

(5) 1945—1949年为战后回收时期。抗日战争胜利后国民政府成立了中国纺织建设公司(中纺公司)负责接收日伪棉纺织厂,该官办垄断企业接管了日本在上海、天津、青岛和东北等地经营的38个棉纺织厂[③],凭借其特殊的政治地位和之前日本人的管理技术基础,生产效率较高,下设85个厂,规模是战后最大的公司。民营棉纺织业如申新系、永安系、大成系、裕大华系、震寰和沙市纱厂等都在战后有所复工并获得短暂的利润,但随后由于国民政府的各项苛捐杂税、债券和花纱布管制等腐败统治,棉纺织业迅速走向下坡,普遍陷入危机。直到中华人民共和国成立后,棉纺织业才得以重新焕发新的生机。

---

① 中国近代纺织史编辑委员会. 中国近代纺织史(下卷)[M]. 北京:中国纺织出版社,1997: 16–18.

② 共有纱锭16万枚,占整个大后方的52%,其中重庆最大的3家纱厂为裕华、豫丰和申新厂。

③ 包括内外棉、日华、同兴、裕丰、大康、丰田、上海、公大等8大系统。

据统计，1949年年末时棉纺织行业拥有纱锭516万枚，84%集中在辽宁、山东、江苏三省和天津、上海两市。[①]

① 中国近代纺织史编辑委员会.中国近代纺织史（下卷）[M].北京：中国纺织出版社，1997：5.

二、历史重要性突出的近代棉纺织业工业遗产

不同于近代采煤、钢铁冶炼与船舶修造等重工企业的有限数量，由于近代棉纺织厂的开办数量众多，有百余，且很多工厂经历停办、改组、转卖、租赁、兼并等，历史发展错综复杂，因此本书首先重点梳理大型的华资棉纺织集团，这些集团在近代整个棉纺织工业的发展历程中具有重要的历史与社会文化价值，也展示了国人发展实业的信心与勇气，对当地社会发展有重要影响，与当地人民有重要的情感联系，对公众有重要的教育和展示意义（表5-4）。这些企业的工业遗留物急需保护，但对于轻纺工业，这远远不够，这只是工作的第一步，后续应在此基础上继续进行历史重要性的分地区补充并分级，或继续沿着时间轴续写，而这些工作都是必须和必要的。

历史重要性突出的近代华资棉纺织工厂工业遗产梳理　　　　表5-4

名称	开车时间	创办人	地点	意义或特点	近代设备或技术	兼并发展与遗存现状
上海机器织布局	1889年	李鸿章	上海	近代中国第一家动力机器棉纺织厂	从英、美两国进口轧棉、纺纱和织布的全套设备。厂房为三层楼房	1893年毁于火灾，1894年在旧址上建新厂，并改名华盛纺织总厂，其后华盛又几经易名，最终于1931年将其设备卖给申新，安装在申新九厂
湖北织布局	1892年	张之洞	湖北	近代洋务派早期动力机器棉纺织厂之一	从英国订购机器，初置设备有布机千台，纱锭3万余枚，配有轧花、染纱、提花等机器。纺纱和织布共用一套汽机。厂房为连续多跨人字形屋面	由于所订机器较多，便在织布局旁兴建南北两厂，北厂即湖北纱布官局，于1898年开车，后经营不善，先后被多家公司经营，1938年被收回官办，并将部分机器迁往陕西宝鸡，其余机器和厂房被日军破坏。南厂未建成，其机器后由张謇带入南通大生纱厂
申新纺织集团公司	1915年	无锡荣宗敬、荣德生兄弟	无锡、汉口、上海等	近代民族资本中规模最大、发展最快的纺织企业集团。申新集团也是近代中国最大的民族资本集团	1915—1931年共开办了9个纺织厂，拥有纱锭52万余枚、布机5000余台、线锭4万余枚，设备齐全，技术先进	中华人民共和国成立后申新一厂改组为上海第二十一棉纺织厂，申新五、申新六厂改组为上海第三十一棉纺织厂，申新九厂改组为上海第二十二棉纺织厂。今在申新九厂的旧址上建立起了上海纺织博物馆，展示上海的纺织业历史
永安纺织集团公司	1922年	澳大利亚华侨郭乐、郭顺兄弟	上海	近代民族资本大型棉纺织集团之一，是民资企业中的佼佼者	1922年创办永安纺织一厂，后扩大至一、二、三和四厂，且兼并了伟通纱厂，规模大、技术先进	中华人民共和国成立后永安一厂改组为上海第二十九棉纺织印染厂。永安二厂和四厂改组为上海第八棉纺织厂。永安三厂与上海无线电器材厂合并改组为上海无线电三厂

续表

名称	开车时间	创办人	地点	意义或特点	近代设备或技术	兼并发展与遗存现状
大生纺织集团公司	1895年筹建	张謇	南通	近代民族资本大型棉纺织集团之一,是近代地方自治的样板	1899在南通唐家闸建成大生一厂。1907年在崇明建成大生二厂。1921年在海门建成大生三厂。1923年在南通城南建成大生副厂。此外,大生集团还兴办高等学校,培养纺织技术人才	现今为江苏大生集团有限公司(一直在大生纱厂原址上进行着生产,已有124年历史)。主要遗存有钟楼、清花间厂房、原棉仓库等
大成纺织集团公司	1918年	刘国钧	常州	近代民族资本大型棉纺织集团之一,常州最大的织布厂	积极引进国外先进的新技术和设备,在国内率先使用筒子纱代替旧式盘头纱,安装了当时很少见的空调和大牵伸设备。1918—1937年,大成公司已拥有4家纱厂,设备齐全,技术先进	中华人民共和国成立后大成一厂改组为常州第一棉纺织厂,大成二厂改组为常州东风印染厂,2008年大成一厂旧址被列为市级文保单位,大成三厂旧址已打造成中华纺织博览园
恒丰纺织集团公司	1909年	聂缉椝	上海	其前身是华新纺织局,创办时间早,是近代民族资本大型棉纺织集团之一	1909年收买华新改组恒丰纺织新局,改称恒丰纱厂。1919年开出恒丰二厂,1922年开办华丰纱厂和大中华纱厂,1930年又兴建了恒丰第三厂,规模大、技术先进	中华人民共和国成立后改组恒丰棉纺丝织厂,1961年改称恒丰立绒丝织厂,1966年改称上海第三丝织厂,1994年上海第三丝织厂并入第十二丝织厂
华新纺织集团公司	1914年	周学熙	天津	民族资本大型棉纺织集团之一	有天津华新纱厂、青岛华新纱厂、唐山纱厂和卫辉纱厂4个厂,共有纱锭约10万余枚	中华人民共和国成立后天津华新纱厂改组为天津印染厂。青岛华新纱厂战时在日本的暴力胁迫下,厂房低价卖给了宝来纱厂,中华人民共和国成立后改组为青岛国棉九厂
诚孚公司	1925年		天津	民族资本大型棉纺织集团之一,规模大、技术先进	1925年在天津成立,公司实行技术人员全权管理,并于1940年成立了诚孚高级职员养成所,培养技术人才	中华人民共和国成立后天津北洋纱厂改组为天津第六棉纺厂,恒源纱厂改组为天津市第一毛纺织厂。上海新裕一厂改组为上海第三棉纺厂,新裕二厂改组为上海第十四棉纺织厂
裕大华系	1936年		武汉、石家庄、西安	民族资本大型棉纺织集团之一	由武汉裕华纱厂、石家庄大兴纱厂和西安大华纱厂3家纺织公司于1936年联合组成,拥有10万余枚纱锭,织机1300余台	中华人民共和国成立后裕华纱厂改为武汉第四棉纺厂,1993年改组为裕大华股份有限公司,2008年裕华纱厂搬迁至蔡甸,旧址厂房已全部拆除。石家庄大兴纱厂改组为石家庄国棉七厂,旧址大部被拆除。西安大华纱厂现今已建立起"大华1935"文创园,主要遗存有老南门、部分老厂房和库房
中国纺织建设公司	1945年	官办	重庆	近代最大的官办垄断性纺织企业集团	中纺公司拥有85个工厂,享有特权,获利丰厚	中华人民共和国成立后中国纺织建设公司上海第一、第二、第四、第五、第六、第七、第八、第十四、第十、第十一、第十二、第十五纺织厂分别改组为上海第一、第二、第四、第五、第六、第七、第八、第九、第十、第十一、第十二、第十五棉纺织厂等(1992年上海第三棉纺厂并入第一棉纺厂)

1. 上海机器织布局

1878年筹建,是近代中国第一家动力机器棉纺织厂,1889年试车,历经12年后,1890年投产。从英、美两国进口轧棉、纺纱和织布的全套设备,其厂房为长168m、宽24.4m的三层楼房,1893年织布局毁于火灾。织布局被焚后,李鸿章急于恢复失势,遂于1894年在织布局原址上建立华盛纺织总厂(图5-3),规划布局仍沿用织布局旧制,其后华盛又多次易名,最后于1931年将设备卖给申新公司,安装在申新九厂。

图5-3 上海华盛纺织总厂街景、细纱车间及仓库
图片来源:《中国近代纺织史》

2. 湖北织布局

1888年由张之洞筹设,1892年底开车,向英国订购机器,后由于所订机器较多,便在织布局旁兴建南北两厂,北厂即湖北纺纱官局(图5-4),于1898年开车,后经营不善,先后被多家公司经营,1938年被收回官办,并将部分机器迁往陕西宝鸡,其余机器和厂房被日军破坏。南厂未建成,其机器后由张謇带入南通大生纱厂。湖北织布局的厂房是连续多跨人字屋架的单层厂房,瓦垄铁屋面,厂内的弹花房、纺纱房与织布房的梁、柱、间架均用铁料。该厂装有电灯照明,并有供热及防火设施,比上海机器织布局先进。

3. 申新纺织集团公司

在近代的民资纺织企业中形成了几家大型的棉纺织集团公司,这些大型棉纺织集团规模大、技术先进,是民资企业中的佼佼者。申新纺织集团,由无锡

图5-4 湖北纺纱官局
图片来源:《陕西省图书馆·话说陕商数据库》

荣宗敬和荣德生兄弟创办，1915—1931年共开办了9个纺织厂，除了申新三厂建于无锡、四厂建于汉口外，其余都在上海（图5-5）。至1932年底申新系的9个纺织厂所形成的纺织企业集团拥有纱锭52万余枚、布机5500余台、线锭4万枚，是民资纺织集团中发展最快、规模最大的。此外，申新集团还经营面粉等其他工业，是近代中国最大的民族资本集团。中华人民共和国成立后申新一厂改组为上海第二十一棉纺织厂，申新五、申新六厂改组为上海第三十一棉纺织厂，申新九厂改组为上海第二十二棉纺织厂。现今在申新九厂的旧址上建立起了上海纺织博物馆，展示了上海的纺织业历史。

图5-5　上海申新一厂（上图）和上海申新九厂（下图）
图片来源：《中国近代纺织史》

4. 永安纺织集团公司

以华侨郭乐、郭顺兄弟为主的永安纺织集团，在上海设有5个棉纺织厂。1922年创办永安纺织一厂（图5-6），至1928年该集团规模已扩大至永安

图5-6　1922年的永安一厂门景
图片来源：《上海纺织工业志》

一厂、二厂和三厂,此后几年又新建了永安四厂,且兼并了伟通纱厂,规模扩大到纱锭 25 万枚、布机 1600 台,其产品行销全国和东南亚。中华人民共和国成立后永安一厂改组为上海第二十九棉纺织印染厂,永安二厂和四厂改组为上海第八棉纺织厂,永安三厂与上海无线电器材厂合并改组为上海无线电三厂。

5. 大生纺织集团公司

南通大生纺织集团对南通市的发展有重要影响,南通因大生而兴。1895 年张謇筹划大生纱厂,利用张之洞没有建成的湖北纺纱官局南厂设备,1899 年在南通唐家闸建成投产,后称为大生一厂。1907 年在崇明设分厂,后称大生二厂。1921 年在海门建成大生三厂。1923 年在南通城南建成大生副厂(由一厂出资,隶属于一厂,故名副厂)。至 1923 年大生集团拥有 4 个棉纺织厂,纱锭 16 余万枚,布机 1342 台(图 5-7)。张謇在南通兴办纺织学校培养技术人才,除了纺织业外,他还兴办原料开发、金融、文教卫生、动力、邮电交通、社会福利等事业,形成了庞大的资本集团。今为江苏大生集团有限公司(一直在大生纱厂原址上进行着生产,已有 124 年历史)。主要遗存有钟楼、清花间厂房、原棉仓库等。

图 5-7　南通大生纱厂
图片来源:《中国近代纺织史》

6. 大成纺织集团公司

以刘国钧为主的大成纺织集团(图 5-8),1918 年开办广益织布厂,1922 年又开办了广益二厂,是当时常州最大的织布厂。刘国钧积极引进国外先进的技术和设备,从最初的木机、铁木机,再到电动机,并在国内率先使用筒子纱代替旧式盘头纱,安装了当时很少见的空调和大牵伸设备。1927 年刘国钧将一厂停歇,全力经营二厂,1930 年又接盘大纶久记纺织厂并改名大成纺织染公司,至 1937 年时大成集团已拥有 4 家纱厂。中华人民共和国成立后大成一厂改组为常州第一棉纺织厂,大成二厂改组为常州东风印染厂,2008 年大成一厂旧址被列为市级文保单位,大成三厂旧址已打造成中华纺织博览园。

7. 恒丰纺织集团公司

恒丰纺织集团以聂缉椝的聂家为主，恒丰纱厂的前身是华新纺织局，于1891年创立，是年代较早的工厂之一，仅迟于上海机器织布局1年。恒丰纱厂初时设备有纺锭7000余枚，后又陆续增加了纺锭与布机，曾改组复泰纱厂，1909年华新被聂家收买改组恒丰纺织新局（图5-8），改称恒丰纱厂。1919年又开出恒丰二厂，1922年聂云台等开办的华丰纱厂和大中华纱厂开工，1930年聂潞生又兴建了恒丰三厂。中华人民共和国成立后改组恒丰棉纺丝织厂，1961年改称恒丰立绒丝织厂，1966年改称上海第三丝织厂，1994年上海第三丝织厂并入第十二丝织厂。

图5-8　大成纺织公司和恒丰纺织新局
图片来源：《靖江日报》《中国近代纺织史》

8. 华新纺织集团公司

华新纺织企业集团为官商合办企业集团，民资以周学熙为主，有天津华新纱厂、青岛华新纱厂、唐山华新纱厂和卫辉华新纱厂4个厂，共有纱锭10万余枚。青岛的华新纱厂是民族纺织业在青岛立足之始，1913年周学熙收购德华缫丝厂而创办（图5-9），1919年正式投产，抗日战争时期在日本的暴力胁迫下，厂房低价卖给了宝来纱厂。中华人民共和国成立后天津华新纱厂改组为天津印染厂，青岛华新纱厂改组为青岛国棉九厂。

图5-9　青岛华新纱厂
图片来源：笔者2017年摄于青岛纺织博物馆、1937年的《青岛华新纱厂特刊》

9. 诚孚公司

1925年在天津成立，原是一家信托公司，1936年迁至上海。诚孚公司先后接办了天津的恒源、北洋以及上海的新裕一厂和二厂，公司实行技术人员全权管理，并于1940年成立了诚孚高级职员养成所，培养技术人才。中华人民共和国成立后天津北洋纱厂改组为天津第六棉纺厂，恒源纱厂改组为天津市第一毛纺织厂，上海新裕一厂改组为上海第三棉纺厂，新裕二厂改组为上海第十四棉纺织厂。

10. 裕大华纺织集团公司

由武汉裕华纱厂、石家庄大兴纱厂和西安大华纱厂3家纺织公司于1936年联合组成，拥有10万余枚纱锭、织机1300余台。该集团以纺织业为主，还囊括了矿业、商业、金融业等多个行业，是近代民族资本企业的典型。今西安大华纱厂已建立起"大华1935"文创园，主要遗存有老南门、部分老厂房和库房（图5-10）。

图 5-10　改造后的西安大华纱厂
图片来源：笔者2014年摄于西安大华纱厂

11. 中国纺织建设公司

抗日战争胜利后，1945年在重庆成立了中国纺织建设公司（中纺公司，图5-11）和中国蚕丝公司（中蚕公司）。中纺公司拥有85个工厂[①]，这个庞大的集团从事着棉花、棉纱和棉布的控制、配售、生产与外贸等活动，且拥有众多的技术人才，依仗政治势力和雄厚的资金，享有特权，获利丰厚。中纺公司汇编了中国第一部比较全面介绍纺织技术的资料——《工务辑要》。中蚕公司拥有9个工场，其规模远比中纺公司小，中纺和中蚕都属于近代官办垄断性企业集团。中华人民共和国成立后中纺公司上海第一、第二、第四、第五、第六、第七、第八、第十四、第十、第十一、第十二、第十五纺织厂分别改组为上海第一、第二、第四、第五、第六、第七、第八、第九、第十、第十一、第十二、第十五棉纺织厂。1992年上海第三棉纺厂并入第一棉纺厂。

上述工业遗产的总结，从行业史的发展历程中，按照历史重要性角度选出

---

① 38个棉纺织厂、8个印染厂、5个毛纺织厂、2个绢纺厂、2个麻纺厂、2个针织厂、4个机械厂、1个线带厂，23个附属的梭管厂、化工厂、打包厂、轧棉厂等。

图 5-11 中纺公司青岛分公司成立周年纪念大会的合影
图片来源：笔者 2017 年摄于青岛纺织博物馆

华资工厂中历史与社会文化价值相对较高的，它们有的是开创或"第一"，历史年代久远、意义重大；有的工厂的关联性、象征性和公共性大，它们大多与重要历史人物、事件或成就相关，对公众有重要的教育和启示意义；有的工厂的发展贡献大，它们大多对当地的社会发展有重要影响。这些工厂历史上遗留下来的厂址遗迹（遗址、建/构筑物或设备等）物证实物需引起重视，急需保护，相关的历史文档、影像照片以及遗留下来的企业文化与记忆等非物质遗产也同样重要。本文整理的上述棉纺织企业，从行业史的发展历程中，选出了华资企业中价值相对较高、急需保护的工厂，但这对于轻纺企业还远远不够，这只是工作的第一步，后续应在此基础上继续进行历史重要性的分地区补充并分级，或继续沿着时间轴续写，而这些工作都是必须和必要的。

第二节　近代棉纺织工业技术与设备研究

从科技价值的视角，研究棉纺织行业的工业技术与设备，研究体现科技价值的物证实物。棉纺织工艺包括了棉纺工艺和棉织工艺两部分，棉纺工艺是指把棉纤维加工成棉纱和棉线的纺纱工艺；棉织工艺是指将棉纱作为经、纬纱线制成各种织物的工艺。保留和展示体现棉纺织工业生产流程的建（构）筑物与设备载体，是保护棉纺织工业遗产科技价值、品质的关键，这些物证才是最能体现棉纺织类工业遗产核心价值与特色的关键。本文首先研究梳理了近代棉纺织的完整工艺流程，然后分析了生产工艺与流程中的关键技术物证载体，它们是棉纺织业遗产科技价值的集中体现。

一、近代棉纺织的完整工艺流程

棉纺织工艺包括了棉纺和棉织，近代棉纺的完整工艺包括轧花、松花、和花、开棉、弹花、梳棉、并条、粗纺、精纺、摇纱、络纱等工序。棉织的完整工艺

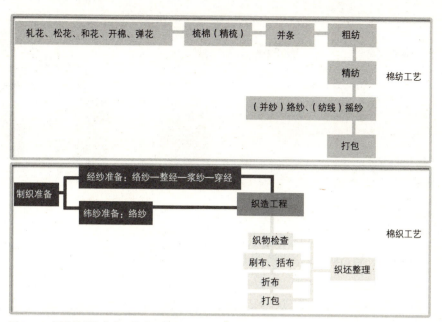

图 5-12　近代棉纺织完整工艺流程简图

包括经纱准备（络纱、整经、浆纱、穿经），纬纱络纱、织造、织坯整理等工序（图 5-12）。

1. 棉纺工艺

据成希文的《纺纱学》[①]，近代纱厂用棉花纺成棉纱，其工程的繁简，视纱线的粗细而有不同，以粗号纱线为标准，说明纺纱工程顺序如下：

（1）轧花，除去棉籽，剥取棉绒，此项工程，多在棉产地方施行之。

（2）松花，展松包装时压缩之棉，使恢复天然之状。

（3）和花，混合各种棉花，藉成价廉质美之纱。

（4）开棉，展开纤维，除去杂物。

（5）弹花，弹松纤维，除去杂物，制成花卷。

松花即松棉，和花即混棉，开棉即解棉，弹花即弹棉、打棉，虽然叫法不同，但实为一个意思，"松棉、混棉、解棉与弹棉"这四项合起来又可统称为"清花"。

（6）梳棉，分梳纤维，除去轻微杂物，制成棉条（梳棉可有好几道，如梳棉后又有精梳）。

（7）并条，合并棉条，施行牵伸，以整理纤维方向，平均棉条直径。

（8）头道粗纺，又名初纺，抽长棉条，施以适当撚度（twist），使成细小条纱。

（9）二道粗纺，又名次纺，合并二根初纺纱条而抽长之，且施以适当撚度。

[①] 成希文. 纺纱学 [M]. 上海：商务印书馆，1948：9-10.

图 5-13 棉纺工艺各工序阶段的产品形式
图片来源：笔者摄于西安大华纱厂

（10）三道粗纺，又名三纺，其作用与二纺相同。

（11）精纺，抽长粗纱，施以适当捻度，使成直径均匀、强力充足之纱。

（12）摇纱，将纺成之纱，绕于周围一码半之摇纱车上，使成小绞，计长120码，合七小绞而成绞，普通以十绞为一团，以为包装之预备。

（13）成包，取适当之纱团，打成小包，其每包重量，自10磅至10.5磅不等，再由水压机，集合40小包，打成大包。

棉纺工艺各工序阶段的产品形式如图5-13所示。

因所纺纱支的粗细不同，近代粗纺的道数也不同，如80支以上之细纱，则要经历四道粗纺，10支以上80支以下之中号纱，则需三次粗纺，10支以下之粗纱，仅需头道或两道粗纺就可以了。近代早期由于机器不先进，棉纺工序多达十几道，如开棉1道，弹花2~3道，并条为3~4道，粗纱有2~4道，再加上细纱1道。以上海机器织布局和湖北织布局为例，当时棉纺的工艺流程："原棉要经过松花、和花、开棉，再经3道弹花，头道成卷后，在第2、第3道都是4个棉卷合并，三道棉卷经梳棉成生条，再经3道并条，每道都以6根合并，成为熟条，然后通过3道粗纱机纺成粗纱，最后上细纱机纺成细纱。本厂自用的纱送去络筒或卷纬，销售的纱则经摇绞打包出厂。"近代后期，在1914—1931年期间，在纺纱技术上有所发展，机器设备改进，弹花废除原三道，粗纺由原来的三道改为二道或单程，细纱改用大牵伸后产品也由粗改细，原来以14~16支为大宗，此时改以20支为大宗。

2. 棉织工艺

近代棉纺织业中棉织规模远小于棉纺，毛织、麻织与丝织也存在类似情况。根据朱升芹的《纺织》[①]，布由经纬两种纱线组成，织物长之方向（纵之方向）者为经，多用反手纱线，织物幅之方向（横之方向）者为纬，多用顺手纱线。纬纱有时直接将精纺机制成之纱管插入梭子使用，经纱则需经过

① 朱升芹. 纺织 [M]. 上海：商务印书馆, 1933.

相当多的工序后才能使用,因此棉织工艺包括了制织准备、织造工程和织坯整理三个部分。

(1)制织准备

①经纱准备

经纱准备工序如图5-14所示,其目的有三:一是可以平均各纱线的张力,并卷附于经纱轴上,这样在制织的时候不至于缠线凌乱;二是要根据织布所要的幅阔与密度来确定纱的根数;三是可以增加纱的强力弹性和软滑性。

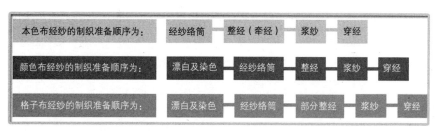

图5-14 棉织工艺中的经纱准备工序

络纱:将精纺机纺成的纱管,或摇纱机摇成的纱绞,或已经染色的纱管、纱绞等卷络于整经用的筒子上。这样可以在筒子上卷络上更多量的纱,也可以均齐纱线的张力,使纱线更坚实,还可以除去纱线上附着的杂物和品质不良之纱,以便整经之用。

整经:将织物经纱的总根数或其约数,以及所要长度,用同一张力平均卷于一定幅阔的经纱轴上(图5-15)。这项工作与以后的浆纱、穿经和织布工程关系密切。

浆纱:经纱上浆是制织准备工序中最重要的环节(图5-16),其作用主要有四个方面:一是可以增加纱的强力;二是可以增加纱的滑度,可减少摩擦;三是增加纱的重量;四是可以使制成之布的外观及手感更好。

图5-15 近代青岛华新纱厂整经
图片来源:《青岛华新纱厂特刊》,1937年

图5-16 近代青岛华新纱厂经纱上浆
图片来源:《青岛华新纱厂特刊》,1937年

调浆所用的材料种类较多，最常用的有黏着性材料、柔软性材料、增量性材料、防腐性材料、吸湿性材料和调色性材料等。浆料的调合需要根据纱线的性质、用途、支数、织成重量、厂中湿度、布的使用目的等而定。

穿经：浆纱机出来的织机轴，依纱的支数及经纱根数，必须经穿筘或连接工作。将经纱穿过所需综线及筘，或将新旧连接，以便制织。

②纬纱准备

纬纱准备的目的也有三个：一是平均纬纱的张力，以便于制织工作，并使布面平整；二是可以除去纬纱上附着的杂物及不良之纱；三是可以卷取更多量的纬纱（纬纱筒子变大），以利于织造时可以减少停车换梭的时间。有些工厂内有纬纱精纺机，在织造本色布时，可以直接将精纺机制成的纱管插入梭子，直接用来织布。有些工厂是从外厂购买纬纱，则需要先经过纬纱络管机络纱，或者要制织颜色或格子布的，还要经过漂白染色，再经纬纱络管机络纱后才可方便使用。

（2）织造工程

织造就是组合经、纬纱以成织物。经过制织准备工序后，经、纬纱线已做成适合织造用的织轴和纡子（或筒子）。织造是在织机上使经纱和纬纱按照织物上机图样相互交织构成织物。近代早期由蒸汽机带动天轴，传动至各皮带，皮带再传动各机器运转，近代后期各织机可由自己单独的电机提供动力（图5-17）。

图5-17 近代织造工程：早期织布机由皮带传动各机器，后期可由各织机的电动机提供动力
图片来源：《青岛华新纱厂特刊》，1937年；《工务辑要》，1949年

（3）织坯整理

从织机上卸下的布，或直接用于销售，或再加工整理，根据制品的目的与用途而定。不需要后期染整加工的织坯整理过程一般包括：织物检查、清刷布面尘屑与断纱等附着物（刷布、括布）、折布（图5-18）、打包等环节。需要后期练漂、印染等加工整理的，将在下文"棉印染行业"中具体论述。

图 5-18　近代括布与折布
图片来源：《青岛华新纱厂特刊》，1937 年；《工务辑要》，1949 年

二、近代棉纺织工艺技术与关键技术物证

棉纺织业工业遗产的关键技术物证体现在与棉纺织生产工艺与流程相关的建（构）筑物与设备载体上。近代棉纺织技术的发展经历了从最初引进西方技术与机器，到逐步消化、吸收与掌握纺织技巧和纺机生产，再到能够仿制纺机并对局部进行改革和创新的过程。棉纺的机械化首先从细纱机开始，因此有时细纱机在近代也称为纺纱机，棉织的机械化则与手工织机（非动力机器）的改良同时并进，在作坊和工厂化生产中并进。

1. 近代棉纺机具

（1）轧花机具

轧花机（图 5-19）：使采摘籽棉的纤维与核完全分离，同时除去不纯杂物。近代采用动力机器的轧棉厂，俗称火机轧花厂。早期轧花机的动力由蒸汽机和锅炉提供，1920 年代后，许多轧花厂采用内燃机或电动机为动力。近代手工轧棉仍是主体，但所用的轧棉机是经改良的铁机。动力机器轧棉在近代主要使用小型的皮辊式和刀辊式轧棉机，而先进的适于大规模生产的锯齿轧棉机（Saw gin）数量很少。

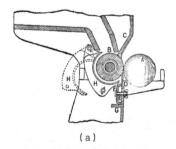
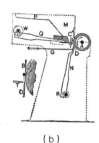
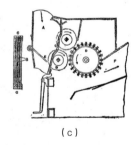

(a)　　　　　　　　(b)　　　　　　　　(c)

图 5-19　近代轧花机的种类与构造
（a）皮辊式罗拉轧棉机之构造（Roller gin）；（b）马卡鲁西轧棉机之构造（Macarthy gin）；
（c）锯齿轧棉机之构造（Saw gin）
图片来源：《纺织》，1933 年

（2）松花机具

松花机：从棉产地运来的棉花因受挤压，多成块状，所以在和花与开棉之前先要展松压缩之棉，使棉花恢复天然之状。近代松花，会根据棉花的不同种类（如美棉、印度棉）选用不同的松花机，近代松花机的种类如图5-20所示。

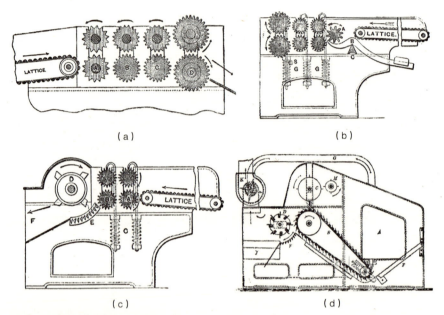

图 5-20 近代松花机的种类与构造
（a）普通松花机之构造（ordinary bale breaker）；（b）曲杆松花机之构造（pedal bale breaker）；（c）豪猪形松花机之构造（porcupine bale breaker）；（d）积棉箱松花机之构造（hopper bale breaker）
图片来源：《纺纱学》，1938年

（3）和花机具

空气吸棉箱：将棉花由松花机运送至和花仓，同时还起到除尘的作用。

自动喂棉机（hopper feeder）：棉经混合后，在送入开棉机之前，通常要经过自动喂棉机，可以开展纤维、除去尘埃并调节送入开棉机的送棉量，使之均匀，为送入开棉机作准备。

（4）开棉机具

开棉机：用于舒展纤维，去除杂物，为弹花作准备。近代开棉机的种类较多，有库来顿开棉机（直立开棉机，crighton opener or vertical beater opener）、卧式库来顿开棉机（horizontal conical beater opener）、排气开棉机、单式开棉机（single opener）与圆筒开棉机（buckley opener）等（图5-21）。

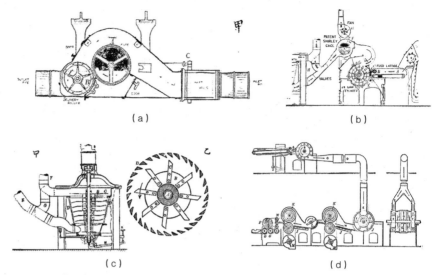

图 5-21 近代和花、开棉机的种类与构造
(a) 空气吸棉箱之构造；(b) 簾子喂棉机之构造；(c) 库来顿开棉机之构造；(d) 单式开棉机之构造
图片来源：《纺纱学》，1938 年

（5）弹花机具

弹棉机（近代有时也称清棉机）：经过开棉机之后的棉，有些含有杂物或难以充分舒展，或有厚有薄，需要经过弹棉机（其实类似于之前的开棉操作），而后可成为清洁、均匀且不损害棉梳工序的棉花。

近代早期的弹花工程有反复施行多次的，如二道弹花机、三道弹花机，而对于开棉机，有时则直接称为头道弹花机。近代后期，较新式的纱厂大都采用单程的方法了，即将早期的二次或三次者，改进为开棉机或弹花机一次制成，弹花机无论是二道还是三道的，构造大致相同（图 5-22）。

1930 年代后有些工厂引进当时欧美制造出的单程清棉机，将松花、给棉、开棉、清棉等工序联合成一部机器（图 5-23）。

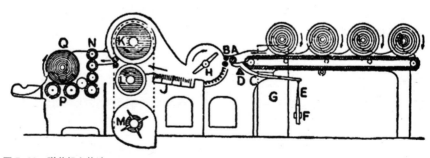

图 5-22 弹花机之构造
图片来源：《纺织》，1933 年

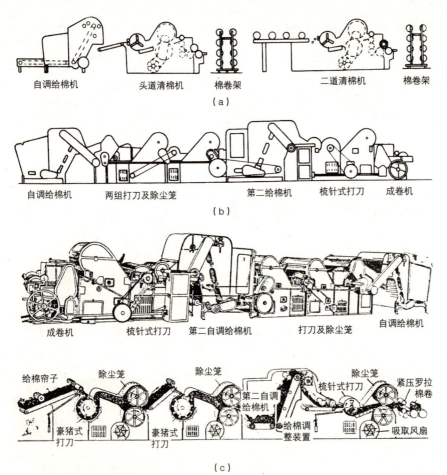

图 5-23 间断式清棉与单程式清棉
(a) 间断式清棉; (b) 单程式清棉; (c) 单程式清棉
图片来源:《中国近代纺织史(上卷)》

(6) 梳棉机具

梳棉机(又称钢丝机): 棉花经过清花后,虽已松展清净,但棉花纤维纷乱无序,且可能还会有一些小沙子等细微杂物存留,因此需要梳棉机梳理纤维,并除去清花工序未能去除的细微杂物,最后制成一定重量的棉条(生条)。梳棉机种类较多,近代大致分为四类: 回转针帘梳棉机(revoluing flat card)(图 5-24)、钢丝罗拉梳棉机(roller and clearer card)(图 5-25)、固定针帘梳棉机(fixed flat card)、混合梳棉机(combination card)。近代后期使用回转针帘梳棉机后,渐渐淘汰固定针帘和混合梳棉机,钢丝罗拉梳棉机作用极为激烈,仅适用于专纺废花之厂。

要想纺制精细的纱,则还需要经过精梳,可以使纤维更加均齐,把生条送入精梳机,去除短纤维和杂质,制成精梳棉条,精梳棉条的纤维整齐度和洁净

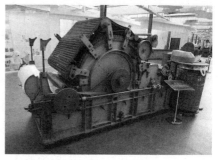

图 5-24　回转针帘梳棉机
图片来源：《中国近代纺织史》、笔者 2017 年摄于青岛纺织博物馆

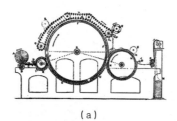
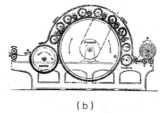
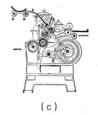

（a）　　　　　　　　　　　（b）　　　　　　　　　　（c）

图 5-25　梳棉机之构造
（a）回转针帘梳棉机之构造；（b）钢丝罗拉梳棉机之构造；（c）精梳机之构造
图片来源：《纺纱学》，1938 年；《纺织》，1933 年

度更好，可以纺制品质好、号数细的精梳棉纱。

（7）并条机具

并条机（图 5-26）：将梳棉机或精梳机制成的棉条抽长整齐，在抽长牵伸过程中使纤维伸直平行，合并棉条均齐重量，制成均量、清洁、整齐的棉条。近代的并条工序一般有 2~4 道，并条后的棉条俗称熟条，形状与生条相似，但结构有差异。近代并条机种类也较多，可随棉花及出纱粗细的不同而选择，如有二段并条机，即将全机分作二段，梳棉条可用 6 条合并，由左端经过第一段，施行并条后，再以 6 条合并，送至第二段处理，适于 10 支以下之粗纱的并条；三段并条机，即将全机分作三段，使棉条反复受三次并条作用，适于 20 支以上 40 支以下之中号纱之并条；四段并条机，即将全机分作四段，使棉条反复受四次并条作用，适于 40 支以上之纱之并条。

图 5-26　并条机
图片来源：《中国近代纺织史（上卷）》、笔者 2017 年摄于青岛纺织博物馆

（8）粗纺机具

粗纺机（图5-27）：将并条机制成的棉条抽长引细，成为条纱，并能平整纤维，均齐重量，同时予以适当捻回，使其强韧。粗纺机的种类视所纺纱线支数而异。近代早期的粗纺机牵伸装置还很粗陋，牵伸能力很小，需要经过多道粗纺，按道数的不同可分为头道粗纺机、二道粗纺机与三道粗纺机等，虽名称不同，但构造与应用则大致相同。近代后期，粗纱机牵伸装置改进、细纱机也扩大了牵伸能力后，粗纱机的道数才开始减少，毛纺、麻纺、绢纺一般采用两道粗纱机，棉纺大多经过一道粗纱机后直接供应大牵伸细纱机，1930年代有些工厂引进了当时欧美制造的单程粗纱机。

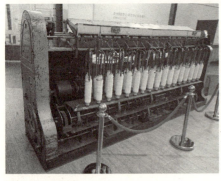

图5-27 粗纺机
图片来源：笔者摄于青岛纺织博物馆、《中国近代纺织史（上卷）》

（9）精纺机具

精纺机：将粗纺机制成的粗纱抽长拉细成所需细度，并予以一定捻度，使纱线的强力、光泽等符合制品的要求。近代精纺机大致有四类：环锭精纺机（ring spinning frame，图5-28、图5-29），适于百支以内各种棉纱的精纺，因产额较丰，发明后近代采用最广；走锭精纺机（self-acting spinning frame，图5-28），适于百支以上的细纱及各种毛丝纺织的精纺；翼锭精纺机（flyer spinning frame），自环锭精纺机发明以来，这种机器因产额过少渐被淘汰；大牵伸精纺机（high draft spinning frame），既可应用于环锭精纺机，亦

① 吴熙敬.中国近现代技术史（下卷）[M].北京：科学出版社，2000：1033.

可应用于走锭精纺机，是将前面精纺机的牵伸罗拉加以改良，以减少粗纺道数，改善出纱品质。近代精纺机具的发展为走锭—环锭—气流纺—喷气纺，其中气流纺和喷气纺是中华人民共和国成立后发展的新技术①（图5-30、表5-5）。

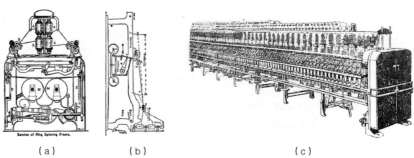

图 5-28　环锭与走锭细纱机构造及环锭细纱机效果图
(a) 环锭精纺机之构造；(b) 走锭精纺机之构造；(c) 环锭细纱机效果图
图片来源：《纺织》，1933年；《中国近代纺织史（上卷）》

图 5-29　环锭细纱机
图片来源：笔者2017年摄于青岛纺织博物馆

现代纺纱机具的发展　　　　　　　　　　　表 5-5

机具		原始工具纺专	手工机器纺车			动力机器纺机			
			手摇	脚踏	多锭	走锭	环锭	气流纺	喷气纺
每单元锭子数		1	1~4	3~5	30~40	300	400	200	400
锭子状态		立	卧	卧	立	立	立	立	无
加捻与卷绕	机构	合	合	合	分	合	合	分	分
	动作	交替	交替	交替	同时	交替	同时	同时	同时

资料来源：《中国近现代技术史（下卷）》

（10）摇纱机具

络纱机（摇纱机，图5-30）：把精纺机纺成的细纱重新卷绕成规定重量的绞纱，可形成体积小而坚固的包装，有利于运输和贮存。近代络纱所用设备通常有筒子络纱机、合股络纱机和高速络纱机等。

（11）打包机具

小包机与大包机：摇成绞纱后经小包机打成小包，再打成大包，整列纱团，压成一定形状打包（图5-31）。

图5-30　摇纱机
图片来源：《纺织》，1933年

图5-31　打包机
图片来源：《纺织》，1933年

2. 近代棉织机具

（1）络纱机具

包括经纱络纱和纬纱络纱机器。①经纱络筒机（图5-32）：将精纺机纺成的纱管，或摇纱机摇成的纱绞，或已经染色的纱管、纱绞等卷络于整经用的筒子上。近代常用的经纱络筒机有竖式锭子络筒机（Vertical or upright spindle winding）、圆墙络筒机（Drum winding）、绫形络筒机（Cheese winding）、光滑络筒机（Slip winding）和球形络筒机（Ball-warp winding）等。②纬纱络管机（图5-32、图5-33）：给予纱管、纱绞或漂染的纱以适当张力，将纬纱卷络于小木管或纸管上，使其更强韧坚实，以方便织造工作。近代常用的纬纱络管机有杯状络管机（Pirm cup winding）、水平锭子络管机（Horizontal

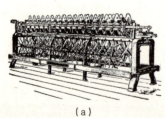  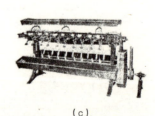

　　　　（a）　　　　　　　　（b）　　　　　　　　（c）

图5-32　近代经纱络筒机和纬纱络管机
（a）经纱圆墙络筒机；（b）环状络管机；（c）万能络管机
图片来源：《纺织》，1933年

图 5-33 近代络筒机
图片来源：《中国近代纺织史（上卷）》、笔者摄于青岛纺织博物馆

spindle pirm cup winding）、圆盆络管机（Pirm disc winding）、圆锥络管机（Pirm cone winding）、环状络管机（Circular pirm winding）和万能络管机（Universal pirm winding）。

（2）整经机具

整经机（图 5-34、图 5-35）：将经纱用同一张力平均卷于一定幅阔的经纱轴上。近代整经机大致有四类：球带整经机（Ball or sliver warper）、全幅整经机（Beam warper）、部分整经机（Section warper）、水平部分整经机（Horizontal section warper），其中全幅和部分整经机在近代使用最多。

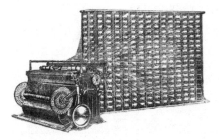

图 5-34 近代全幅整经机
图片来源：《纺织》，1933 年；《中国近代纺织史（上卷）》

图 5-35 近代整经机
图片来源：《工务辑要》，1949 年；笔者 2017 年摄于青岛纺织博物馆

（3）浆纱机具

浆纱机（图5-36、图5-37）：可以增加纱的强力和滑度，可减少摩擦。近代常用的浆纱机有绞纱浆纱机（Hank sizer），适用于染色经纱上浆；带经浆纱机（Ball warp sizer），适用于较短经纱上浆；斯拉斜浆纱机（Slasher sizer），适用于粗中纱支经纱上浆；热气干燥浆纱机（Hot air sizer）与电气干燥浆纱机（Electric dry sizer），适用于细美经纱上浆。

（4）穿经机具

自动经纱连接机（warp tying machine，图5-36）：将经纱穿过所需综线及筘，或将新旧连接起来。

 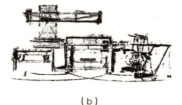

（a） （b）

图5-36 近代浆纱机与穿经机
（a）近代斯拉斜浆纱机；（b）近代自动经纱连接机
图片来源：《纺织》，1933年

图5-37 近代浆纱机
图片来源：笔者摄于青岛纺织博物馆；《工务辑要》，1949年

（5）织造机具

织机的功能是组合经纬纱以成织物。我国引进动力织机设备始于1890年代，上海机器织布局从英国和美国引进了全套的棉纺织设备，当时的织机还是人工换梭。近代的动力织机通常又称为力织机，是利用水力、汽力、电力等作为动力的织布机器，近代有踏盘力织机（tappet loom）、提综力织机（dobby loom）与提花力织机（jacquard loom）。普通的力织机在纬纱断头或用完时，必须停机，取换梭子或纬管，后来在普通力织机上添加了经纱断头自停装置和纬纱自动补给装置，添置这两个装置后，可实现不停机而自动补充纬纱，经纱

断头也容易发现，可及时接上，这种织机又称自动织机。自动织机有换纾式和换梭式，西欧在1895年发明自动换纾，后被日本仿造并改进，成为广泛使用于在华日资厂的"阪本式"自动换纾织机（图5-38），1926年日本又发明了自动换梭的"丰田式"织机（图5-39），并逐步淘汰阪本式织机。近代后期机器的传动也由最初天轴或地轴集体传动逐步改为车头小电动机单独传动。

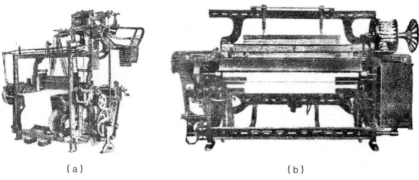

图5-38 近代织布机
（a）提综力织机；（b）阪本式自动织机
图片来源：《纺织》，1933年

图5-39 近代丰田自动换梭织布机
图片来源：笔者2017年摄于青岛纺织博物馆

(6)织物检查、刷布、括布、折布与打包机具（图5-40）

织物检查机：检查自织机取下的布匹品质是否合于标准，还是否需要另加修理。刷布机：可除去布面上附着的尘屑、断纱等，使布面光洁而增加美感。括布机：去除布面附着的断纱等杂物。折布机：经过检查、刷布、括布等工序后将布折成一定长度层次，以便成包。打包机：将布打压成坚固的包装，以便运输。

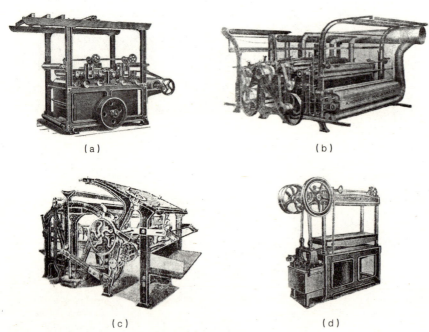

图5-40 近代刷布、括布、折布与打包机
(a)刷布机；(b)括布机；(c)折布机；(d)打包机
图片来源：《纺织》，1933年

3. 近代纺织动力设备

棉纺织厂的动力设备，早期为蒸汽动力，以蒸汽机带动大飞轮，飞轮绕以绳索，以绳索带动各楼层的天轴轮，再从而驱动各层纺织机（图5-41、图5-42）。20世纪初，逐渐发展到以电力为动力（图5-43），机器的传动由天轴或地轴集体传动逐渐过渡到纺织机车头小电动机单独传动，厂房里阻碍光线、粘附飞花的长皮带没有了，建筑也逐渐由多层楼房发展为单层车间。其他毛、丝、麻的动力设备发展也大致如此，由蒸汽机与锅炉到电力驱动，由集体传动至部分或单独传动。

4. 近代棉纺织厂房建筑与构筑物

中国近代棉纺织厂房建筑的发展大致经历了三个阶段：1895年以前的纺

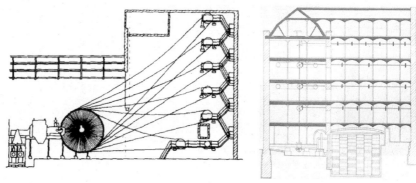

图 5-41　纺织工厂蒸汽机带动天轴传动各机器示意图
图片来源:《中国近代纺织史》

图 5-42　早期使用蒸汽锅炉,用天轴带动全厂
(a) 梳棉间;(b) 烧毛机;(c) 织布间;(d) 刮布机;(e) 成包间;(f) 锅炉间
图片来源:《青岛华新纱厂特刊》,1937 年

 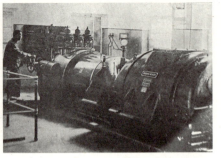

图 5-43　近代后期发展为使用发电机带动全厂
图片来源：笔者 2017 年摄于青岛纺织博物馆

织工厂，以蒸汽为动力，配有蒸汽机与锅炉，厂房多为砖木结构楼房，少数工厂采用单层厂房和生熟铁结构。1895—1914 年，纺织厂机器的动力由蒸汽向电力驱动过渡，厂房建筑开始采用钢结构和钢筋混凝土结构，出现锯齿形厂房。1914—1949 年，纺织机器由大电机集体传动向每台车装小电机单独传动过渡，锯齿形厂房及钢筋混凝土结构被广泛采用。以瑞记纱厂为例，从其厂房建筑的建造历史可以看到近代纺织建筑的发展历程，该厂建于 1897 年，1929 年售于申新公司，改为申新七厂，1897 年其建成的北纱厂是 2 层楼房，砖木结构，用蒸汽机驱动机器；1914 年建成的南纱厂是 3 层楼房，采用了钢筋混凝土结构，用电动机驱动纺纱机；第一次世界大战之后建成的织布车间，采用了单层锯齿形厂房。纺织工业中其他毛、丝、麻纺织业的厂房建筑的发展也大致如此。

（1）1895 年之前的厂房建筑多采用砖木结构的楼房，如上海华盛纺织总厂的织布厂房，采用木柱、木屋架、木地板，天轴集体传动（图 5-44）。为了防火，也有在木结构外包以铁皮者，多用油灯或煤气灯照明，厂房的耐火性能差，这一时期，提高厂房的耐火性能成为建筑设计的重点，纺织工艺生产的防火要求推动了纺织厂房建筑的进步。

（a）　　　　　　　　　　　　　　（b）

图 5-44　1895 年之前的棉纺织厂房建筑
（a）上海华盛纺织总厂街景；（b）上海华盛纺织总厂织布车间
图片来源：《中国近代纺织史（上卷）》

（2）1895年《马关条约》后，纺织厂房由于建筑技术的进步，逐渐采用钢筋混凝土结构，大大提高了厂房的耐火性能，同时由于生产规模的不断扩大，对厂房车间内采光的照度和均匀度也有更高的要求，因而北向天窗采光的锯齿形厂房开始被采用，这是纺织建筑的两项重要发展（图5-45）。

（3）第一次世界大战后，多数纺织厂开始使用电动机来代替蒸汽机，从集体传动逐渐过渡到纺织机单独电动机传动。纺织厂房从大飞轮传动的桎梏中解脱出来，不再限于多层建筑这一种形式，形成了单层锯齿形厂房（图5-46~图5-48）和顶层为锯齿的多层厂房等多种形式，各操作车间的机器排列也可以更加灵活。钢筋混凝土结构已普遍应用到厂房结构中，提高了建筑的耐火性能，但同时钢结构和砖木结构在某些情况下仍有采用。纺织厂在空调、除尘、照明、消防等方面也有较大改进，生产环境有所改善。

5. 棉纺织厂的关键技术物证厂房建筑

（1）棉纺、棉织厂房。棉纺、棉织厂房是棉纺织厂的主体建筑，包括清棉、梳棉、并条、粗纺、精纺、摇纱、整经、织布、成包等与棉纺、棉织工序相关的用房（图5-49）。

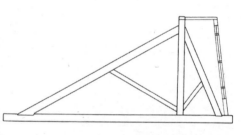

(a)

(b)

图5-45　1895年之后的棉纺织厂房建筑
(a) 建于1897年的上海怡和纱厂，其染色厂房采用了单层锯齿形，该锯齿屋架为不对称人字形木屋架，北向木天窗，是早期的锯齿屋架形式；(b) 上海杨树浦纱厂，该厂厂房建筑以钢筋混凝土楼房为主，其中一幢楼房的顶层为锯齿形，因上海地少价高，也为了利用锯齿采光之优越而设计
图片来源：《中国近代纺织史（上卷）》

图 5-46　1914 年之后的棉纺织厂房建筑。1938 年日本第二次占领青岛后在一年之内迅速复建成的九大纱厂之一"上海纱厂",为日商上海纺织株式会社所属,中华人民共和国成立后为青岛国棉五厂,现为青岛纺织博物馆,距今已有 80 年历史,单层锯齿形厂房

图片来源:笔者 2017 年摄于青岛纺织博物馆

图 5-47　1938 年日本人建上海纱厂厂房时所用的钢梁,出自美国伯利恒钢铁公司(Bethlehem Steel Corporation,与"泰坦尼克号"轮船所用钢为同一家公司),当时钢梁的组装还未使用焊接技术,采用的是热铆技术①

图片来源:笔者 2017 年摄于青岛纺织博物馆

① 热铆不是焊接,即通过提高温度将两种金属的连接部位变性乃至融化在一起。是将铆钉加热到一定温度后进行的铆接。

图 5-48　1938 年日本复建成的另一纱厂"钟渊纱厂"。中华人民共和国成立后为青岛国棉六厂,现为青岛 M6 文化创意产业园,单层锯齿形厂房

图片来源:笔者 2016 年摄于青岛 M6 文化创意产业园

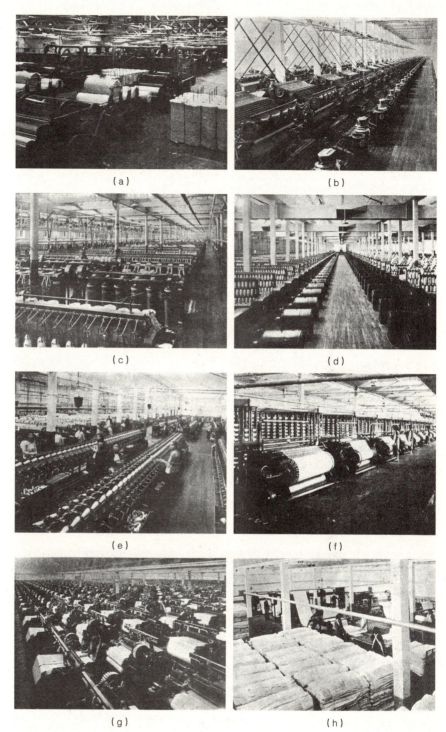

图 5-49 棉纺、棉织厂房
（a）清棉厂房；（b）梳棉厂房；（c）并条粗纺厂房；（d）精纺厂房；（e）络筒摇纱厂房；（f）整经厂房；（g）织布厂房；（h）成布整理厂房
图片来源：《工务辑要》，1949 年

（2）动力厂房、仓储与机修等其他辅助生产厂房。厂区的动力、机修（图5-50、图5-51）与仓储用房早期常与棉纺、棉织车间建于同一建筑中，如底层为仓库或蒸汽动力车间，二层为纺织车间，也有专门的仓库用房（图5-52、图5-53）。

图5-50　始建于1938年的"钟渊纱厂"日式发电所厂房
图片来源：笔者2016年摄于M6文创园

图5-51　始建于1938年的"钟渊纱厂"机修厂房
图片来源：笔者2016年摄于M6文创园

图5-52　近代"上海纱厂"的仓库厂房。内部有2~3层楼高
图片来源：笔者摄于2017年

图5-53 "内外棉纱厂"的仓库厂房。室内层高约有8m,已有80余年历史
图片来源:笔者摄于2016年

（3）辅助的办公与住宅等。除了与核心生产工艺相关的建筑厂房外，职工的办公、住宅、宿舍、娱乐、医务用房等（图5-54、图5-55）都是保护完整性中应注意保留的遗迹。

（4）水塔、水井、运输轨道构架等构筑物（图5-56、图5-57）。纺织的生产工艺需要大量用水，近代时期鲜有自来水，各工厂都自行打井用水，在笔者搜寻的近代纺织厂厂区规划图中，几乎都有水塔、水井（有时是水池）的存在，它们对纺织生产和消防灭火等具有重要作用，这在近代几乎是厂区的标配。

图5-54 "内外棉纱厂"的日式办公楼。已有80余年历史
图片来源:笔者摄于2016年

图 5-55 "内外棉纱厂"的员工学习室
图片来源：笔者摄于 2016 年

图 5-56 近代青岛"内外棉纱厂"的老式生产和消防水塔。距今已有 80 余年历史
图片来源：笔者摄于 2017 年

图 5-57 近代青岛"上海纱厂"水井。距今已有 80 余年历史
图片来源：笔者摄于 2017 年

三、关键技术物证小结

在棉纺织业工业遗产科技价值的保护中，非物质文化遗产与一些棉纺织产品、手稿、文献记录等物质文化遗产也非常重要，但本书主要从工业遗产后续的保留、保护规划的制定、遗存再利用的角度重点论述工业遗址、建（构）筑物与工业设备方面的物证实物。从科技价值角度分析，需要特别保护棉纺织业中棉纺与棉织工艺的核心实物载体。笔者将近代棉纺织类工业遗产的关键技术物证总结如表 5-6 所示，这些技术物证在棉纺织类工业遗产的评价与保护中需加以重视，重点保留。

近代棉纺织业工业遗产关键技术物证小结　　　表 5-6

类型	名称	工业遗址与建（构）筑物	工业设备
核心生产	近代棉纺	棉纺厂房建筑，包括清棉、梳棉、并条、粗纺、精纺、摇纱等与棉纺工序相关的用房	棉纺机具，包括：①轧花机；②松花机；③和花机具；④开棉机；⑤弹棉机、清棉机；⑥梳棉机；⑦并条机；⑧粗纺机；⑨精纺机；⑩络纱机、摇纱机；⑪打包机具等

续表

类型	名称	工业遗址与建（构）筑物	工业设备
核心生产	近代棉织	棉织厂房建筑，包括摇纱、整经、织布、成包等与棉织工序相关的用房	棉织机具，包括：①经纱络筒机、纬纱络管机；②整经机；③浆纱机；④穿经机具；⑤织机；⑥织物检查、刷布、括布、折布机与打包机等
核心生产	近代棉纺织动力	动力用房，包括蒸汽机房、锅炉房、发电机房等	动力设备，包括：①蒸汽动力设备：蒸汽机、锅炉；②电动力设备：锅炉、涡轮蒸汽机、发电机、发电机组等
核心生产	近代棉纺织取水与运输	水塔、水井、运输轨道构架等构筑物	取水设备：蒸汽动力水泵、电动力水泵等。运输设备：运输机车等
辅助生产	仓储	仓储构筑物与建筑用房等	
辅助生产	其他辅助生产用房	机修用房、化验房、取水用房（水塔）等	
辅助生产	办公	办公用房	
福利性用房		住宅、宿舍、食堂、娱乐、医务、女员工哺乳用房等	

第三节 棉纺织业产业链、厂区或生产线的完整性分析

一、科技价值角度的完整性分析

从科技价值角度研究棉纺织业工业遗产点、工业生产线与工业产业链的完整性，工业遗产点可为工业遗址本身、建筑物、构件或机器等，还应该包括景观、环境以及与其相关的文化记忆等非物质内容。"线"指生产线，包括棉纺织业的核心生产工艺（棉纺、棉织生产线）的实物物证，在上文已详细论述，生产线的完整性也包含了相关的非物质内容。下面重点从完整性的第三个层面，产业链与产业群的完整性进行遗产保护的探讨。从完整性保护的角度：①棉纺织业的上、下游产业。如后续的棉布染色、印花工厂等。②因运输材料而兴建的铁路、运河及其相关的建筑，因纺织厂的辐射影响，依靠纺织厂而兴建的居住、商业、娱乐、教育、医疗、宗教等建筑都需要从完整性角度评估、考察其价值，需引起注意。以近代青岛华新纱厂和钟渊纱厂为例，因华新纱厂而兴建了华新医院、私立华新小学、华新纱厂劳工学校、华新幼儿园和华新公园等（图5-58）；钟渊纱厂在建厂时兴建了住宅、茶馆、俱乐部、浴场、商店、医院等（图5-59）。

在棉纺织业工业遗产的完整性保护中，保护可分为几个层次：

(a)

(b)

(c)

图 5-58 因华新纱厂而兴建的福利性建筑与设施
(a) 华新小学和华新劳工学校；(b) 华新医院和华新医院病房；(c) 华新公园和华新怀幼院
图片来源：《青岛华新纱厂特刊》，1937 年

(a)

图 5-59 因钟渊纱厂而兴建的福利性建筑与设施（一）
(a) 近代"钟渊纱厂"日本人社宅和员工宿舍；

188

(b)

(c)

(d)

(e)

图 5-59 因钟渊纱厂而兴建的福利性建筑与设施（二）
(b) 近代"钟渊纱厂"茶馆和俱乐部；(c) 近代"钟渊纱厂"日式社宅浴场；(d) 近代"钟渊纱厂"医院和食堂；(e) 近代"钟渊纱厂"公大稻荷神社和理发店
图片来源：笔者 2016 年摄于 M6 文创园

（1）第一种是十分理想的情况，除了核心生产区的完整性，包括上述核心工艺（清花、梳棉、并条、粗纺、精纺、络纱、整经、浆纱、穿经、织布、打包等），动力系统与辅助生产仓储、机修，以及办公等实物物证外，还要保护受棉纺织厂辐射影响而建的学校、住宅、娱乐、医院等福利配套生活用房，因运输而建的铁路、运河及沿线建（构）筑物，以及下游的棉布染色厂、印花厂等的完整性，保护整个产业链的完整性。

（2）第二种情况是在无法保护相关产业链时，要重点保护棉纺织业本身工业的完整性，包括核心工艺（清花、梳棉、并条、粗纺、精纺、络纱、整经、浆纱、穿经、织布、打包等），动力系统与辅助生产仓储、机修，以及办公等关键实物物证。

（3）若上述两种情况在现实中依旧无法保留时，那么应保护棉纺织业中最核心、最重要的棉纺、棉织生产线（清花、梳棉、并条、粗纺、精纺、络纱、整经、浆纱、穿经、织布、打包等）的关键技术物证，保护这些关键生产工艺中的核心实物载体。

下面以近代中纺公司天津第一纺织厂、近代石家庄大兴纺织染厂和近代西安大华纱厂工业建筑群的完整性保护为例来说明。

二、棉纺织业价值评价典型案例分析

1. 中纺公司天津第一纺织分厂（图5-60）

最重要的核心生产实物物证：清花、梳棉、并条、粗纺、精纺、整经、浆纱、穿经、摇纱合线、织布、整理、打包车间用房；动力系统用房等（图5-61）。

辅助生产实物物证：仓储用房，辅助生产的机修、办公用房等（图5-62）。

2. 石家庄大兴纺织染厂工业建筑群（图5-63）

最重要的核心生产实物物证：拣棉、清花、梳棉、并条、粗纺、精纺、摇纱、经纬纱准备、浆纱、织布、整理、漂染用房；制毯用房；锅炉发电机房与运输铁轨等（图5-64）。

辅助生产实物物证：仓储用房，辅助生产的机器修理用房，办公用房等（图5-65）。

福利性用房还包括：宿舍、住宅、食堂、学校、俱乐部、合作社等建筑（图5-66）。

3. 西安大华纱厂工业建筑群

核心的纺纱、织布、动力用房；辅助生产的仓储用房、机器设备修理用房、办公用房；福利性的宿舍与住宅等建筑（图5-67）。

图 5-60　厂区建筑分布、纺织车间中各功能分区图
图片来源：笔者自绘，底图来源于《天津中纺二周年》

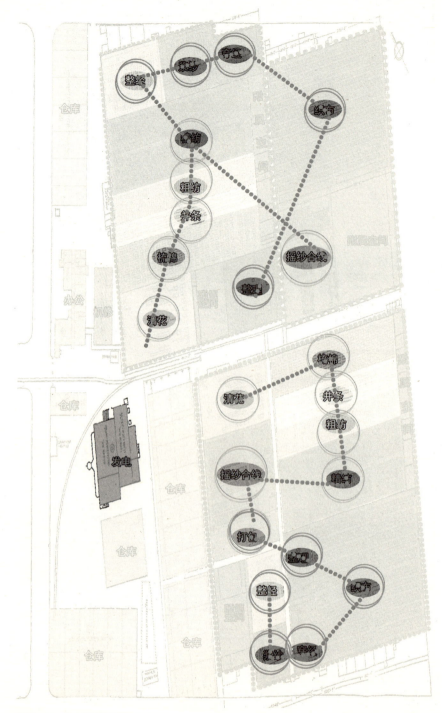

图 5-61 第一层级的保护
图片来源：笔者自绘，底图来源于《天津中纺二周年》

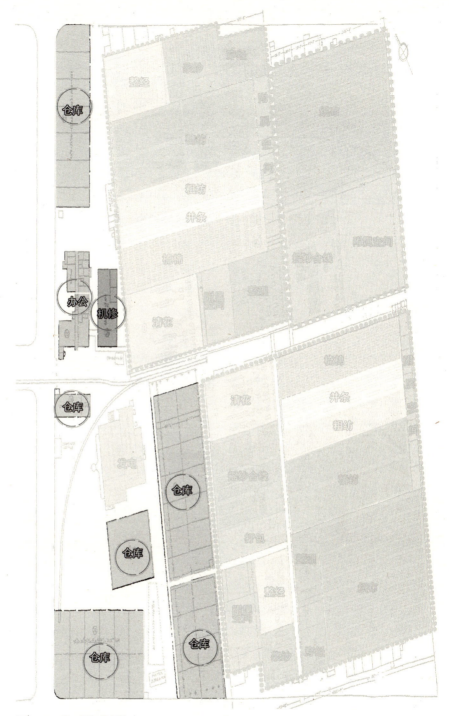

图 5-62 第二层级的保护
图片来源：笔者自绘，底图来源于《天津中纺二周年》

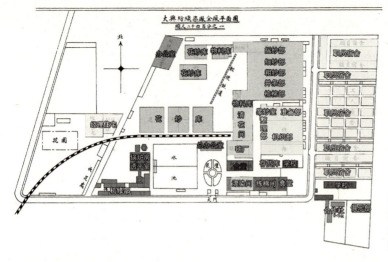

图 5-63 大兴纺织厂厂区建筑分布图
图片来源：笔者自绘，底图来源于《石家庄大兴纺织染厂》

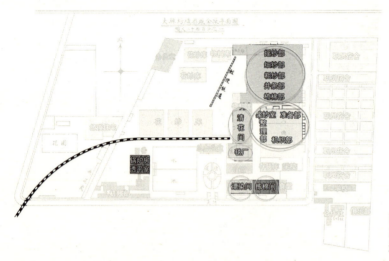

图 5-64 核心生产实物物证
图片来源：笔者自绘，底图来源于《石家庄大兴纺织染厂》

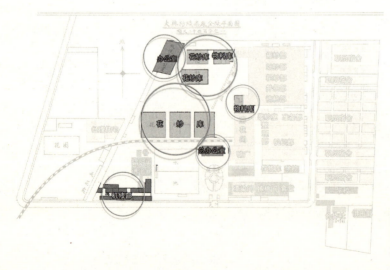

图 5-65 辅助生产实物物证
图片来源：笔者自绘，底图来源于《石家庄大兴纺织染厂》

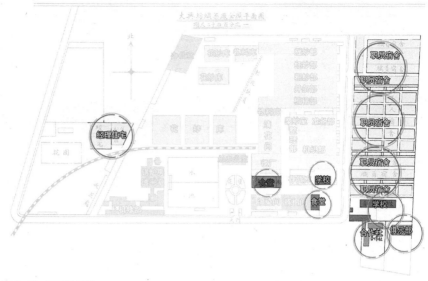

图 5-66　福利性建筑
图片来源：笔者自绘，底图来源于《石家庄大兴纺织染厂》

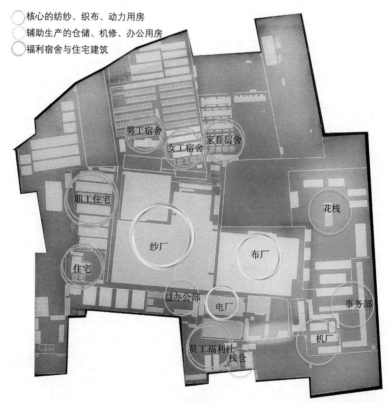

图 5-67　1936 年西安大华纺织厂厂区规划平面图
图片来源：笔者自绘，底图为笔者摄于大华纺织博物馆

第六章 近代丝绸业工业遗产科技价值评价与保护研究

近代的丝绸行业按工段可分成缫丝、丝织和丝绸印染专业，另外还有加工下脚料的绢纺织专业和加工柞蚕丝的柞丝绸专业。其中，缫丝、丝织和丝绸印染是丝绸行业的主体。近代的丝绸行业一直是传统手工丝绸与动力机器丝绸并存，其中丝织还大量利用手工机器（没有机械动力），甚至纯手工劳动，丝织设备也是电力织机、半机械化的提花机与旧式手工丝车并存，近代工业化远未完成。

第一节 近代丝绸业的历史与现状研究

一、近代动力机器缫丝的年代分期与发展历程

近代动力机器缫丝的发展大致经历了四个历史时期。

1. 1862—1929 年为初创发展时期

近代最早开始创办动力机器缫丝厂的是外资丝厂，但后来居上的民资缫丝工厂逐渐占据了近代缫丝业的主体地位。1862 年英商怡和洋行开办了近代中国第一家机器缫丝厂，有意大利直缫座缫机，由蒸汽机提供动力。后外资又陆续开办了旗昌丝厂、怡和丝厂、公平丝厂等，1890 年后鲜茧的烘贮方法得以改善，外资丝厂进一步扩张，又先后兴办了纶昌、乾康、信昌、瑞纶与德华缫丝厂等。近代民族资本缫丝厂始于 1872 年兴办的继昌隆缫丝厂，由陈启沅在广东南海兴办。1881 年黄宗宪兴办的上海公和永缫丝厂是江南地区民资缫丝业的开端。1895 年兴办的苏经丝厂是江苏机器缫丝业的开端。1912 年朱光焘成立杭州纬成公司，1914 年增设制丝部，成为最早引进小𥰤再缫座缫机的工厂。1924 年从上海迁到无锡的永泰丝厂在国内首创了集中复摇，提高了生丝质量。

2. 1930—1936 年为减产萧条时期

近代动力机器缫丝业在 20 世纪二三十年代达到了发展顶峰，1929 年世界经济危机爆发，整个缫丝工业衰退萧条，丝厂的销路锐减，大量停工，著名的纬成、天章、虎林、南浔恒裕、湖州模范等大公司也先后停业，中小型丝厂更是相继倒闭。1935 年后国际市场生丝价格回升，使得江南的丝业略呈活跃。

3. 1937—1945 年为战争统治时期

抗日战争全面爆发后日军侵占了上海、江苏、浙江和广东等丝绸主要产区。四川地区成为战时大后方的丝绸供应区，四川省第一家机器缫丝厂为 1906 年开办的重庆蜀眉丝厂，后又有神农、绂川、华兴等丝厂开办，该时期四川缫丝厂的设备比较落后，除了重庆磁器口第一丝厂有立缫机外，其他各丝厂均为再缫式座缫机。战时国民政府对蚕丝实行统购统销政策。在沦陷区，日本 1938 年在上海成立了华中蚕丝股份有限公司，对未破坏的丝厂进行统治占用，该公司规模庞大。抗日战争时期我国的缫丝业被破坏严重。

4. 1946—1949 年为战后接收时期

1946 年国民政府成立了中国蚕丝公司，垄断丝绸业，规模较大。战后缫丝工业略有复苏和发展，但随着物价猛涨，社会动荡，缫丝工业又陷入衰落，直到中华人民共和国成立后，缫丝工业才开始了大发展。

二、近代动力机器丝织的年代分期与发展历程

近代的动力机器丝织相较于机器缫丝出现较晚，约在辛亥革命之后，发展规模也较小，在丝绸业中所占比重远不及缫丝。

近代动力机器丝织的发展大致经历了两个历史时期。

1. 1911—1936 年为初创时期

近代丝织首先引进的是手拉提花机，数年后才开始引进电力织机。早期绸厂大多采用日本式手拉提花机，该机器虽有铁制的提花龙头，但并不是电力驱动，如 1912 年纬成公司购进日本提花机 6 台，试制"纬成缎"成功。至 1920 年代时，手工生产的木机逐渐减少，杭州、苏州、上海与湖州等地出现了第一批使用手拉提花机的丝织厂。电力织机在浙江地区最早使用是在振新绸厂，于 1915 年购进，上海地区最早购进日本制造电力织机的是物华绸厂，也于 1915 年，此后各地丝厂相继仿效。这段时期丝织业的原料除了机器缫丝厂的厂丝外，人造丝也开始被引入。近代机器丝织业主要集中在东南沿海地区，抗日战争前夕全国共有电力织机一万余台，绝大部分集中在江苏省、浙江省与上海市。

2. 1937—1949 年为破坏与战后恢复时期

全面抗日战争时期日本侵占了东南沿海丝织生产区,实行疯狂的掠夺和破坏,丝织业一落千丈,据统计,1942 年,江浙等地的手拉提花机和电力织机比战前减少了一万余台。抗战胜利后,机器丝织业虽有所恢复,但大多处于半停半开状态,直到中华人民共和国成立前也未能恢复到战前的最高水平。

三、近代动力机器丝绸印染的年代分期与发展历程

近代纺织品染整中,只有棉印染业形成了一个独立的行业,毛纺织及丝绸业内部有染整部分,但未形成独立行业。近代动力机器丝绸印染厂也是在 1910 年之后才开始出现,大都与丝织厂联合,手工染坊仍然是近代丝绸印染的主要加工形式,丝绸印染业也主要分布在江南地区。

近代动力机器丝绸印染的发展大致经历了两个历史时期。

1. 1911—1936 年为初步发展时期

这段时期机器丝绸印染有了一定发展,但为数不多,多依附于丝织厂。早期的是日资丝绸印染厂,1911 年日资在上海开设了中华精炼公司,1912 年又在上海开办了永隆印染厂。直到 1919 年,才始有民资投入的丝绸印染厂,杭州纬成公司与日商在上海合资开办大昌精炼染色整理厂,该厂也是近代规模较大者。

2. 1937—1949 年为受破坏与战后恢复时期

抗日战争全面爆发后上海作为机器印染业中心,有 80% 的印染厂被破坏,大昌精炼染厂也被迫停产。太平洋战争时期租界内曾开设了数十家小型印染工场,但设备简陋,出售极少。抗日战争胜利后,中小印染厂纷纷开张,但随着整个丝织业的衰落,丝绸印染业也走入困境。

四、历史重要性突出的近代丝绸业工业遗产

由于近代丝绸厂的数量较多,且很多工厂经历停办、改组、转卖等,历史发展错综复杂,因此本文首先重点梳理大型的华资丝绸企业(表 6-1),这些工厂企业在近代整个丝绸工业的发展历程中具有重要的历史与社会文化价值,也展示了国人发展实业的信心与勇气,有的对当地社会发展有重要影响,有的与当地人民有重要的情感联系,有的对公众有重要的教育和展示意义。这些企业的工业遗留物急需保护,但对于轻纺工业,这远远不够,这只是工作的第一步,后续应在此基础上继续进行历史重要性的分地区补充并分级,或继续沿着时间轴续写,而这些工作都是必须和必要的。

历史重要性突出的近代华资丝绸工厂工业遗产梳理 表6-1

名称	开办时间	地点	意义或特点	近代设备或技术	兼并发展与遗存现状
继昌隆缫丝厂	1872年	广东南海	中国近代第一家民族资本机器缫丝厂,也是我国近代民族资本第一家纺织工厂	初时所有缫丝设备均为仿法国式缫丝机,但不用蒸汽动力,缫丝仍用足踏驱动。后1892年开始装置蒸汽动力驱动缫丝车,也是广东最早出现的蒸汽机缫丝厂	1928年因经营不佳停业
苏经丝厂	1895年筹建	苏州	近代江苏地区第一家机器缫丝厂	有意大利大箄直缫式丝车。1919年所产厂丝曾获"巴拿马赛会"一等奖	1927年丝厂由盛转衰,连年亏损,1929年停闭,1930年厂房失火被毁
纬成公司	1912年	杭州	近代较有影响的大型丝绸厂,最早引进日式小箄再缫座缫机	有日式小箄再缫座缫机、锅炉、蒸汽机、煮茧锅、复摇车及染色整理的全套机械设备	中华人民共和国成立后改称杭州福华丝绸厂,1997年福华丝绸厂整体迁往市郊工业区,今为杭州福华丝绸实业有限公司,近代旧址已鲜有遗迹
重庆丝纺厂	1909年	重庆	重庆机器缫丝的开端,是重庆第一家机器缫丝厂	原为恒源丝厂,有意大利直缫机,中间经历了多次改组与合并,较有规模	1950年时西南蚕丝公司成立,工厂更名西南蚕丝公司第一制丝厂,后又与四川绢纺、合川聚合丝厂合并更名重庆丝纺厂。现今重庆丝纺厂已破产,在厂区旧址上修建了沙磁文化广场
永泰丝厂	1896年	无锡、上海	近代江苏地区最重要的丝厂之一,对推动无锡缫丝业的发展起了重要作用	江苏地区最早使用立缫机的丝厂,并在国内首创了集中复摇	永泰丝厂的主要遗存还留有部分厂房和茧库等
中国蚕丝公司第二丝厂	1921年	浙江	近代大型的丝绸公司	原升新丝厂,始建于1921年,1927年改称长安丝厂,1946年改为长安连元丝厂。1950年称为中国蚕丝公司第二丝厂,1952年后改称浙江制丝一厂。设备齐全,技术先进	1952年与原长安第二丝厂合并后改称浙江制丝一厂。1991年浙江制丝一厂获得国家一级企业称号。现今浙江制丝一厂的茧库已被推荐为嘉兴市文保单位
中国丝业股份有限公司	1943年	嘉兴、海宁、无锡	近代大型的丝绸公司	1943年中国丝业公司成立,后收购了多处公司。其第一丝厂,原为禾兴丝厂,始办于1929年,于1947年被中国丝业公司收购	中丝公司嘉兴第一制丝厂1951年更名为中国丝业股份有限公司第一丝厂。其第三丝厂,原为双山丝厂,始建于1924年,1944年被中国丝业公司收购,中华人民共和国成立后为中国丝业公司第三丝厂
上海美亚织绸厂	1920年	上海	近代大型的丝绸集团公司	拥有11家绸厂、1家经纬厂和多家附属工厂,设备齐全,技术先进	中华人民共和国成立后美亚第四丝织厂改组上海第四丝织厂,美亚第九丝织厂改组上海第九丝织厂
中国蚕丝公司第一和第二实验绸厂	1946年	上海	近代大型的丝绸公司,规模大,影响力大	两厂设备齐全,技术先进	1953年都并入上海丝绸厂,1966年国营上海丝绸厂重组为现今上海第六丝织厂
都锦生丝织厂	1922年	杭州	近代丝织技术强	产品曾在美国费城博览会斩获金质奖,后又织造五彩锦绣、仿制经纬起花丝织风景,产品供不应求	1956年与群利等丝织厂合并,1966年改称东方红丝织厂,1983年复称都锦生丝织厂。今公司内建设了博物馆

续表

名称	开办时间	地点	意义或特点	近代设备或技术	兼并发展与遗存现状
大诚绸厂	1938年	上海	近代丝织企业规模较大者	原同成绸厂，1947年时拥有总厂与三个分厂，同时还有发行所与天津、广州、香港等地的办事处，规模大，技术先进	中华人民共和国成立后大诚织绸厂改组为上海第八丝织厂
大昌精炼染色整理厂	1919年	上海	近代民资最早投入的丝绸印染厂，近代丝绸印染企业产能较大者	分染色、精炼、整理三个工厂和锅炉房，设备较齐全，1922年又增添拉幅机、轧光机等整理设备，技术先进，规模较大	1950年大昌与其他三家精炼厂合并成立上海绸布精炼厂第一联营所。1966年更名国营上海绸缎炼染厂，现今为上海第一绸缎炼染厂
大康印染绸厂	1946年	上海	近代丝印染企业产能较大者	近代印花能力强，规模较大，产品远销国外	现今为上海第三印绸厂

1. 继昌隆缫丝厂

1872年由陈启沅创办的继昌隆缫丝厂是近代民族资本第一家机器缫丝厂，也是我国民族资本第一家纺织工厂。继昌隆引入法国蒸汽缫丝方法，最初所有缫丝设备均仿法国式缫丝机，但是不用蒸汽作动力，缫丝仍用足踏驱动，还未能说得上完全是机器缫丝，之后继昌隆改名"世昌纶"，1892年世昌纶开始装置蒸汽动力驱动的缫丝车（图6-1），也是广东最早出现的蒸汽机缫丝厂。陈启沅逝世后，他的子侄孙辈相继经营，1928年因经营不佳停业。

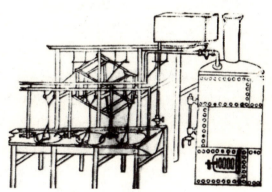

图6-1 继昌隆缫丝厂所使用的蒸汽缫丝机
图片来源：《南海市科技信息志》

2. 苏经丝厂

1895年筹建的苏经丝厂（图6-2）是近代江苏地区第一家机器缫丝厂，初期有意大利大箋直缫式丝车。1919年苏经丝厂所产的缫丝曾获"巴拿马赛会"一等奖。1927年丝厂由盛转衰，连年亏损，1929年停闭，1930年厂房失火被毁。

图 6-2 1895 年创办的苏经丝厂和苏经丝厂缫丝车间
图片来源:《苏州市志(第一册)》

3. 杭州纬成公司

创办于 1912 年的纬成公司,是近代较有影响的大型丝绸厂,其最早引进了日本式小筬再缫座缫机,除了缫丝机外,还有锅炉、蒸汽机、煮茧锅、复摇车及染色整理的全套机械设备。1918 年其产品获得"巴拿马博览会金质奖"。1919 年纬成公司与日商合资成立大昌精炼染色整理厂,并于 1921 年在嘉兴设立了裕嘉分厂。1946 年后公司在杭州部分租给上海福华丝业公司,改称福华第一丝织厂,嘉兴的分厂成为中蚕公司第二实验绢纺厂。1947 年福华公司还并购了原天章丝厂和天章绸厂,分别为福华第二丝织厂和第三丝织厂。1954 年杭州的福华第一、第二和第三丝织厂合并,改称杭州福华丝绸厂(图 6-3),1993 年被誉为杭州市百强企业。1997 年福华丝绸厂整体迁往市郊工业区,今为杭州福华丝绸实业有限公司,近代旧址已鲜有遗迹。

4. 重庆丝纺厂

原为恒源丝厂,始办于 1909 年,是重庆第一家机器缫丝厂,有意大利直缫机,1913 年经营不善改名懋源丝厂,1917 年又改组懋康丝厂,1919 年更名华康丝厂,中间又经历了多次改组与合并。1950 年时西南蚕丝公司成立,工厂更名西南蚕丝公司第一制丝厂,后又与四川绢纺、合川聚合丝厂合并更名重庆丝纺厂(图 6-4)。1991 年获得"国家二级企业"荣誉称号。现今重庆丝

图 6-3 杭州福华丝绸厂 图 6-4 重庆丝纺厂生产车间
图片来源:《杭州丝绸志》 图片来源:《沙坪坝区志》

纺厂已破产，在厂区旧址上修建了沙磁文化广场。

5. 永泰丝厂

薛南溟、薛寿萱在无锡创办了永泰系，拥有5家丝厂和一批茧行，对推动无锡缫丝业的发展起了重要作用，是当时江苏最重要的丝厂之一（图6-5、图6-6）。1929年薛寿萱赴日本考察，将永泰丝厂的全部意大利式直缫车改为日本式再缫座缫车，后来立缫机的使用在江苏也最早出现于永泰丝厂。永泰丝厂还在国内首创了集中复摇，较好地解决了生丝物理指标及丝色的统一等问题，提高了生丝质量。1935年薛寿萱组织成立"兴业制丝股份公司"，成为集供、产、销于一体的大型联营组织，但不幸的是，由于不能消除各成员公司之间的利益矛盾，于1937年宣告结束。今已在永泰丝厂旧址建立起中国丝业博物馆，展示永泰丝厂的历史和丝绸文化。永泰丝厂的主要遗存还留有部分厂房和茧库等。

图6-5　1930年无锡永泰丝厂在国内最早制造成功的立缫车
图片来源：《无锡市丝绸工业志》

图6-6　1951年无锡永泰丝厂立缫技术学习班第一届学员结业合影
图片来源：《无锡市丝绸工业志》

6. 中国蚕丝公司第一和第二实验绸厂

中国蚕丝公司第一实验绸厂，原为九福织染厂，1941年改组华中蚕丝公司第一织绸厂，抗日战争后被接收为中蚕公司第一实验绸厂，1953年并入上海丝绸厂。中国蚕丝公司第二实验绸厂，原为东方绸厂，后又经纬成上海绸厂、裕通绸厂、大伟绸厂、中国织绸厂等多次并购与改组，抗日战争后被接收为中蚕公司第二实验绸厂，1953年并入国营上海丝绸厂，1966年重组为国营上海丝绸厂，现今为上海第六丝织厂。

7. 中国蚕丝公司第二丝厂

原为升新丝厂，始建于1921年，1927年改称长安丝厂，1946年改为长安连元丝厂，1950年称为中国蚕丝公司第二丝厂，1952年与原长安第二丝厂合并后改称浙江制丝一厂（图6-7）。今浙丝一厂的茧库已被推荐为嘉兴市文保单位。

图 6-7　浙江制丝一厂
图片来源：《嘉兴丝绸志》

图 6-8　1929 年创办的无锡嘉泰丝厂
图片来源：《中国近代纺织史（上卷）》

8. 中国丝业股份有限公司

1943 年中国丝业公司成立后收购了多处公司，其第一丝厂，原为禾兴丝厂，始办于 1929 年，后经多次改组，于 1947 年被中国丝业公司收购，改称中丝公司嘉兴第一制丝厂，1951 年更名为中国丝业股份有限公司第一丝厂。1950 年中丝公司租赁无锡的嘉泰丝厂（图 6-8），1951 年更名为中国丝业公司第二丝厂。

9. 上海美亚织绸厂（图 6-9）

始建于 1920 年，逐渐发展为近代大型丝绸集团公司，拥有 11 家绸厂、1 家经纬厂和多家附属工厂（如美章纹制厂、美艺染炼厂、铸西铁工厂、织物研究所等）。中华人民共和国成立后美亚第四丝织厂改组上海第四丝织厂，美亚第九丝织厂改组上海第九丝织厂。

10. 大诚绸厂

创办于 1938 年，由原同成绸厂改建而成，1947 年时大诚公司拥有总厂与三个分厂，同时还有发行所与天津、广州、香港等地的办事处，在近代丝织企业中影响较大。中华人民共和国成立后大诚绸厂改组为上海第八丝织厂。

图 6-9　美亚织绸厂
图片来源：徐汇文化遗存《丝绸俊杰蔡声白与"美亚"牌丝绸商标》

11. 大昌精炼染色整理厂

创建于1919年，是民资最早投入的丝绸印染厂，近代丝绸印染企业产能较大者，由杭州纬成公司与日商合办，分染色、精炼、整理三个工厂和锅炉房，有英制卧式锅炉、国产竖式锅炉和打水泵。染色有紫铜锅、盘香管圆缸；精炼有木制大桶、脱水机；整理有单辊整理机、喷雾打卷机、呢毯机、三辊筒烘燥机、缝纹机、手工码尺机等。1922年改名大昌成记精炼染色厂，同时扩建厂房与设备，增添拉幅机、轧光机等整理设备。1932年改称大昌澹记精炼皂油厂，1936年又易名益记精炼皂油厂。抗日战争胜利后易名大昌全记精炼皂油厂。1950年大昌与其他三家精炼厂合并成立上海绸布精炼厂第一联营所。1966年更名国营上海绸缎炼染厂，今为上海第一绸缎炼染厂。

12. 大康印染绸厂

1945年大康印染绸事务所开办，1946年开办大康印染绸厂，1947年兼并日新印花厂，成为大康印染绸厂二厂，近代印花能力强，规模较大，产品远销国外。今为上海第三印绸厂。

13. 达昌缫织厂和杭州都锦生丝织厂

创办于1911年的达昌缫织厂，集缫丝、丝织与炼染于一体，产品享有盛名。创办于1922年的杭州都锦生丝织厂，其丝织风景产品曾在美国费城博览会斩获金质奖，后又织造五彩锦绣、仿制经纬起花丝织风景，产品供不应求。1956年其与群利等丝织厂合并，1966年改称东方红丝织厂，1983年复称都锦生丝织厂。今公司在积极发展传统丝织业务的基础上，还大力发展第三产业，公司内还建设了博物馆（图6-10）。

上述工业遗产的总结，从行业史的发展历程中，按照历史重要性角度选出华资工厂中历史与社会文化价值相对较高的，它们大多是开创或"第一"，历史年代久远、意义重大；工厂的关联性、象征性和公共性大，它们大多与

图6-10　都锦生丝织厂和都锦生丝厂博物馆
图片来源：《杭州丝绸志》《浙江省丝绸志》

重要历史人物、事件或成就相关，对公众有重要的教育和展示意义；工厂的发展贡献大，它们大多对当地的社会发展有重要影响。这些工厂遗留的厂址遗迹（遗址、建/构筑物或设备等）物证实物需引起重视，急需保护，相关的历史文档、影像照片以及遗留下来的企业文化与记忆等非物质遗产也同样重要。

本文整理的上述丝绸企业，从行业史的发展历程中，选出了华资企业中价值相对较高、急需保护的工厂，但这对于轻纺企业还远远不够，这只是工作的第一步，后续应在此基础上继续进行历史重要性的分地区补充并分级，或继续沿着时间轴续写，而这些工作都是必须和必要的。

第二节　近代丝绸业工业技术与设备研究

一、近代缫丝、丝织与丝绸印染的完整工艺流程

近代的丝绸行业一直是传统手工丝绸与动力机器丝绸并存，缫丝的动力机械程度较丝织高，丝织依旧大量利用手工机器，甚至纯手工劳动，丝绸的染整工艺包括了精炼、染色、印花与整理，与棉织物整理类同（图6-11）。

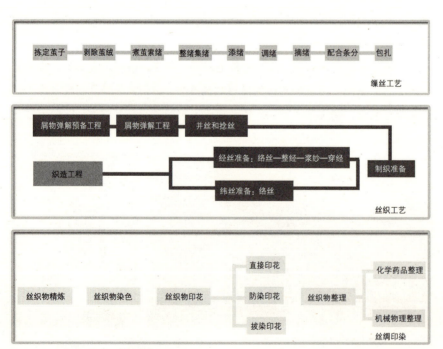

图6-11　近代缫丝、丝织和丝织物染整工艺

1. 近代缫丝工艺

缫丝是以桑蚕茧为原料，抽出蚕丝制成生丝的工艺过程，根据生丝规格要求，将蚕茧的茧丝顺序离解、卷绕，并不断补充新的煮熟茧，缫成生丝。据蒋乃镛的《纺织染工程手册》，缫丝工艺过程如图6-12所示。

拣定茧子──剥除茧绒──煮茧索绪──整绪集绪──添绪──调绪──摘绪──配合条分──包扎

图6-12 缫丝工艺简图

（1）拣定茧子

拣定茧子之前要先进行杀蛹烘茧。茧质的优良影响丝质的优劣，茧层的厚薄、纤维的长短影响缫丝成折的大小。根据产品的要求，首先进行原料的审定，选定蚕茧，去除不能缫丝的下等茧与次等茧，下等茧可以用作绢纺的原料。

（2）剥除茧绒

由于蚕茧的外围会有一层粗松的丝层，俗称茧衣或茧绒，其组织杂乱松散，纤维细且脆弱，难以求绪，不能用于缫丝，需要剥去茧衣，近代有人工剥茧与机械剥茧两种。蚕茧剥除茧绒后，近代缫丝业上称其为"光茧"，由于"光茧"的茧粒大小、茧层厚薄与色泽不一，还需要进行选择分等，避免煮茧时厚茧未煮透，而薄茧已煮过，丝质已变坏。

（3）煮茧索绪

蚕茧表层纤维上附着有极浓厚的胶质，在缫丝时先要在沸汤中煮茧，将剥除茧绒的光茧放入煮茧索绪锅内，利用水、热或化学助剂的作用溶解胶质，使得互相粘合的纤维解开而利于索绪，然后用索绪帚与茧层表面相互摩擦，索得丝绪。近代煮茧汤的温度、分量、换水的次序、煮茧的时间等都需有设计与控制。凡经煮透的茧称为熟绪茧或煮熟茧，应当及时缫用，不宜久置渐冷，以防丝质胶化。据1935年的《缫丝学概论》，近代索绪的方法大致可分为：浮煮法、半浸煮法、浸煮法与进行式浸煮法四种。

①浮煮法。此法将茧投入沸汤中，用茧匙（图6-13）仔细搅拌，使茧现

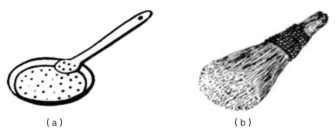

图6-13 茧匙与索绪帚
（a）茧匙；（b）索绪帚
图片来源：《缫丝学概论》，1935年

熟玉色为度，然后用索绪帚就煮熟茧上掉之，反复索绪至全体茧绪盘缠于帚尖为止，然后将绪丝从帚尖上扯下，在煮汤中提长，去其杂绪以供缫用。这种方法全依人力，管理复杂，在缫丝成折和生丝品质方面难得均匀，故渐渐被淘汰。

②半浸煮法。煮茧的初步步骤与浮煮法略同，也是将生茧投入沸汤中搅拌，然后用一种新式的机械索绪帚，将熟茧压入煮汤中，沉下半寸左右，随机械索绪帚的动作而索茧绪。机械索绪帚为1870年意大利人 G. Monguzzi di Valmadrea 发明，经多次改良后较为便利。

③浸煮法。此法用于茧层粗硬者，将生茧置于煮茧匣内（匣用金属制成，四周有小孔，便于贯通沸水）浸入沸汤中煮，或用带孔的金属煮茧盒，将茧匣或茧盒压入煮锅中浸煮，约煮两分钟至六分钟（视茧质而定），将茧盛起，浇以冷水，约十秒（使熟茧中的热气减缩，收吸水量），然后用弱力的索绪帚在煮汤中行索绪的手续。用浸煮法煮茧，其熟度均匀，索绪容易，缫丝较浮煮法为优，适于意大利旧式缫丝机（大筥直缫座缫机）上应用。

④进行式浸煮法。这种方法需用专门的煮茧机，煮茧机器的种类较多，形式各异，以近代日本较先进的"矢岛式"煮茧机器为例（图6-14），它的外形是一长形木槽，木槽里分为四段，这四段的煮汤温度各不相同，当煮茧时，将生茧置于铜质匣内，将匣置入木槽并沉没于沸水之中，由木槽内的输送装置将茧

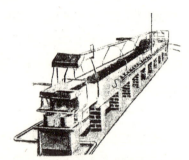

图6-14　日本"矢岛式"煮茧机
图片来源：《缫丝学概论》，1935年

匣依次输送经过全部四段，使其受到不同的汤温而出。煮茧匣的输送速度视茧质而定。使用进行式浸煮法煮透的熟茧，只需索绪帚就熟茧上轻轻地略行搅拌，茧绪自得。

（4）整绪集绪

光茧经过煮透与索绪后，去除一些品质不好的杂绪，得到品质好的正绪丝（每个茧能抽出一绪为好，这种纤维的宽度是毫米的千分之几）。集绪是指将数个茧的正绪丝穿过磁眼中心的细孔或集绪器（添绪器）互相捻绞成丝鞘，成为"绫緞"（近代称为绫緞，捻制方法如图6-15所示），一根生丝是缫集多个茧的纤维而成。

（5）添绪

正绪茧的纤维缫完或中途断头时，为了要连续缫丝，需要不断补充新的正绪茧以添绪。近代添绪的方法有人工法（掷添法和捲添法）和机械添绪法（图6-16），立缫机用人工添绪，自动缫机由机械添绪。

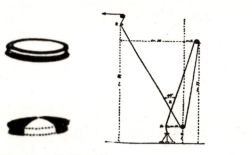

图 6-15 磁眼与近代"绫缴"捻制
图片来源:《制丝教科书》,1936 年

（6）调绪

因单茧的纤维随茧层的表中内丝层而有差别,中层的纤维粗,内层与蛹相近处为细,仅抵中层纤维的三分之一或二分之一,随茧质与层次而不同,因此缫丝上每三个薄皮熟茧折抵两枚厚熟茧,或两枚薄皮熟茧折抵厚熟茧一枚,因此有调绪的工序。

（7）摘绪

即摘断绪眼下的数个绪茧,在绪眼下半寸的位置操作。

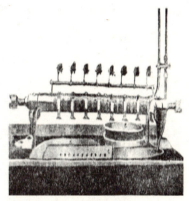

图 6-16 缫丝机的机械添绪器
图片来源:《缫丝学概论》,1935 年

（8）配合条分与包扎

将生丝摇卷,并重新复摇卷绕成大篾丝片状或筒装生丝,再将大篾丝片摇成绞包扎。

2. 近代丝织工艺

缫成的生丝在织绸之前还需要做好准备工作。据蒋乃镛的《纺织染工程手册》和《缫丝学概论》,丝织的工艺过程为:

（1）屑物弹解预备工程：将生丝松解,拣除品质不好的生丝,并将生丝进行清洗。

（2）屑物弹解工程：将生丝蒸煮精炼,目的是在织绸之前解除生丝上的胶质和去除杂物,可得到柔软光润的丝体,这种丝在染织后绸料光彩美丽。近代蒸消的方法可分为三种：

①工业蒸消法。将生丝片幅穿挂于光滑的丝杆上,横架于皂液坑中,使丝片浸入四分之三于沸皂液中,煮约 15 分钟,然后将丝片调转再煮未经浸煮的四分之一,染后将丝杆提起,放入清水中洗涤。后再用淡皂液煮一个小时左右,清水洗涤,轧去水分烘干。

②半蒸消法。即使生丝上的胶质解除半数，用于织缩绸缩纱的丝料，先浸生丝在清水中，经过半小时后，将生丝放入温水中煮，经24小时提出，用清水洗涤轧去水分烘干。

③皂泡蒸消法。这种去除生丝胶质的方法发明于1911年，方法较前两者更为便利。有专门的蒸消器皿（图6-17），是一铁制长方形，容积大小不一，里面贮有皂液，皂液深度为容器的四分之一，上部有挂丝杆，使丝片距离皂液有七八公分，容器底部设有蛇形曲蒸管可以加热煮沸皂液，蒸汽上升浸湿丝片，只需半小时就可将胶质蒸消，然后容器下部的排水管打开，皂液排出，打开上部的洒水管进行洗涤，轧去水分烘干。

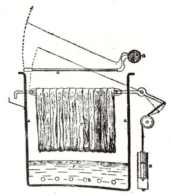

图6-17　皂泡蒸消机
图片来源：《缫丝学概论》，1935年

（3）并丝和捻丝：在并丝和捻丝之前，要将生丝复缫于小绺丝轴上，以整理生丝中的切断和品质不佳的生丝。将复缫的生丝给以合丝工序，称之为并丝工程，将并合的丝给以捻合工序，称之为捻合工程，这样就将生丝捻合成了丝线，有经丝和纬丝。

（4）整经和络丝：织绸之前同样需经过络丝、整经、穿经等经丝和纬丝准备工作，类同棉织，不予赘述。

（5）织造：送入织机，组合经丝、纬丝以织成绸缎。有的经、纬丝线在织造前先进行染色，然后再织绸，与棉纺织中的颜色布原理类同。

最后的折布与打包等与棉布类同，在此不予赘述。

3. 丝绸印染工艺

近代丝绸印染的工艺包括丝织物精炼、丝织物染色、丝织物印花与丝织物整理。

丝织物精炼：去除丝胶、色素、蜡质、油脂等杂质。将织胚或丝线用皂液热水蒸煮精炼。

丝织物染色：丝绸织物品种多，批量小，近代仍旧以手工操作染色为主，蚕丝纤维不耐碱，大都用酸性或中性的染液染色，近代采用酸性染料、盐基染料和直接染料等，但染出的颜色坚牢度不好。

丝织物印花：也包括直接印花、防染印花和拔染印花。直接印花指色浆通过木刻版或型纸版印在丝织品上。防染印花法是先在织物上用型纸刷以防印浆，干燥后平均涂底色浆，经蒸化再洗除防印浆进行后处理。拔染印花，染色的丝织物上印制还原性拔白糊或者还原染料色拔糊，后再经汽蒸等后处理。其原理与棉布印花类同。

丝织物整理：根据用途与需要，其整理的方式较多，与棉布的整理类同，也有化学整理和机械物理整理，化学整理包括固色、防皱、防腐、耐水、耐火等，机械物理整理有汽熨、轧光、拉幅、干燥等。

最后的折布与打包等与棉布类同，在此不予赘述。

二、近代丝绸业的关键技术物证

1. 近代缫丝机具

（1）烘茧机：干燥蚕茧的机器（图6-18）。

（2）煮茧机（锅）：近代常用日本失岛式、千叶式煮茧机（图6-19）。

（3）缫丝机（图6-20、图6-21）：中国近代缫丝是从引进西方和日本的近代技术和设备开始的，在引进中也作了改良和创造，近代缫丝机发展的基本轨迹是从座缫机到立缫机，座缫机又是从"意大利式"的大篾直缫发展到"日本式"的小篾复摇式。

（4）复缫机（图6-22）。

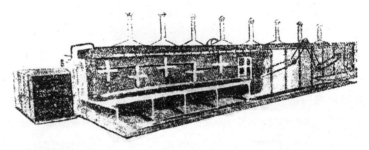

图6-18　近代烘茧机
图片来源：《缫丝学概论》，1935年

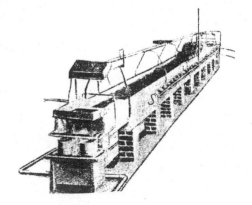

图6-19　近代煮茧锅与日本失岛式煮茧机
图片来源：《缫丝学概论》，1935年

图6-20 近代的缫丝机
图片来源:《缫丝学概论》,1935年

图6-22 近代的复缫机
图片来源:《缫丝学概论》,1935年

图6-21 19世纪末上海怡和丝厂的座缫机与1930年无锡永泰丝厂自制的立缫机
图片来源:《中国近代纺织史》

2. 近代丝织机具

近代的丝织机具包括屑物弹解工程中解除胶质和去除杂物的蒸消器;并丝机和捻丝机(图6-23);经丝和纬丝准备的机具,包括络丝机、整经机、穿经机等,与棉织类同,不予赘述;还有丝织机具,包括用脚踏的半机械化的提花机和后来改用蒸汽动力、电动机发动的力织机。1915年上海肇新绸厂率先引进9台瑞士产电力丝织机,是中国首次使用电动力的丝织机。丝、毛、麻的机织设备和技术情况与棉织情况大体近似,只是丝织采用提花织机较多,毛织坯呢产品组织较为复杂,采用多臂织机、提花织机较多,电力织机都比棉织少。

3. 近代丝织物染整机具与动力设备

丝织物的精炼、染色、印花与整理设备,包括精炼锅、水洗机、卷染机、滚筒印花机、拉幅机、轧光机、上浆机、烘燥机、打包机等(图6-24)。丝绸厂的动力设备早期为锅炉、蒸汽机(图6-25),后期发展为发电机与电动机,与棉纺织的发展经历类同,不予赘述。

4. 近代丝绸厂房建筑与构筑物

丝绸厂的关键技术物证厂房建筑包括了缫丝、丝织与染整用房,动力系统用房,辅助生产的仓储、机修、办公等用房,水塔、水井、运输轨道构架等构筑物,

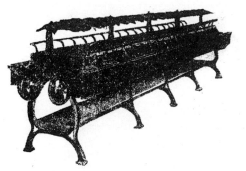
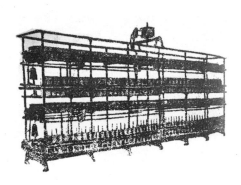

图 6-23 近代并丝机与捻丝机
图片来源:《缫丝学概论》,1935 年

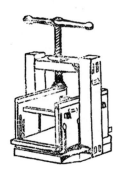

图 6-24 近代丝织物打包机
图片来源:《制丝教科书》,1936 年

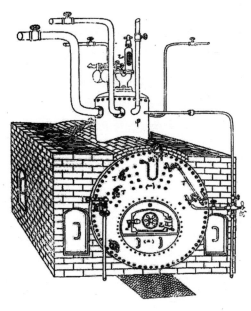
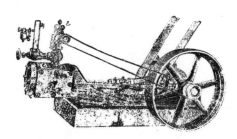

图 6-25 近代锅炉与蒸汽机
图片来源:《制丝教科书》,1936 年;《中国近代纺织史》

图 6-26　1897 年开办的苏经丝厂
图片来源：《中国近代纺织史》

以及福利性的住宅、宿舍、娱乐、医务等建筑。与棉纺织厂房类同，1895 年之前的厂房建筑，多用砖木结构楼房。上海的怡和丝厂和苏州的苏经丝厂（图 6-26），其厂房都是砖木结构，坡屋顶，其木屋架和窗都是西洋形式，说明这两个厂房都是经过设计新建的，是当时一些机器缫丝厂常用的厂房建筑形式。1895—1914 年，机器设备由蒸汽向电力驱动过渡，厂房建筑开始采用钢结构和钢筋混凝土结构，出现锯齿形厂房。1914—1949 年，纺织机器由大电机集体传动向每台车装小电机单独传动过渡，锯齿形厂房及钢筋混凝土结构被广泛采用。

三、关键技术物证小结

在丝绸业工业遗产科技价值的保护中，非物质文化遗产与一些丝绸产品、手稿、文献记录等物质文化遗产也非常重要，但本文主要从工业遗产后续的保留、保护规划的制定、遗存再利用的角度重点论述工业遗址、建（构）筑物与工业设备方面的物证实物。从科技价值角度分析，需要特别保护丝绸业中缫丝、丝织与染整工艺中的核心实物载体。将近代丝绸类工业遗产的关键技术物证总结如表 6-2 所示，这些技术物证在丝绸类工业遗产的评价与保护中需加以重视，重点保留。

近代丝绸业工业遗产关键技术物证小结　　　　表 6-2

类型	名称	工业遗址与建、构筑物	工业设备
核心生产	近代缫丝	缫丝厂房建筑，包括了选拣茧子、剥除茧绒、煮茧索绪、整绪集绪、添绪、调绪、摘绪、配合条分与包扎等相关的用房	缫丝机具，包括：①烘茧机；②煮茧机（锅）；③缫丝机；④复缫机；⑤茧匙、索绪帚、煮茧匣、煮茧盒等

续表

类型	名称	工业遗址与建、构筑物	工业设备
核心生产	近代丝织	丝绸织造厂房建筑，包括了拣洗、蒸煮精炼、并丝和捻丝、整经和络丝、织造、折布与打包等相关的用房	丝织机具，包括：①蒸消机；②复缫机；③并丝机和捻丝机；④经纱络筒机、纬纱络管机；⑤整经机；⑥浆纱机；⑦穿经机具；⑧丝织机（半机械化的提花机和后来改用蒸汽动力、电动机发动的力织机）；⑨织物检查、折布机与打包机等
	近代丝织物染整	包括丝织物精炼、丝织物染色、丝绸印花与丝织物整理相关的用房	炼漂机具，包括水洗机、煮布锅、精炼锅、轧漂机、丝光（轧光）机等。染机，包括普通卷染机、连续染色机等。印花机具，包括滚筒印花机。整理机具，包括：①干燥机；②拉幅机；③揉布机；④上浆机；⑤丝光（轧光）机等；⑥织物检查、折布机与打包机等
	近代丝绸动力	动力用房：蒸汽机房、锅炉房、发电机房等	①蒸汽动力设备：蒸汽机、锅炉；②电动力设备：锅炉、涡轮蒸汽机、发电机、发电机组
	近代丝绸取水与运输	水塔、水井、运输轨道构架等构筑物	取水设备：蒸汽动力水泵、电动力水泵等。运输机车设备等
辅助生产	仓储	仓储构筑物与建筑用房等	
	其他辅助生产用房	机修用房、化验房、取水用房（水塔）等	
	办公	办公用房	
福利性用房		住宅、宿舍、食堂、娱乐、医务、女员工哺乳用房等	

第三节 丝绸业产业链、厂区或生产线的完整性分析

一、科技价值角度的完整性分析

从科技价值角度研究丝绸业工业遗产点、工业生产线与工业产业链的完整性，工业遗产点可为工业遗址本身、建筑物、构件或机器等，还应该包括景观、环境以及与其相关的文化记忆等非物质内容。"线"指生产线，包括丝绸业的核心生产工艺缫丝、丝织、织物染整生产线的实物物证，在上文已详细论述，生产线的完整性也包含了相关的非物质内容。下面重点从完整性的第三个层面，产业链与产业群的完整性进行遗产保护的探讨。从完整性保护的角度：①丝绸业的上、下游产业，如下游的制衣厂、鞋帽厂等。②因运输材料而兴建的铁路、运河及其相关的建筑，因丝绸厂的辐射影响，依靠丝绸厂而兴建的居住、商业、娱乐、教育、医疗、宗教等建筑，需要从完整性角度评估考察其价值，需引起注意。

在丝绸业工业遗产的完整性保护中，保护可分为几个层次：

（1）第一种是十分理想的情况，除了核心生产区的完整性，包括上述核心工艺的缫丝、丝织、染整，动力系统与辅助生产仓储、机修，以及办公等实物物证外，还要保护受丝绸厂辐射影响而兴建的学校、住宅、娱乐、医院等福利配套生活用房，因运输而建的铁路、运河及沿线建（构）筑物，以及上、下游工厂等的完整性，保护整个产业链的完整性。

（2）第二种情况是在无法保护相关产业链时，要重点保护丝绸业本身工业的完整性，包括核心工艺的缫丝、丝织、染整（缫丝、并丝、捻丝、整经、络丝、织造、精炼、漂白、丝光、染色、印花、拉幅、上浆、轧光、打包等），动力系统与辅助生产仓储、机修，以及办公等实物物证。

（3）若上述两种情况在现实中依旧无法保留时，那么应保护丝绸业中最核心、最重要的生产线（缫丝、丝织、染整）中的关键技术物证，保护这些关键生产工艺中的核心实物载体。

下面以近代上海第一丝厂的完整性保护为例来说明。

二、丝绸业价值评价典型案例分析——上海第一丝厂（图6-27）

最重要的核心生产实物物证（图6-28）：缫丝、丝织与精炼染整用房；动力系统用房。

辅助生产实物物证（图6-29）：仓储用房（仓库、原料间、染料间），辅助生产的化验房、铁工房、木工房，办公用房。

福利性的食堂、卫生所、哺乳室、宿舍等建筑（图6-30）。

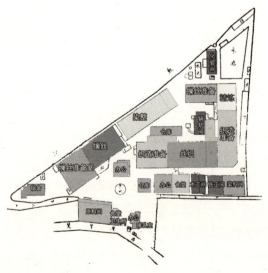

图6-27 上海第一丝厂厂区建筑分布图
图片来源：笔者自绘，底图来源于《工务辑要》

图 6-28　核心生产实物物证
图片来源：笔者自绘，底图来源于《工务辑要》

图 6-29　辅助生产实物物证
图片来源：笔者自绘，底图来源于《工务辑要》

图 6-30　福利性用房
图片来源：笔者自绘，底图来源于《工务辑要》

第七章 近代毛纺织业工业遗产科技价值评价与保护研究

毛纺织行业可分为粗纺、精纺专业，此外还有毛毯、驼绒、绒线、地毯等专业，其中粗纺和精纺专业是近代毛纺织行业的主体，工业化程度最高。由于毛纺织品不经染整，十分粗糙，无法上市销售，因此粗纺和精纺专业都包括了染整工序在内。本书主要探讨粗纺与精纺专业，粗纺生产呢绒，精纺生产精纺呢绒，有哔叽、直贡呢、花呢等精纺品种。从近代第一个毛纺织厂甘肃织呢局建成到1949年，全国毛纺设备只有约16万锭[1]，而且大都处境困难，开工严重不足，毛纺织的近代工业化规模不及棉纺织与丝绸业。

[1]《中国近代纺织史》编辑委员会.中国近代纺织史（下卷）[M].北京：中国纺织出版社，1997：106.

第一节 近代毛纺织业的历史与现状研究

一、近代毛纺织业的年代分期与发展历程

近代毛纺织业的发展大致经历了三个历史时期：

（1）1870—1913年为近代毛纺织行业的初创时期。这段时期主要有4家毛纺织厂：甘肃织呢局、日晖织呢商厂、清河溥利呢革公司和湖北毡呢局，另外还有一些小厂，但都昙花一现，很快相继倒闭。

甘肃织呢局由左宗棠于1876年筹划，从德国购买粗纺设备，1880年建成开工，但所买机器经长途运输损毁严重，实际投产不多，1883年发生锅炉爆炸而停工，在其停工后的25年里，就没有再出现过新的华资毛纺织厂，1908年甘肃织呢局复工，改名兰州织呢厂，1915年又停闭。日晖织呢商厂1909年开工，从比利时购买机器，1910年便停工。清河溥利呢革公司，1909年开工，从英国购入机器，1913年停工。湖北毡呢局由张之洞于1908年筹办，从德国购买粗纺细纱锭、毛织机和染整机器全套，1910年开工，1913年倒闭。这段时期毛纺织行业整体薄弱，产量很小。

（2）1914—1936年为近代毛纺织行业的渐次发展期。第一次世界大战期间西方各国无暇东顾，输华的呢绒和绒线减少，毛纺织品价格上涨，华资毛纺织厂又逐渐恢复生产，日资毛纺织厂也开始兴办。这段时间先后有3家华资粗纺厂（溥利呢革公司、日晖织呢商厂、兰州织呢厂）恢复生产，但十几年后又均停闭。这段时期的外资毛纺织厂中实力最强者是日资工厂，1918年满蒙毛织股份公司成立，其生产能力相当于当时原有华资4家大型粗纺厂总和的85%，是外资在我国经营的第一家大型粗纺厂。此外，又陆续兴建了几家外资或中外合资毛纺织工厂。抗日战争前夕，我国毛纺织行业的精、粗纺工厂类型主要有两种：第一种是精、粗纺全能联合厂，如上海章华、天津仁立、无锡协新、广东省立毛纺织厂、英商怡和纱厂毛纺部等；第二种是粗纺大厂，如日商满蒙毛织股份公司、上海公大四厂、上海振兴等。

（3）1937—1949年为全面抗日战争及战后接收时期。抗日战争全面爆发后，只有极少数工厂内迁，沦陷区的工厂要么被破坏，要么被侵占，1941年太平洋战争爆发前，上海和天津等地租界内的毛纺织业有畸形发展，战时在大后方只建设了几个小厂。1937年国民政府成立中国纺织建设公司，接受了日本在华的绝大多数毛纺织厂，但战后人们生活水平低下，根本无力购买高档的毛织品，洋货再度倾销，再加上通货膨胀，毛纺织工厂大多停工，苟延残喘，直到中华人民共和国成立后，毛纺织业才重获新生。这段时期的毛纺织行业情形与棉纺织行业经历大致相同。

二、历史重要性突出的近代毛纺织业工业遗产

近代毛纺织厂的数量相较棉纺织与丝绸业少，但相较钢铁冶炼等重工企业，数量较多，且很多工厂经历停办、改组、转卖兼并等，历史发展错综复杂，因此本书重点梳理大型的华资毛纺织工厂（表7-1），这些工厂企业在近代整个毛纺织工业的发展历程中具有重要的历史与社会文化价值，它们或具有行业开创与"第一"，历史年代久远，或工厂规模较大、技术较先进，或与重要的历史要素（人物、事件、社团机构或成就等）相关，或对当地社会发展有重要影响，或对某一团体有重要的归属感或情感联系，对公众有重要的教育和展示意义。这些企业的工业遗留物急需保护，但对于轻纺工业，还远远不够，这只是工作的第一步，后续应在此基础上继续进行历史重要性的分地区补充并分级，或继续沿着时间轴续写，而这些工作都是必须和必要的。

1. 甘肃织呢局

1876年左宗棠创办甘肃织呢局（图7-1），是近代中国第一家毛纺织厂，

历史重要性突出的近代华资毛纺织工厂工业遗产梳理　　表7-1

名称	开办时间	地点	意义或特点	近代设备或技术	兼并发展与遗存现状
甘肃织呢局	1876年	甘肃	近代中国第一家毛纺织厂	从德国购买毛纺、毛织级染整设备，1880年开工	1951年停办
日晖织呢商厂	1909年开工	上海	近代上海第一家毛纺织厂，后改称章华毛纺织厂	从比利时购买机器，拥有纺锭、毛织机及染色整理全套设备	中华人民共和国成立后改组为上海第四毛纺织厂
清河溥利呢革公司	1907年	北京	近代北京第一家毛纺织厂	从英国购入机器设备，拥有纺锭、毛织机及染色整理全套设备	现今留有一栋110余年历史的办公楼和一块购地碑，办公楼已经被列为海淀区文物保护单位
沈阳毛织厂（原满蒙毛织公司）	1918年	沈阳	近代外资在我国经营的第一家大型粗纺厂	设备购自英美和日本，有粗纺、精纺、织机以及染色整理的全套设备，在近代的生产能力相当客观，日本人称其为东亚毛纺织工业第二大厂	现今为沈阳第一毛纺织厂
天津仁立毛呢纺织厂	1919年	天津	近代集纺纱、织布与染色于一体的全能型工厂	从德国和日本进口纺纱和织机设备，近代产能与规模较大	1966年易名天津市第二毛织厂，1980年又更名为仁立毛纺织厂，现今仍在继续生产
天津东亚毛呢纺织厂	1932年成立	天津	近代集纺纱、织布与染色于一体的全能型工厂	引进英国设备，拥有纺毛、织布、染整全套设备，产能大、质量好，其产品抵羊牌享有盛名，公司还经营麻厂、生产西药、设立商行经营股票等	1966年更名天津市第三毛织厂，1980年更名为天津市东亚毛纺织厂，现今为天津东亚毛纺织集团公司
哈尔滨毛织厂	始建于1921年	哈尔滨	近代产能与规模较大	从德国购入设备，近代产能与规模较大	1948年改称东北毛织厂，1949年更名为哈尔滨毛织厂
协新毛纺织厂	1935年投产	无锡、上海	近代全国首家粗、精呢绒全能工厂	从英国和德国购买设备，有精纺设备、粗纺设备、毛织机和染整设备	中华人民共和国成立后上海协新改组为上海第八毛纺织厂。无锡厂现今为无锡协新毛纺织股份有限公司
川康毛纺织厂	1938年筹建	乐山	近代产能与规模较大	1940年厂房建成，1942年正式投产，有三年的黄金发展期，但随后每况愈下	中华人民共和国成立后川康毛纺织厂才逐渐发展壮大，现今为川康毛纺织集团
中国纺织建设公司各毛纺厂	1946年	上海	拥有纺部、织部、染部，有全套的洗毛、粗纺和染整设备，产能大，生产能力客观	拥有纺部、织部、染部，有全套的洗毛、粗纺和染整设备，产能大，技术先进	中纺上海第一毛纺厂在中华人民共和国成立后改组上海第一毛纺织厂。中纺上海第二毛纺织厂在中华人民共和国成立后并入上海第一毛纺织厂。中纺上海第三毛纺织厂，在中华人民共和国成立后，改组上海第三毛纺织厂。中纺上海第四毛纺织厂，1950年更名上海第二毛纺织厂

1880年开工,从德国购买毛纺锭、毛织机及配套整理设备,1908年改称兰州织呢厂,抗日战争时期改称兰州军呢厂,1949年时有粗纺锭980枚,毛织机16台,1951年停办。

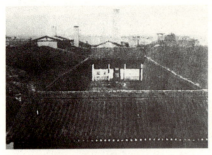 

图7-1　甘肃织呢局鸟瞰和毛织车间
图片来源:《中国近代纺织史(上卷)》

2. 日晖织呢商厂

1909年开工,从比利时购买机器,1919年更名为中国第一毛绒纺织厂,1929年搬迁至上海浦东,改称裕华毛绒纺织厂,后改称章华毛纺织厂(图7-2、图7-3),拥有纺锭、毛织机及染色整理全套设备,是上海第一家毛纺织厂。中华人民共和国成立后改组为上海第四毛纺织厂。

图7-2　1908年建成的上海日晖织呢商厂办公楼外景
图片来源:《上海毛麻纺织工业志》

图7-3　上海章华毛纺织厂毛织车间
图片来源:《中国近代纺织史(上卷)》

3. 清河溥利呢革公司

1909年开工,是北京第一家毛纺织厂,从英国购入机器,1915年改称清河陆军呢革厂,1917年又改称清河织呢厂,抗日战争时期被满蒙毛织公司侵占,战后被接收,改称华北被服总厂一分厂。今留有一栋110余年历史的办公楼和一块购地碑(图7-4),办公楼已被列为海淀区文物保护单位。

图 7-4　清河制呢厂办公楼
图片来源：北京晚报，2017-11-01

图 7-5　沈阳毛织厂生产车间
图片来源：沈阳市旅游局《不能忘却的铁西工业记忆/企业篇》

图 7-6　1935 年沈阳日资满蒙毛织公司
图片来源：《中国近代纺织史（上卷）》

4. 沈阳毛织厂

1918 年满蒙毛织公司（图 7-5）成立，是外资在我国经营的第一家大型粗纺厂，设备购自英美和日本，有粗纺、精纺、织机以及染色整理的全套设备，在近代的生产能力相当客观，日本人称其为东亚毛纺织工业第二大厂，1933—1943 年又新建了铁岭、新民、天津等地的工厂（图 7-6）。抗日战争胜利后被国民政府接收改称军政部沈阳制呢厂。1948 年沈阳解放后，改名东北军区军需部第三局军毯厂，1949 年更名沈阳毛织厂，今为沈阳第一毛纺织厂。

5. 天津仁立毛呢纺织厂（图 7-7）。创办于 1919 年，原在北京，1931 年在天津租界设厂，从德国和日本进口纺纱和织机设备，是集纺纱、织布与染色整理的全能型工厂。1937 年公司总部从北京迁至天津，另在北京和上海等地设立分厂，近代产能与规模较大。1966 年易名天津市

图 7-7　1940 年年底仁立毛纺厂女工食堂照片
图片来源：城市快报，2014-06-03

图 7-8 东亚毛纺厂车间和"抵羊雕塑"
图片来源:城市快报,2014-06-03,张诚提供

第二毛纺织厂,1980年更名为仁立毛纺织厂,现今仍在继续生产(图7-8)。

6. 天津东亚毛呢纺织厂(图7-8)

1932年东亚毛呢纺织股份有限公司在天津租界成立,引进英国设备,拥有纺毛、织布、染整全套设备,产能大、质量好,其产品抵羊牌享有盛名,此外近代东亚公司还经营麻厂、生产西药、设立商行经营股票等。1966年更名为天津市第三毛纺织厂,1980年更名为天津市东亚毛纺厂,现今为天津东亚毛纺织集团公司。

7. 哈尔滨毛织厂(图7-9)

原裕庆德毛织厂,始建于1921年,从德国购入设备,1937年迫于压力卖给日本钟渊公司,改名康德毛织公司。1948年改称东北毛织厂,1949年更名为哈尔滨毛织厂。

8. 无锡协新毛纺织厂和上海协新毛纺织厂(图7-10、图7-11)

无锡协新毛纺织厂始建于1934年,1935年正式投产,从英国和德国购买设备,有精纺设备、粗纺设备、毛织机和染整设备,是全国首家粗、精呢绒全能工厂。1937年受抗日战争的影响,另在上海设立信昌毛纺厂,即上海协新

图 7-9 在一幢建筑的山墙上仍保留着"1922"年字样
图片来源:《黑龙江省志》

图 7-10 无锡协新毛纺织厂
图片来源:《无锡纺织工业志》

图 7-11　上海协新毛纺织厂　　图 7-12　川康毛纺织二厂
图片来源：《上海市静安区地名志》　图片来源：《五通桥区志》

毛纺厂。1946 年两厂称为协新毛纺织染整股份有限公司无锡厂和上海厂。中华人民共和国成立后上海协新改组为上海第八毛纺织厂，无锡厂现今为无锡协新毛纺织股份有限公司。

9. 川康毛纺织厂（图 7-12）

1938 年筹建，向美商订购设备，1940 年厂房建成，1942 年才正式投产，有三年的黄金发展期，但随后每况愈下。中华人民共和国成立后川康毛纺织厂才逐渐发展壮大，现今为川康毛纺织集团。

10. 中国纺织建设公司各毛纺厂（图 7-13~ 图 7-15）

战后中国纺织建设公司接收上海 7 家日本毛纺织厂连同 1 家中日合资厂。这些工厂拥有纺部、织部、染部，有全套的洗毛、粗纺和染整设备，产能大，技术较先进。1949 年中华人民共和国成立后这些工厂合并与重组为上海第一、第二、第三毛纺织厂等。

上述工业遗产的总结，从行业史的发展历程中，按照历史重要性角度选出华资工厂中历史与社会文化价值相对较高的，它们大多是开创或"第一"，历史年代久远、意义重大；有些工厂的关联性、象征性和公共性大，它们大多与重要历史人物、事件或成就相关，对公众有重要的教育和展示意义；有些工厂的发展贡献大，它们大多对当地的社会发展有重要影响。这些工厂的历史、其遗留的厂址遗迹（遗址、建 / 构筑物或设备等）物证实物需引起重视，急需保护，

图 7-13　中华人民共和国成立后的上海第一毛纺织厂　　图 7-14　中华人民共和国成立后的上海第二毛纺织厂　　图 7-15　1946 年的中纺上海第三毛纺织厂
图片来源：《上海毛麻纺织工业志》　图片来源：《上海毛麻纺织工业志》　图片来源：《上海毛麻纺织工业志》

相关的历史文档、影像照片以及遗留下来的企业文化与记忆等非物质遗产也同样重要。本书整理的上述毛纺织企业，从行业史的发展历程中，选出华资企业中价值相对较高、急需保护的工厂，但这对于轻纺企业还远远不够，这只是工作的第一步，后续应在此基础上继续进行历史重要性的分地区补充并分级，或继续沿着时间轴续写，而这些工作都是必须和必要的。

第二节　近代毛纺织工业技术与设备研究

一、近代毛纺织的完整工艺流程

毛纺织行业按工段分为毛纺、毛织、毛织物染整，近代毛纺主要有纺毛纱（粗纺）与梳毛纱（精纺）工艺（图7-16）。毛纺纱、麻纺纱机器设备和工艺技术在整个近代还只处于引进与推广阶段，甚至某些产品名称都是完全模仿西方。

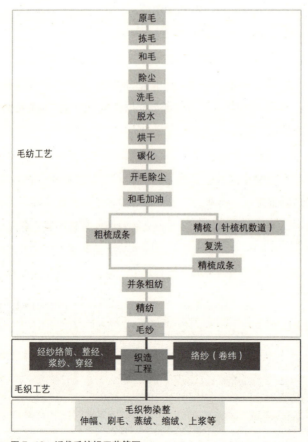

图7-16　近代毛纺织工艺简图

1. 毛纺工艺

毛纺就是将毛纤维加工为纱线的纺纱工艺过程。近代毛纺工艺有两种，一种为纺毛纱工艺（也称粗梳毛纺），一种为梳毛纱工艺（也称精梳毛纺）。纺毛纱织物的表面绒毛较多，缩绒性多，触感比较柔软，光泽少。梳毛纱织物的表面绒毛少，表面较光洁，缩绒性少，富有弹性，强力好，光泽多。近代的纺毛纱工艺流程几乎和现代一样，梳毛纱工艺在毛纤维梳理成条后，还要继续经过多道精梳工序。

（1）纺毛纱工艺

据1949年的《工务辑要》，粗梳毛纺工艺如图7-17所示。

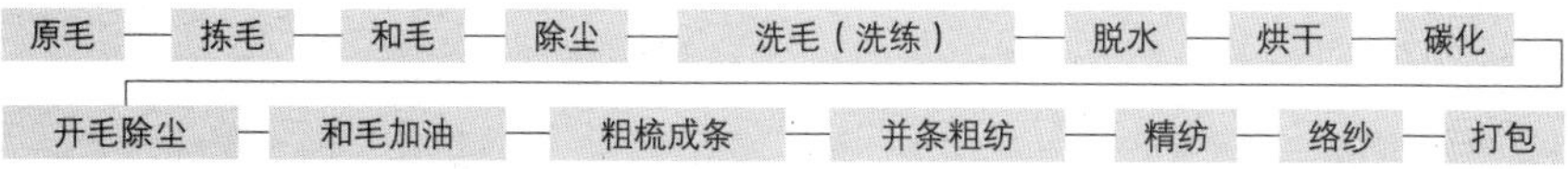

原毛 — 拣毛 — 和毛 — 除尘 — 洗毛（洗练）— 脱水 — 烘干 — 碳化
开毛除尘 — 和毛加油 — 粗梳成条 — 并条粗纺 — 精纺 — 络纱 — 打包

图7-17 近代纺毛纱（粗梳毛纺）工艺简图

①纺毛准备工程

拣毛、和毛：原毛要经过挑拣，根据织物需要将长短、粗细、颜色等不同的原毛混合。

除尘：除去羊毛中的沙、尘等杂物，并使羊毛纤维分开，以便于洗毛工作。

洗毛（洗练）：将羊毛中的油脂、汗垢、草籽及尚未除尽的泥沙洗掉。

脱水：脱甩掉从洗练机中出来羊毛的多余水分。

烘干：羊毛自洗练机或脱水机出来后，送入烘干机，去掉羊毛的多余水分。

碳化：利用化学制剂（多用硫酸溶液浸泡羊毛）与植物起化学反应，使羊毛中所有草刺、各种植物纤维与酸液发生化学作用，破坏羊毛中所含草刺，使草刺等成为易碎的炭质，而毛织品不受其损害，再经清水或中和溶液后送入烘干机中烘干，烘干后羊毛再经压轧，草刺即被轧碎，后面再经开毛机时，草刺炭灰即可去除，与羊毛分离。

②开毛与梳毛工程

开毛除尘：经洗过、碳化、烘干后的羊毛送入开毛机，将粘连成块的羊毛弹松，同时进一步去除羊毛中的草刺、沙尘等杂物。

和毛加油：按预定比例，使各种羊毛均匀混合，同时为了减少毛在梳理时的损伤，加以油剂，可起到润滑作用。

粗梳成条：继续梳开开毛时未展开之毛，同时可混合不同长度、粗细、收缩性的毛，制成毛条或毛球，以备粗纺及精纺之用，近代常采用钢丝梳毛机。

③粗纺与精纺工程

粗纺：由毛条变成粗纱，其切面或厚度减少，长度增加，因此需要用牵伸并条、粗纺，其作用与棉纺并条粗纺的意义相同。

精纺：继续前道粗纺或粗梳成条所未完尽的工作，用牵伸将粗纱再度变细至所需用的程度，并加以捻度，使毛纱有适当的强韧性。近代纺毛纱精纺常采用粗梳毛纺走锭精纺机与环锭精纺机。

精纺后的细纱可用于摇纱与打包，与棉纺意义相同。

（2）梳毛纱工艺（Worsted Spining）

精梳毛纺于1850年前后开始发展，据《工务辑要》，梳毛纱工艺如图7-18所示，前期工序与纺毛纱工艺大致相同，只不过在由粗梳机制成毛条后，须经历精梳数道、复洗、再一次精梳制成精梳毛条，然后再经并条粗纺、精纺等步骤纺成纱线。

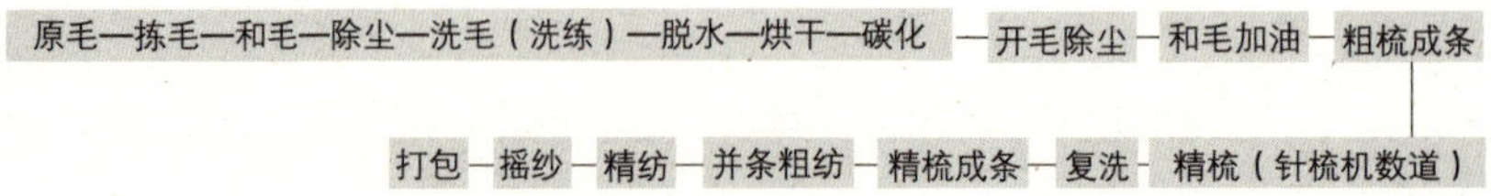

原毛—拣毛—和毛—除尘—洗毛（洗练）—脱水—烘干—碳化—开毛除尘—和毛加油—粗梳成条

打包—摇纱—精纺—并条粗纺—精梳成条—复洗—精梳（针梳机数道）

图7-18 近代梳毛纱（精梳毛纺）工艺简图

针梳、精梳：毛条中的纤维大都呈弯钩状，用针梳机将纤维反复梳直，并梳去不符合要求的短纤维和残余草杂尘粒。

复洗：在梳毛纺工艺中，有时第一次洗毛时纤维缠结，夹杂脏污不易洗净，或因在梳羊毛时，也可能会混入脏污，所以趁毛条经过针梳机后，纤维平直，用肥皂水、清水洗过，清除最后的杂物，羊毛色彩亦因此较佳。复洗后还需要再经针梳机精梳、并合牵伸，制成符合标准单位重量的精梳毛条。

其他拣毛、和毛、除尘、洗毛、脱水、烘干、碳化、粗纺、精纺、摇纱与打包等流程与纺毛纱意义相同。只不过精梳毛纺的精梳机有环锭精纺机、走锭精纺机、帽锭精纺机与壳锭精纺机四种。

2. 毛织工艺

丝、毛、麻的机织工艺和设备情况与上述棉织情况大体近似，毛织多采用多臂织机与提花织机，毛织成布后就进入毛织物染整工序中。

（1）制织准备，与棉织大体相同。

经纱准备：包括经纱络筒、整经、浆纱、穿经等。

纬纱准备：包括络纱（卷纬）、浸湿定捻等。

（2）织造工程：经纱与纬纱交织，以成织物（图7-19）。

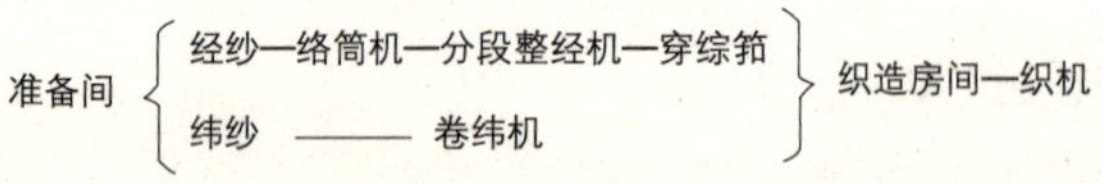

准备间 { 经纱—络筒机—分段整经机—穿综筘 / 纬纱 ——— 卷纬机 } 织造房间—织机

图7-19 织造工程程序表
图片来源：《工务辑要》

3. 毛织物整理工艺

近代毛纺织行业内部有染整部分，但并未形成独立的行业，羊毛织物染色大都采用绳状染色机，染料有盐基染料、直接染料和酸性染料等。毛织物自织机织成后，表面粗糙坚硬，尚不适应毛织品的用途，须再经染整工序，使纤维发挥优美特性，并符合使用要求。毛织物整理工序如下：

（1）准备工程：检查、修补、缝头等。

（2）清洁工程：烧毛、净洗、碳化、脱水、烘干、伸幅、剪毛、刷毛等。

（3）变质工程：缩绒、上浆、拉绒等。

（4）增光工程：蒸绒、压绒（呢）等。

起毛：从毛织物的经纬线中拉出毛绒以遮蔽织物表面，多用钢丝起毛机。

刷毛：刷毛工程用在剪毛工程之前，将参差不齐的毛刷起以备剪毛，若用在剪毛之后，则为除去附着于织物上的毛屑，可使织物上的绒毛向着同一方向而产生顺目的光泽。

剪毛：剪毛工程为剪去织物表面参差不齐的毛绒。

缩绒：是羊毛纤维的重要特性，羊毛在合适的条件下，其纤维有密聚毡结的趋向，利用这种特性可改善和提高毛织物的质量和外观效果。

蒸绒、煮绒：普通毛织物经水沸煮时可塑性增强，形状易于变动，若在这时将毛织物冷却干燥，则可长久保持其原来形状，利用这种特性处理毛织物，可使其长久保持适宜形状。蒸绒工序可分为以下三种：①烫呢，多用于刚织成的毛织物，通常使用于毛织物整理工程初期，尤以梳毛纱织物使用最多。②喷呢，用蒸汽喷射，目的为除去织物整理过程中发生的小皱痕，使布面平滑、产生光泽，织物此后不再有收缩变形等弊端，多用于整理工程的后段。③煮呢，目的与"喷呢"相同，只是用煮沸代替蒸汽喷射，对织物所产生的效果略有差异。用蒸汽蒸绒时，织物常能保持干烘状态，而煮绒时，毛织物需浸湿，因而适宜长时间的高温处理，多用于经充分缩绒的上等毛织物。

压绒：类似于棉织物的"轧光"，将织物通过滚筒之间，以得到所需光彩，通常使用压绒机。

烧毛、净洗（水洗）、脱水、伸幅（拉幅）、烘干、上浆等工序与棉印染的工序意义大体相同。毛织物经过上述整理程序，经检查合格后，便可折整或卷成适当形状以打包出售。

二、近代毛纺织工艺技术与关键技术物证

毛纺织业中核心工艺的关键技术物证包括毛纺机具、毛织机具、毛织物染

整机具与动力设备,以及相关的厂房建筑与构筑物等。近代毛纺织机器设备总体来说还处在引进与推广西方机器的阶段。

1. 近代毛纺、毛织机具

除尘机:去除毛料的杂物灰尘。近代所用除尘机有方形与锥形两种,方形多用于较佳的原料,锥形多用于粗长而多杂质的毛料,如马海毛、骆驼毛等。

精炼机(洗练机):其设备普通的有三只洗缸,最多的有六只洗缸,根据羊毛的洁净程度而定,洗缸中有肥皂和纯碱液,最末一缸为清水,用以除去羊毛中剩余的肥皂。

脱水机:毛经净洗之后,用机械方法除去残余水分,通常有离心脱水机(图7-20)和真空脱水机。

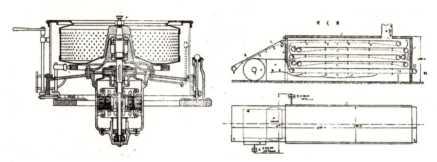

图 7-20　离心脱水机与烘干机
图片来源:《工务辑要》

烘干机:羊毛自精炼机或脱水机出来后,送入烘干机,去除水分。

开毛机:将粘连成块的羊毛弹松,进一步去除羊毛中的草灰、沙尘等杂物。

和毛机:按设计要求和预定比例,使各种羊毛均匀混合。

梳毛钢丝机:梳开开毛时未展之毛,制成粗梳毛条以备粗纺及精纺之用(图7-21)。

针梳机:将毛条中呈弯钩状的纤维用针梳机梳直,并梳去不符合要求的短纤维和残余草杂尘粒(图7-22)。

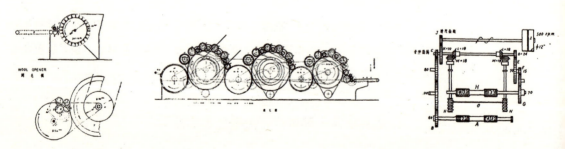

图 7-21　开毛机、梳毛钢丝机与针梳机之构造
图片来源:《工务辑要》

图 7-22 近代梳毛、针梳、精梳与复洗设备
(a)钢丝梳毛机；(b)针梳机；(c)梳毛机（精梳）；(d)复洗机
图片来源：《工务辑要》

此外，毛纺工艺中还有并条机、粗纺机、精纺机、摇纱机、打包机等（图7-23），其与棉纺机具的意义相同，不予赘述。近代毛织工艺的设备与棉织情况也大体近似，有络纱机、卷纬机、整经机、浆纱机、穿经机等，只是毛织机多使用多臂织机、提花织机。

2. 近代毛整理机具与动力设备

近代毛织物整理工艺中的烧毛机分为三种：煤气烧毛机、铜板烧毛机、电热烧毛机。缩绒所用机械有春绒机与滚筒缩绒机，前者利用春杵捣击臼槽中浸于缩绒剂的织物，缩绒时间较长，生产量小，因而毛织厂多使用滚筒缩绒机。蒸、煮呢工序使用蒸呢机与煮呢机。刷毛使用刷毛机，使织物上的绒毛顺向同一方向。剪毛使用剪毛机，机上的剪毛滚筒为螺旋状转刀，可连续不断地剪毛。后续成品的折整、打包使用折呢机和卷呢机等（图7-24）。毛纺织厂的动力设备早期为锅炉、蒸汽机，后期发展为发电机，与棉纺织的发展经历类同，不予赘述。

3. 近代毛纺织厂房建筑与构筑物

毛纺织厂的关键技术物证厂房建筑包括毛纺、毛织与毛织物整理用房，动力厂房，辅助生产的仓储、机修、办公等用房，水塔、水井、运输轨道构架

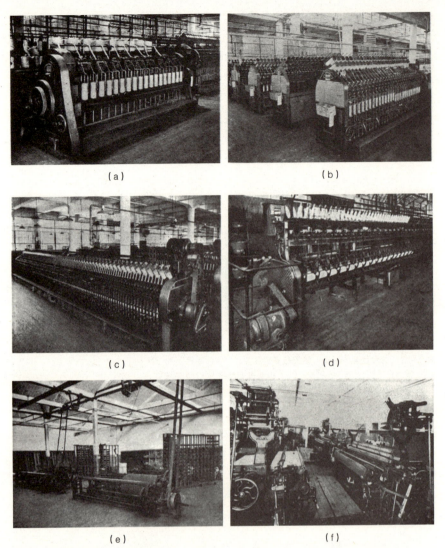

图 7-23 毛纺工艺中的其他机具
(a) 头道粗纺机;(b) 二、三道粗纺;(c) 精纺机;(d) 络纱机;(e) 整经机;(f) 毛织机
图片来源:《工务辑要》

等构筑物,以及福利性的住宅、宿舍、娱乐、医务等建筑。与棉纺织厂房类同,仓储与动力厂房,早期常与毛纺、毛织车间建于同一建筑中,有些工厂也有专门的仓库用房。1895 年之前的厂房建筑,多用砖木结构楼房(图 7-25,图片右上角为洗毛用房,左侧为织造间,左上角气楼式厂房是国内首建);1895—1914 年厂房建筑开始采用钢结构和钢筋混凝土结构,出现锯齿形厂房;1914—1949 年纺织机器由大电机集体传动向每台车装小电机单独传动过渡,锯齿形厂房及钢筋混凝土结构被广泛采用,与棉纺织厂房类似。

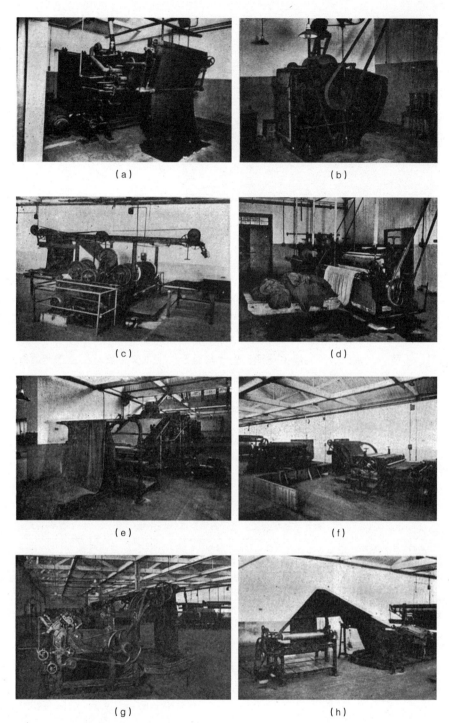

图 7-24 近代毛整理机具与动力设备
(a) 烧毛机；(b) 缩呢机；(c) 蒸呢机；(d) 煮呢机；(e) 烘干机；(f) 刷呢机；(g) 剪毛机；(h) 卷呢机
图片来源：《工务辑要》

图 7-25 甘肃织呢局鸟瞰
图片来源：《中国近代纺织史（上卷）》

三、关键技术物证小结

在毛纺织业工业遗产科技价值的保护中，非物质文化遗产与一些毛纺织产品、手稿、文献记录等物质文化遗产也非常重要，但本文主要从工业遗产后续的保留、保护规划的制定、遗存再利用的角度重点论述工业遗址、建（构）筑物与工业设备方面的物证实物。从科技价值角度分析，需要特别保护毛纺、毛织与毛织物染整工艺中的核心实物载体。将近代毛纺织类工业遗产的关键技术物证总结如表 7-2 所示，这些技术物证在毛纺织类工业遗产的评价与保护中需加以重视，重点保留。

近代毛纺织业工业遗产关键技术物证小结　　　　表 7-2

类型	名称	工业遗址与建（构）筑物	工业设备
核心生产	近代毛纺	毛纺厂房建筑，包括拣毛、和毛、除尘、洗毛、脱水、烘干、碳化、开毛、给油、粗梳、（针梳）精梳、复洗、并条、粗纺、精纺与包扎等相关的用房	毛纺机具，包括：①除尘机；②精炼机、洗炼机；③脱水机；④烘干机；⑤开毛机；⑥和毛机；⑦梳毛机；⑧针梳机、精梳机；⑨复洗机；⑩并条机、粗纱机、精纺机、摇纱机、打包机等
	近代毛织	毛织厂房建筑，包括络筒、整经、浆纱、穿经、织造、折布与打包等相关的用房	毛织机具，包括：①经纱络筒机、纬纱络管机；②整经机；③浆纱机；④穿经机具；⑤毛织机；⑥织物检查、折布机与打包机等
	近代毛织物染整	包括毛织物染色、烧毛、水洗、脱水、烘干、伸幅、刷毛、剪毛、蒸绒、缩绒、拉绒、上浆压绒与打包等毛织物整理相关的用房	整理机具，包括：①染色机；②烧毛机；③水洗机；④烘干机；⑤拉幅机；⑥上浆机；⑦缩绒机；⑧蒸呢机；⑨煮呢机；⑩刷毛机；⑪剪毛机；⑫织物检查、折呢机、卷呢机与打包机等

续表

类型	名称	工业遗址与建（构）筑物	工业设备
核心生产	近代毛纺织动力	动力用房：蒸汽机房、锅炉房、发电机房等	① 蒸汽动力设备：蒸汽机、锅炉；② 电动力设备：锅炉、涡轮蒸汽机、发电机、发电机组
	近代毛纺织取水与运输	水塔、水井、运输轨道构架等构筑物	取水设备：蒸汽动力水泵、电动力水泵等。运输机车设备等
辅助生产	仓储	仓储构筑物与建筑用房等	
	其他辅助生产用房	机修用房、化验房、取水用房（水塔）等	
	办公	办公用房	
福利性用房		住宅、宿舍、食堂、娱乐、医务、女员工哺乳用房等	

第三节 毛纺织业产业链、厂区或生产线的完整性分析

一、科技价值角度的完整性分析

从科技价值角度研究毛纺织业工业遗产点、工业生产线与工业产业链的完整性，工业遗产点可为工业遗址本身、建筑物、构件或机器等，还应该包括景观、环境以及与其相关的文化记忆等非物质内容。"线"指生产线，包括毛纺织业的核心生产工艺毛纺、毛织、毛织物染整生产线的实物物证，在上文已详细论述，生产线的完整性也包含了相关的非物质内容。下面重点从完整性的第三个层面，产业链与产业群的完整性进行遗产保护的探讨。从完整性保护的角度：①毛纺织的上、下游产业，如下游的制衣工厂。②因运输材料而兴建的铁路、运河及其相关的建筑，因毛纺织厂的辐射影响，依靠毛纺织厂而兴建的居住、商业、娱乐、教育、医疗、宗教等建筑需要从完整性角度评估考察其价值，需引起注意。

在毛纺织业工业遗产的完整性保护中，保护可分为几个层次：

（1）第一种是十分理想的情况，除了核心生产区的完整性，包括上述核心工艺的毛纺、毛织与毛织物染整，动力系统与辅助生产的仓储、机修，以及办公等实物物证外，还要保护因毛纺织厂辐射影响而兴建的学校、住宅、娱乐、医院等福利配套生活用房，因运输而建的铁路、运河及沿线建（构）筑物，以及上、下游工厂等的完整性，保护整个产业链的完整性。

（2）第二种情况是在无法保护相关产业链时，要重点保护毛纺织业本身工

业的完整性，包括核心工艺的毛纺、毛织、毛织物染整（开毛除尘、和毛给油、粗梳、精梳、复洗、并条、粗纺、精纺、络筒、整经、浆纱、穿经、织造、染色、烧毛、水洗、脱水、烘干、伸幅、刷毛、剪毛、蒸绒、缩绒、拉绒、上浆、压绒等），动力系统与辅助生产仓储、机修，以及办公等实物物证。

（3）若上述两种情况在现实中依旧无法保留时，那么应保护毛纺织业中最核心、最重要的毛纺、毛织与毛织物染整生产线（开毛除尘、和毛给油、粗梳、精梳、复洗、并条、粗纺、精纺、络筒、整经、浆纱、穿经、织造、染色、烧毛、水洗、脱水、烘干、伸幅、刷毛、剪毛、蒸绒、缩绒、拉绒、上浆、压绒等）的关键技术物证，保护这些关键生产工艺中的核心实物载体。

下面以近代中纺公司上海第二毛纺织厂和上海第三毛纺织厂工业建筑群的完整性保护为例来说明。

二、毛纺织业价值评价典型案例分析

1. 中纺公司上海第二毛纺织厂（图7-26）

最重要的核心生产实物物证：拣毛、洗毛、烘毛、碳化、和毛、梳毛、纺毛、织造、染色用房，动力系统用房，取水水塔等（图7-27）。

辅助生产实物物证：仓储用房（花仓、仓库、物料室），辅助生产的办公用房（图7-28）。

福利性的食堂、卫生室、俱乐部、浴室等建筑（图7-29）。

2. 中纺公司上海第三毛纺织厂（图7-30）

最重要的核心生产实物物证：选毛、梳纺、织造准备、织造、染整用房；动力系统用房；取水水塔等（图7-31）。

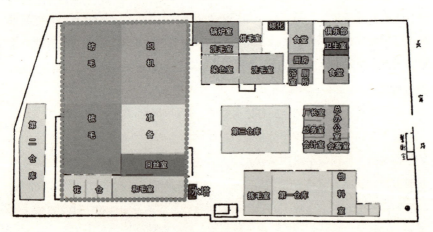

图7-26 中纺公司上海第二毛纺织厂厂区建筑分布图
图片来源：笔者自绘，底图来源于《工务辑要》

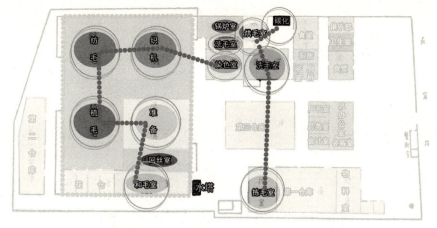

图 7-27 核心生产实物物证
图片来源：笔者自绘，底图来源于《工务辑要》

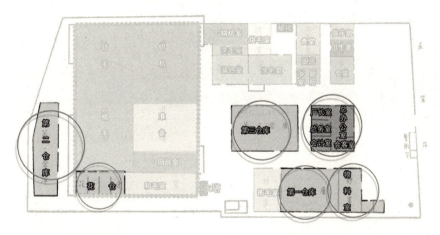

图 7-28 辅助生产实物物证
图片来源：笔者自绘，底图来源于《工务辑要》

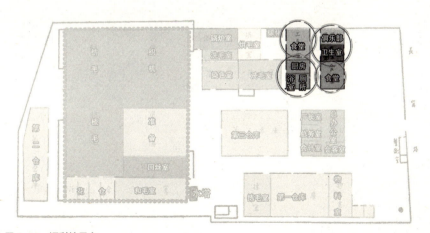

图 7-29 福利性用房
图片来源：笔者自绘，底图来源于《工务辑要》

图 7-30 中纺公司上海第三毛纺织厂厂区建筑分布图
图片来源：笔者自绘，底图来源于《工务辑要》

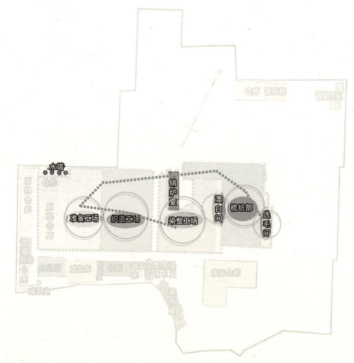

图 7-31 核心生产实物物证
图片来源：笔者自绘，底图来源于《工务辑要》

辅助生产实物物证：仓储用房（原料仓库、成品库、废品仓库、染料存放），辅助生产的办公用房等（图7-32）。

福利性的食堂、厨房、卫生室、哺乳室、俱乐部与煮饭、烧水、理发间等建筑（图7-33）。

图7-32 辅助生产用房
图片来源：笔者自绘，底图来源于《工务辑要》

图7-33 福利性用房
图片来源：笔者自绘，底图来源于《工务辑要》

第八章 结语

　　在国内对工业遗产价值评价近二十年的研究中，评价标准大都笼统地归为"历史、科学、艺术、文化与社会"价值，多数只说明到二级指标如"历史重要性、年代、工业设备与技术"，而工业遗产包含了众多的行业门类，每种行业类型的年代分期、发展历程、工业技术与设备、生产流程与有价值的物证载体都不同，其评价内容和标准也因此不同，但目前国内还未有系统深入到不同行业不同类型的分析，也没有具体落实到应保护哪些物证实物上，保护的主次与逻辑也不清晰，相关的技术史、工业考古学研究匮乏。2014年笔者所在的课题组推出了《中国工业遗产价值评价导则（试行）》，其中也提出了针对工业遗产特点的价值评价二级指标，而针对这些指标应该有更进一步的深入研究与探讨。工业遗产的科技价值是工业遗产有别于其他文化遗产的特殊之处，也是工业遗产的核心价值所在，工业遗产的保护绝不仅仅是工业建筑遗产的保护，对工业遗产的价值评价与保护研究一定要跳出"建筑圈"，而要深入到各行业工业科技的研究中，分行业的探讨是必须和必要的。对英国工业遗产价值评价标准与体系的研究，让笔者受益匪浅，英国对工业遗产价值评价中的《工业遗址在册导则》《工业建筑登录导则》类似于《中国工业遗产价值评价导则（试行）》中的评价指标和标准，同时英国在导则中会深入到对不同行业历史发展大致情况、代表性工业遗产遗存、该行业工业科技的关键实物物证进行简要的说明与举例，这种分门别类的系统研究与思路是我们目前所缺乏的，可以学习借鉴英国的经验与体系来研究中国自己的问题。

　　因此，本书基于对六个行业工业技术史与工业生产流程的研究，一直试图从工业科技与完整性的角度，对不同行业工业遗产的关键实物物证进行分析，基于科技价值的角度，系统深入到不同工业行业的工业发展历程、近代工艺流程、近代工业技术与设备，与之相关的实物物证的分析中，厘清该类型工业遗产保护的主次与依据，突显各行业工业遗产的特点，从而可以为工业遗产的价值评价与保护提供一定的理论支撑。目前，国内对于近代工业技术史的系统化研究是一个缺项，本文选择了近代的钢铁冶炼、船舶修造、采煤业、棉纺织业、毛纺织业与丝绸业六个行业为研究对象，通过大量的实地调研、文献查阅与访谈，在一定程度上补充并完善了部分技术史的相关研究工作。文中对每一个行业的工业发展历史、代表性遗存实例及其现状进行了梳理，并重点从工业科技与完整性角度，试图找到每个行业中以工业技术为内在联系的核心物证载体作为保护的重中之重，梳理保护的主次与层次，包括核心的实物物证、辅助生产的相关配套物证，基于完整性角度，厘清工业生产的内在逻辑性，分析不同行业的工业产业链、厂区及生产线的完整性，落实六个行业完整性保护的群体范畴内容，并用典型案例阐释与分析。文中的这些结论与成果可为工业遗产的评价与保护、保护规划的制定，以及遗存的再利用等提供一定的理论支撑与参考。本文或因跨专业的掣肘而有不深入之处，对工业技术的分析或有未精细之处，但这应该是工业遗产价值评价分行业分门类的一个开端，也希望应该有各行业的人士参与进来，形成系统的体系，后续也应该继续有"一五""二五""三线"建设时期的分析及其他行业门类的拓宽。

参考文献

期刊

[1] 刘伯英,李匡.工业遗产的构成与价值评价方法[J].建筑创作,2006(9):24-30.

[2] 刘伯英,李匡.首钢工业遗产保护规划与改造设计[J].建筑学报,2012(1):30-35.

[3] 刘伯英,李匡.首钢工业区工业遗产资源保护与再利用研究[J].建筑创作,2006(9).

[4] 刘伯英,李匡.北京工业遗产评价办法初探[J].建筑学报,2008(12):10-13.

[5] 单霁翔.关注新型文化遗产——工业遗产的保护[J].中国文化遗产,2006(4):10-45.

[6] Fergus T.Maclaren.加拿大遗产保护的实践以及有关机构[J].国外城市规划,2001(8):17-21.

[7] 青木信夫,徐苏斌,张蕾,闫觅.英国工业遗产的评价认定标准[J].工业建筑,2014,44(9):33-36.

[8] 孟璠磊.荷兰工业遗产保护与再利用概述[J].国际城市规划,2017,32(2):108-113.

[9] 田燕,林志宏,黄焕.工业遗产研究走向何方——从世界遗产中心收录之近代工业遗产谈起[J].国际城市规划,2008,23(2):50-54.

[10] 季宏,徐苏斌,青木信夫.工业遗产科技价值认定与分类初探——以天津近代工业遗产为例[J].新建筑,2012(2):29-33.

[11] 寇怀云,章思初.工业遗产的核心价值及其保护思路研究[J].东南文化,2010(5):24-29.

[12] 姜振寰.工业遗产的价值与研究方法论[J].工程研究——跨学科视野中的工程,2009,1(4):354-361.

[13] 李向北,伍福军.多角度审视工业建筑遗产的价值[J].科技资讯,2008(4):67-68.

[14] 邢怀滨,冉鸿燕,张德军.工业遗产的价值与保护初探[J].东北大学学报(社会科学版),2007,9(1):16-18.

[15] 郝珺,孙朝阳.工业遗产地的多重价值及保护[J].工业建筑,2008,38(12):33-36.

[16] 汤昭,冰河,王坤.工业遗产鉴定标准及层级保护初探——以湖北工业遗产为例[J].中外建筑,2010(1):53-55.

[17] 林崇熙.工业遗产的核心价值与特殊利基[J].城市建筑,2012(3):31-33.

[18] 赵万民,李和平,张毅.重庆市工业遗产的构成与特征[J].建筑学报,2010(12):7-12.

[19] 李和平, 郑圣峰, 张毅. 重庆工业遗产的价值评价与保护利用梯度研究[J]. 建筑学报, 2012 (1): 24-29.

[20] 田燕. 武汉工业遗产整体保护与可持续利用研究[J]. 中国园林, 2013 (9): 90-95.

[21] 张健, 隋倩婧, 吕元. 工业遗产价值标准及适宜性再利用模式初探[J]. 建筑学报, 2011 (5): 88-92.

[22] 张健, 隋倩婧, 吕元, 胡斌. 工业遗产建筑评价体系研究及应用[J]. 低温建筑技术, 2010 (11): 12-14.

[23] 韩强, 王翅, 邓金花. 基于概念解析的我国工业遗产价值分析[J]. 产业与科技论坛, 2015, 14 (19): 92-93.

[24] 于淼, 王浩. 工业遗产的价值构成研究[J]. 财经问题研究, 2016 (11): 11-16.

[25] 骆高远. 我国的工业遗产及其旅游价值[J]. 经济地理, 2008 (1).

[26] 韩福文, 佟玉权, 张丽. 东北地区工业遗产旅游价值评价——以大连市近现代工业遗产为例[J]. 城市发展研究, 2010, 17 (5): 114-119.

[27] 董一平, 侯斌超. 工业遗产价值认知拓展——铁路遗产保护回顾[J]. 新建筑, 2012 (2): 23-27.

[28] 蒋楠. 基于适应性再利用的工业遗产价值评价技术与方法[J]. 新建筑, 2016 (3): 4-9.

[29] 陈元夫. 工业遗产价值与开发[J]. 企业文明, 2017 (4): 35-36.

[30] 张丹丹, 蒋丽芹, 张丹. 基于AHP的工业遗产旅游资源价值评价研究——以无锡市工业遗产旅游资源为例[J]. 旅游经济, 2012 (7): 126-129.

[31] 王丹, 朴玉顺. 本钢一铁厂工业建筑遗存保护研究[J]. 沈阳建筑大学学报(社会科学版), 2011, 13 (2): 136-141.

[32] 李先逵, 许东风. 重钢工业遗产整体保护探析[J]. 新建筑, 2011 (4): 112-114.

[33] 关浩杰, 王继. 我国工业遗产评价指标体系的构建[J]. 山西经济管理干部学院学报, 2009, 17 (3): 13-15.

[34] 黄建华. 工业遗产的价值构成及其提升机制的研究[J]. 湖北工业大学学报, 2013, 28 (3): 71-73.

[35] 张毅杉, 夏健. 城市工业遗产的价值评价方法[J]. 苏州科技学院学报(工程技术版), 2008, 21 (1): 41-44.

[36] 谭超. 工业遗产经济价值评估初探[J]. 广西民族大学学报(自然科学版), 2009, 15 (1): 18-26.

[37] 刘翔. 工业遗产的认定及价值构成[J]. 滨州学院学报, 2009, 25 (4): 61-64.

[38] 靳小钊. 工业遗产的技术消费价值认知[J]. 哈尔滨工业大学学报(社会科学版), 2009, 11 (3): 53-56.

[39] 刘伯英. 对工业遗产的困惑与再认识[J]. 建筑遗产, 2017 (1): 8-17.

[40] 刘凤凌, 褚冬竹. 三线建设时期重庆工业遗产价值评估体系与方法初探[J]. 工业建筑, 2011, 41 (11): 54-59.

[41] 季宏, 徐苏斌, 闫觅. 从天津碱厂保护到工业遗产价值认知[J]. 建筑创作, 2012 (12): 212-217.

[42] 季宏, 徐苏斌, 青木信夫. 工业遗产的历史研究与价值评估尝试——以北洋水师大沽船坞为例[J]. 建筑学报学术论文专刊, 2011: 80-85.

[43] 李先逵, 许东风. 工业遗产价值取向的评析 [J]. 工业建筑, 2011, 41 (10): 37-40.

[44] 董一平, 侯斌超. 工业遗产价值认知拓展——铁路遗产保护回顾 [J]. 新建筑, 2012 (2): 22-27.

[45] 李和平, 郑圣峰, 张毅. 重庆工业遗产的价值评价与保护利用梯度研究 [J]. 建筑学报, 2012 (1): 24-29.

[46] 唐魁玉, 唐安琪. 工业遗产的社会记忆价值与生活史意义 [J]. 辽东学院学报 (社会科学版), 2011, 13 (3): 16-20.

[47] 徐子琳, 汪峰. 城市工业遗产的旅游价值研究 [J]. 洛阳理工学院学报 (社会科学版), 2013, 28 (1): 50-54.

[48] 黄建华. 工业遗产的价值构成及其提升机制的研究 [J]. 洛阳理工学院学报 (社会科学版), 2013, 28 (3): 71-73.

[49] 陈凡, 吕正春, 陈红兵. 工业遗产价值向度探析 [J]. 科学技术哲学研究, 2013, 30 (5): 72-76.

[50] 姜振寰. 东北老工业基地改造中的工业遗产保护与利用问题 [J]. 哈尔滨工业大学学报 (社会科学版), 2009, 11 (3): 62-67.

[51] 许东风. 近现代工业遗产价值评价方法探析——以重庆为例 [J]. 中国名城, 2013 (5): 66-70.

[52] 李任. 浅谈我国城市工业遗产的价值及其保护意义 [J]. 科教导刊, 2013 (9): 179-180.

[53] 赵勇, 张捷, 李娜, 等. 历史文化村镇保护评价体系及方法研究——以中国首批历史文化名镇 (村) 为例 [J]. 地理科学, 2006, 26 (4): 497-505.

[54] 赵勇, 张捷, 卢松, 等. 历史文化村镇评价指标体系的再研究——以第二批中国历史文化名镇 (名村) 为例 [J]. 建筑学报, 2008 (3): 64-69.

[55] 邵甬, 付娟娟. 以价值为基础的历史文化村镇综合评价研究 [J]. 城市规划, 2012, 36 (2).

[56] 李娜. 历史文化名城保护及综合评价的AHP模型 [J]. 基建优化, 2001, 22 (1): 46-50.

[57] 常晓舟, 石培基. 西北历史文化名城持续发展之比较研究——以西北4座绿洲型国家级历史文化名城为例 [J]. 城市规划, 2003, 27 (12): 60-65.

[58] 梁雪春, 达庆利, 朱光亚. 我国城乡历史地段综合价值的模糊综合评判 [J]. 东南大学学报 (哲学社会科学版), 2002, 4 (2): 44-46.

[59] 朱光亚, 方道, 雷晓鸿. 建筑遗产评估的一次探索 [J]. 新建筑, 1998 (2): 22-24.

[60] 查群. 建筑遗产可利用性评估 [J]. 建筑学报, 2000 (11): 48-51.

[61] 尹占群, 钱兆悦. 苏州建筑遗产评估体系课题研究 [J]. 东南文化, 2008 (3): 85-90.

[62] 胡斌, 陈蔚. 木结构建筑遗产价值综合评价方法研究 [J]. 新建筑, 2010 (6): 68-71.

[63] 刘兴明. 中国首个钢铁重工业——青溪铁厂 [J]. 文史天地, 2016 (5): 12-16.

[64] 张健, 隋倩婧, 吕元, 等. 工业遗产建筑评价体系研究及应用 [J]. 低温建筑技术, 2010 (11): 12-14.

[65] 邓春太, 卢长瑜, 童本勤, 等. 工业遗产保护名录制定研究——以南京为例 [C]// 中国城市规划学会. 转型与重构——2011中国城市规划年会论文集. 南京: 东南大学出版社, 2011: 8516-8524.

[66] 杨金辉. 我参与编修矿志的记忆碎片 [J]. 当代矿工, 2015（1）: 13-14.

[67] 徐苏斌, 青木信夫. 关于工业遗产经济价值的思考 [J]. 城市建筑, 2017（8）: 14-17.

[68] 刘萍. 抗战时期西部钢铁工业兴衰评述 [C]// 中国社会科学院近代史研究所. 青年学术论坛2013年卷. 北京: 社会科学文献出版社, 2015: 1-12.

[69] 陈越. 四川机器局遗存建筑考察 [C]// 张复合. 中国近代建筑研究与保护（二）. 北京: 清华大学出版社, 2001: 165-180.

[70] 徐苏斌, 青木信夫. 关于工业遗产的完整性的思考 [C]//2012中国第3届工业建筑遗产学术研讨会论文集. 北京: 清华大学出版社, 2013: 135-148.

[71] 齐奕, 丁甲宇. 工业遗产评价体系研究——以武汉市现代工业遗产为例 [A]// 中国城市规划学会, 主编. 生态文明视角下的城乡规划——2008中国城市规划年会论文集 [C]. 大连: 大连出版社, 2008: 1-9.

专（译）著

[1] 陈曦. 建筑遗产保护思想的演变 [M]. 上海: 同济大学出版社, 2016: 3.

[2] David Throsby. Economics and Culture[M]. 王志标, 译. 北京: 中国人民大学出版社, 2011: 1-33.

[3] 张艳华. 在文化价值和经济价值之间: 上海城市建筑遗产（CBH）保护与再利用 [M]. 北京: 中国电力出版社, 2007: 20-22.

[4] 顾江. 文化遗产经济学 [M]. 南京: 南京大学出版社, 2009: 135-152.

[5] 顾江. 文化产业经济学 [M]. 南京: 南京大学出版社, 2014: 1-55.

[6] 张京成, 刘利永, 刘光宇. 工业遗产的保护与利用——"创意经济时代"的视角 [M]. 北京: 北京大学出版社, 2013: 1-102.

[7] 杜栋, 庞庆华, 吴炎. 现代综合评价方法与案例精选 [M]. 北京: 清华大学出版社, 2008: 15-60.

[8] 邱均平, 文庭孝. 评价学: 理论·方法·实践 [M]. 北京: 科学出版社, 2010: 144.

[9] 张松. 历史城市保护学导论——文化遗产和历史环境保护的一种整体性方法 [M]. 上海: 同济大学出版社, 2008: 52-335.

[10] 薛林平. 建筑遗产保护概论 [M]. 北京: 中国建筑工业出版社, 2013: 21-168.

[11] 王晶. 工业遗产保护更新研究: 新型文化遗产资源的整体创造 [M]. 北京: 文物出版社, 2014: 24-152.

[12] 陈耀华. 中国自然文化遗产的价值体系及其保护利用 [M]. 北京: 北京大学出版社, 2014: 1-79.

[13] 骆高远. 寻访我国"国保"级工业文化遗产 [M]. 杭州: 浙江工商大学出版社, 2013: 11-201.

[14] 宋颖. 上海工业遗产的保护与再利用研究 [M]. 上海: 复旦大学出版社, 2014: 5-213.

[15] 薛顺生, 娄承浩. 老上海工业旧址遗迹 [M]. 上海: 同济大学出版社, 2004: 1-25.

[16] 王建国. 后工业时代产业建筑遗产保护更新 [M]. 北京: 中国建筑工业出版社, 2008: 34-253.

[17] 刘伯英, 冯钟平. 城市工业用地更新与工业遗产保护 [M]. 北京: 中国建筑工业出版社,

2009：34-243.

[18] 岳宏.工业遗产保护初探[M].天津：天津人民出版社，2010：26-102.

[19] 邵甬.法国建筑·城市·景观遗产保护与价值重现[M].上海：同济大学出版社，2010：23-120.

[20] 左琰.德国柏林工业建筑遗产的保护与再生[M].南京：东南大学出版社，2007：5-165.

[21] 王红军.美国建筑遗产保护历程研究：对四个主题性事件及其背景的分析[M].南京：东南大学出版社，2009：23-174.

[22] 朱晓明.当代英国建筑遗产保护[M].上海：同济大学出版社，2007：32-187.

[23] 诺曼·布拉德伯恩，希摩·萨德曼，希莱恩·万辛克，著.问卷设计手册[M].赵锋，译.重庆：重庆大学出版社，2011：1-145.

[24] 范西成，陆保珍.中国近代工业发展史[M].西安：陕西人民出版社，1991.

[25] 张国辉.洋务运动与中国近代企业[M].北京：中国社会科学出版社，1979：21-116.

[26] 夏东元.洋务运动史[M].上海：华东师范大学出版社，1996：67-146.

[27] 董志凯，吴江.新中国工业的奠基石——156项建设研究（1950—2000）[M].广州：广东经济出版社，2004.

[28] 中国近代煤矿史编写组.中国近代煤矿史[M].北京：煤炭工业出版社，1990：12-220.

[29] 方一兵.中日近代钢铁技术史比较研究：1868—1933[M].济南：山东教育出版社，2013：27-115.

[30] 方一兵.汉冶萍公司与中国近代钢铁技术移植[M].北京：科学出版社，2011：18-105.

[31] 王志毅.中国近代造船史[M].北京：海洋出版社，1986.

[32] 席龙飞.中国造船史[M].武汉：湖北教育出版社，2000：276-340.

[33]《中国近代纺织史》编辑委员会.中国近代纺织史（上卷）[M].北京：中国纺织出版社，1997.

[34]《中国近代纺织史》编辑委员会.中国近代纺织史（下卷）[M].北京：中国纺织出版社，1997.

[35] 金志焕.中国纺织建设公司研究（1945—1950）[M].上海：复旦大学出版社，2006.

[36] 王菊.近代上海棉纺业的最后辉煌（1945—1949）[M].上海：上海社会科学院出版社，2004.

[37] 陈歆文，周嘉华.永利与黄海——近代中国化工的典范[M].济南：山东教育出版社，2006.

[38] 陈歆文.中国近代化学工业史（1860—1949）[M].北京：化学工业出版社，2006.

[39] 王燕谋.中国水泥发展史[M].北京：中国建材工业出版社，2005：1-135.

[40] 许远秦，张为民，张建国，等.太原兵工发展史（1898—1949）[M].太原：中国兵器工业集团第二四七厂，2011：1-24.

[41] 施亚钧.硫酸工业[M].上海：科技卫生出版社，1958：7-40.

[42] 吴熙敬.中国近现代技术史（上卷）[M].北京：科学出版社，2000：27-348.

[43] 吴熙敬.中国近现代技术史（下卷）[M].北京：科学出版社，2000.

[44] 中国机械工程学会.中国机械史（图志卷）[M].北京：中国科学技术出版社，2014.

[45] 中国机械工程学会.中国机械史（技术卷）[M].北京：中国科学技术出版社，2014.

[46]（苏联）B·И·赫汪.水介质跳汰选煤[M].北京：煤炭工业出版社，1958：5-11.

[47] 吴明益，方东平.汉阳区志（上卷）[M].武汉：武汉出版社，2008.

[48] 鞍山市人民政府地方志办公室，编.鞍山市志·城乡建设卷[M].沈阳：沈阳出版社，1992：14-38.

[49] 本钢一铁厂保护开发工作领导小组办公室.本钢一铁厂保护工作资料选编[M].本溪：本溪市政府印刷厂，2009.

[50] 解学诗，张克良.鞍钢史（1909—1948）[M].北京：冶金工业出版社，1984：33-247.

[51] 梁建民，敖大生，毛军，等.广州黄埔造船厂简史（1851—2001）[M].广州：广州黄埔造船厂简史编委会，2001：1-27.

[52] 王树春，周承伊，池再生，等.上海船舶工业志[M].上海：上海社会科学院出版社，1999：70-85.

[53] 沈劢，吴金义，陆泳棠，等.江南造船厂志（1865—1995）[M].上海：上海人民出版社，1999.

[54] 刘子明，杨运鸿，顾延盛，等.大连造船厂史（1898—1998）[M].大连：大连造船厂史编委会，1998.

[55] 胡炜，张妙祥，范洪涛.上海市黄浦区地名志[M].上海：上海社会科学院出版社，1989.

[56] 沈传经.福州船政局[M].成都：四川人民出版社，1987.

[57] 江南造船厂史编写组.江南造船厂史（1865—1949）[M].上海：上海人民出版社，1975.

[58] （苏联）В.К.ДорМИдОНТОВ，著.造船工艺学（下册）[M].潘介人，杨代盛，何友声，译.北京：机械工业出版社，1956.

[59] 《旅顺大坞史》编委会.旅顺大坞史（1880—1955年）[M].大连：大连出版社，2017：14-145.

[60] 孟进，王冠清，李学义，等.中国煤炭志（辽宁卷）[M].北京：煤炭工业出版社，1996.

[61] 王作贤，李安贵，黄顺士，等.枣庄矿务局志[M].北京：煤炭工业出版社，1995.

[62] 焦作矿务局史志编纂委员会.焦作煤矿志（1898—1985）[M].郑州：河南人民出版社，1989.

[63] 姜涤，尚惠中.本溪市工会志[M].本溪：本溪市总工会工会志编纂委员会，1993.

[64] 沈玉成，唐时清，康景林，等.本溪城市史[M].北京：社会科学文献出版社，1995：107-120.

[65] 邢福德，张家珠，韩忠辉，等.辽源矿务局志[M].徐州：中国矿业大学出版社，1993：525-532.

[66] 刘明汉，陆少琳，杨国彦，等.湖北省冶金志[M].北京：中国书籍出版社，1992.

[67] 刘明汉，马景源.汉冶萍公司志[M].武汉：华中理工大学出版社，1990：19.

[68] 湖北省冶金志编纂委员会.汉冶萍公司志[M].武汉：华中科技大学出版社，2017.

[69] 蔡景春，乔建勋.邯郸市工会志（1898—1988）[M].黄山：黄山书社，1991.

[70] 峰峰煤矿志编纂委员会.峰峰煤矿志[M].北京：新华出版社，1995：8-9.

[71] 山东坊子近代建筑与工业遗产建筑文化考察组，等.山东坊子近代建筑与工业遗产[M].天津：天津大学出版社，2008.

[72] 陈世明，张时础.洗煤槽的操作[M].北京：煤炭工业出版社，1959.

[73] 殷蔚然，卢鸿泉，张林茂，等.沈阳市志[M].上海：上海社会科学院出版社，1994：394-395.

[74] 和平区人民政府.天津市和平区地名录[M].天津：天津和平区人民政府，1988：146-147.

[75] 郭凤岐，张月光，杨德英，等.天津通志·照片志[M].天津：天津人民美术出版社，1999.

[76] 何铁冰，张英杰，王美荣，等.天津市地名志[M].天津：和平区地名志编纂委员会，1998：271-272.

[77] 曹炽坤，倪云凌，刘退令.上海毛麻纺织工业志[M].上海：上海社会科学院出版社，1996：31-120.

[78] 施颐馨，孙中兰，陈定远.上海纺织工业志[M].上海：上海社会科学院出版社，1998：891-897.

[79] 无锡市纺织工业局.无锡纺织工业志[M].无锡：无锡市纺织工业局，1987：193-194.

[80] 王鹤洲.上海市静安区地名志[M].上海：上海社会科学院出版社，1988：322-323.

[81] 王学孝，魏介奇，苍海，等.黑龙江省志·第二十七卷·纺织志[M].哈尔滨：黑龙江人民出版社，1994.

[82] 陈友贵，李剑琴.五通桥区志[M].乐山：四川省五通桥区志编纂委员会，1992.

[83] 欧阳可斌.南海市科技信息志[M].佛山：佛山市南海区科技信息局，1992.

[84] 陈晖，谢效正，陈维新，等.苏州市志（第一册）[M].南京：江苏人民出版社，1995.

[85] 程长松.杭州丝绸志[M].杭州：浙江科学技术出版社，1999：224-226.

[86] 刘国庆，易光烈，吕玉兰，等.沙坪坝区志[M].重庆：四川人民出版社，1995.

[87] 钱耀兴，叶亚廉.无锡市丝绸工业志[M].上海：上海人民出版社，1990.

[88] 吴有志.嘉兴丝绸志[M].嘉兴：《嘉兴丝绸志》编纂委员会，1994.

[89] 张亚培，万国森，陈平田，等.上海工商社团志[M].上海：上海社会科学院出版社，2001：187-188.

[90] 蒋猷龙，陈钟，何占演，等.浙江省丝绸志[M].北京：方志出版社，1999.

[91] 刘贺宇，刘勇胜，刘新海，等.大连市志纺织工业志[M].北京：中央文献出版社，2003.

[92] 方子侠.广州市建筑材料工业志[M].广州：广州市建筑材料工业总公司，1995.

[93] 吕相铭，陈克和，苏启发，等.华新厂志（1946—1986）[M].黄石：华新厂志编委会，1987.

[94] 吴春龙.龙华镇志[M].上海：上海社会科学院出版社，1996.

[95] 高耘，秦学清，金承平，等.南京市志[M].北京：方志出版社，2010.

[96] 吕佐兵，沈松园，方可畏.栖霞区志[M].北京：方志出版社，2002.

[97] 陶子基，陈日平.广州市荔湾区志[M].广州：广东人民出版社，1998.

[98] 张福山，许汝岭，王之本，等.济南市志[M].北京：中华书局，1997.

[99] 韩建平，蒋天江，李秀生，等.太原市河西区志[M].北京：中华书局，2006.

[100] 沙似鹏，梅森，王继杰.上海名镇志[M].上海：上海社会科学院出版社，2003.

[101] 王国忠，杨震方.上海旧政权建置志[M].上海：上海社会科学院出版社，2001.

[102] 李红梅.天津河西老工厂——天津河西工业遗产[M].北京：线装书局，2014.

[103] 韩汝玢,柯俊.中国科学技术史:矿冶卷[M].北京:科学出版社,2007.

[104] 重钢集团档案馆.中国钢铁工业缩影:百年重钢史话[M].北京:冶金工业出版社,2011.

[105] 傅瑞清.白沙志[M].北京:方志出版社,1996.

[106] 王洁纯.历史文化名城沈阳[M].沈阳:沈阳出版社,2006:171-173.

[107] 梧州市地方志编纂委员会.梧州市志(经济卷:上)[M].南宁:广西人民出版社,2000.

[108] 张一雷,陈炳生,石厚民,等.上海市普陀区地名志[M].上海:学林出版社,1988.

[109] 华东纺织工学院.麻纺学[M].北京:纺织工业出版社,1960.

电子出版物

[1] Historic England. Designation Listing Selection Guide:Industrial Structures[EB/OL]. 英国遗产网,[2016-1-14].https://historicengland.org.uk/images-books/publications/dlsg-industrial/.

[2] Historic England. Designation Scheduling Selection Guide:Industrial Sites[EB/OL]. 英国遗产网,[2016-1-14].https://historicengland.org.uk/images-books/publications/dssg-industrial-sites/.

[3] Historic England. Conservation Principles:Policies and Guidance for the Sustainable Management of the Historic Environment[EB/OL], [2016-1-14].https://content.historicengland.org.uk/images-books/publications/conservation-principles-sustainable-management-historic-environment/conservationprinciplespoliciesguidanceapr08web.pdf/.

[4] The UK Department for Culture Media & Sport. Principles of Selection for Listing Buildings:General Principles Applied by the Secretary of State When Deciding Whether a Building is of Special Architectural or Historic Interest and Should Be Added to the List of Buildings Compiled under the Planning (Listed Buildings and Conservation Areas) Act 1990[EB/OL]. 英国文化媒体和体育部网,[2016-1-14].https://www.gov.uk/government/uploads/system/uploads/attachment_data/file/137695/Principles_Selection_Listing_1_.pdf.

[5] The UK Department for Culture Media & Sport. Scheduled Monuments:Identifying, Protecting, Conserving and Investigating Nationally Important Archaeological Sites under the Ancient Monuments and Archaeological Areas Act 1979[EB/OL]. 英国文化媒体和体育部网,[2013-11-02]. http://www.english-heritage.org.uk/caring/listing/criteria-for-protection/.

[6] Parks Canada. Cultural Resource Management Policy[EB/OL], [2015-4-5].http://www.pc.gc.ca/eng/docs/pc/poli/grc-crm/index.aspx.

[7] National Park Service. Management Policies 2006:The Guide to Managing the National Park System[EB/OL], [2015-4-5]. http://www.nps.gov/policy/mp/policies.html#_Toc157232755.

[8] Historic Sites and Monuments Board of Canada. Criteria, General Guidelines & Specific Guidelines for Evaluating Subjects of Potential National Historic Significance[EB/OL], [2015-4-5]. http://www.pc.gc.ca/eng/clmhc-hsmbc/res/doc.aspx.

[9] Parks Canada. Parks Canada Guidelines for the Management of Archaeological Resources[EB/OL]，[2015-4-5]. http：//www.pc.gc.ca/eng/docs/pc/guide/gra-mar/index.aspx.

报纸

[1] 陈国民．工业遗产的确定必须重视科技价值 [N]. 中国文物报，2007-03-30（005）.
[2] 单霁翔．从"文物保护"走向"文化遗产保护"[N]. 中国文化报，2009-02-24（005）.
[3] 陈元夫．工业遗产价值与开发思路 [N]. 中国旅游报，2012-04-13（011）.
[4] 高峰．执心弘毅，事业大成——纺织工业巨子刘国钧 [N]. 靖江日报，2016-09-03.
[5] 杨滨．清河故事：一座小楼一段记忆 [N]. 北京晚报，2017-11-01.
[6] 肖明舒．"仁立""东亚"——天津近代毛纺织业的辉煌 [N]. 城市快报，2014-06-03.
[7] 一赏·丝路之绸⑥｜杭州像景：丝织影绰如相片 [N]. 浙江新闻，2015-09-28.

学位论文

[1] 寇怀云．工业遗产技术价值保护研究 [D]. 上海：复旦大学，2007：1-160.
[2] 张凯．历史文化视域下的武汉重工业遗产研究（1890—1960）[D]．武汉：华中师范大学，2013：9-18.
[3] 王高峰．美国工业遗产保护体系的建立与发展及对中国的启示 [D]．合肥：中国科学技术大学，2012：62.
[4] 苏夏．美国历史环境"事前保护"理念与实践探析 [D]. 天津：天津大学，2014.
[5] 董一平．机械时代的历史空间价值——工业建筑遗产理论及其语境研究 [D]．上海：同济大学，2013.
[6] 蒋楠．近现代建筑遗产保护与适应性再利用综合评价理论、方法与实证研究 [D]. 南京：东南大学，2012.
[7] 黄琪．上海近代工业建筑保护和再利用 [D]. 上海：同济大学，2007：48-51.
[8] 许东风．重庆工业遗产保护利用与城市振兴 [D]. 重庆：重庆大学，2012：135.
[9] 张雨绮．工业遗产保护性再利用的价值重现方式初探 [D]. 天津：天津大学，2015.
[10] 刘涛．西安纺织城工业遗产价值与保护发展规划研究 [D]. 西安：西安建筑科技大学，2010：21-34.
[11] 张艳玲．历史文化村镇评价体系研究 [D]. 广州：华南理工大学，2011.
[12] 吴美萍．文化遗产的价值评估研究 [D]. 南京：东南大学，2006：9-20.
[13] 黄明玉．文化遗产的价值评估及记录建档 [D]. 上海：复旦大学，2009：57.
[14] 黄晓燕．历史地段综合价值评价初探 [D]. 成都：西南交通大学，2006.
[15] 刘翔．文化遗产的价值及其评估体系——以工业遗产为例 [D]. 吉林：吉林大学，2009：9-20.
[16] 张毅杉．基于整体观的城市工业遗产保护与再利用研究 [D]. 苏州：苏州科技学院，2008：17-23.

[17] 李海涛. 近代中国钢铁工业发展研究（1840—1927）[D]. 苏州：苏州大学，2010：15-187.
[18] 刘茂伟. 抗战大后方民营工业变迁研究——以渝鑫钢铁厂为例（1937—1945年）[D]. 重庆：西南大学，2014.
[19] 许东风. 重庆工业遗产保护利用与城市振兴 [D]. 重庆：重庆大学，2012：1-241.
[20] 赵勇. 抗战时期重庆钢铁产业的曲折发展研究 [D]. 北京：北京工商大学，2010：20.
[21] 季宏. 天津近代自主型工业遗产研究 [D]. 天津：天津大学，2012：94.
[22] 郝帅. 从技术史角度探讨开滦煤矿的工业遗产价值 [D]. 天津：天津大学，2013：9-33.
[23] 王军. 工业遗产价值的保护与延续 [D]. 青岛：青岛理工大学，2015.
[24] 赵怡丽. AHP下的青岛工业遗产价值评估与保护更新协调性策略研究 [D]. 青岛：青岛理工大学，2015：1-156.
[25] 王雪. 城市工业遗产研究 [D]. 大连：辽宁师范大学，2009：8-9.
[26] 夏洪洲. 关于城市工业遗产的真实性保护研究 [D]. 苏州：苏州科技学院，2009：8-10.
[27] 白莹. 西安市工业遗产保护利用探索——以大华纱厂为例 [D]. 西安：西北大学，2010.
[28] 林雁. 青岛纺织工业遗产的保护与再利用——青岛国棉六厂工业遗产建筑保护与再利用的策略研究 [D]. 青岛：青岛理工大学，2010.
[29] 李敏. 潍坊市坊子区工业遗产的调查与保护研究 [D]. 青岛：青岛理工大学，2010.
[30] 徐权森. 广西松脂业的工业遗产价值研究——以梧州松脂厂为例 [D]. 南宁：广西民族大学，2011.
[31] 朱强. 京杭大运河江南段工业遗产廊道构建 [D]. 北京：北京大学，2007：1-151.
[32] 许东风. 重庆工业遗产保护利用与城市振兴 [D]. 重庆：重庆大学，2012：135.
[33] 刘洋. 小三线工业遗产价值评价体系研究——以鲁中南地区为例 [D]. 济南：山东建筑大学，2012：20-28.
[34] 刘凤凌. 三线建设时期工业遗产廊道的价值评估研究——以长江沿岸重庆段船舶工业为例 [D]. 重庆：重庆大学，2012：48-72.
[35] 闫觅. 以天津为中心的旧直隶工业遗产群研究 [D]. 天津：天津大学，2015：161-168.
[36] 刘瀚熙. 三线建设工业遗产的价值评估与保护再利用可行性研究——以原川东和黔北地区部分迁离单位旧址为例 [D]. 武汉：华中科技大学，2012：49-52.
[37] 金姗姗. 工业建筑遗产保护与再利用评估体系研究 [D]. 长沙：长沙理工大学，2012：16-26.
[38] 杨明. 工业遗产的科技价值及其实现 [D]. 沈阳：东北大学，2013.
[39] 张凯. 历史文化视域下的武汉重工业遗产研究（1890—1960）[D]. 武汉：华中师范大学，2013：9-18

档案古籍

[1] 资源委员会鞍山钢铁有限公司. 资源委员会鞍山钢铁有限公司概况 [Z]. 鞍山：亚光印刷所，1947.
[2] 行政院新闻局. 钢铁 [Z]. 南京：行政院新闻局印行，1947.
[3] 虞和寅. 本溪湖煤铁公司报告 [Z]. 南京：农商部矿政司印行，1926.

[4] 江西省政府经济委员会. 江西萍乡安源煤矿调查报告 [Z]. 南昌：江西省政府统计室, 1935.

[5] （清）魏允恭. 江南制造局记（一）[Z]. 上海：新马路福海里文宝书局石印, 1905.

[6] 行政院新闻局. 中国纺织建设公司 [Z]. 南京：行政院新闻局印行, 1947.

[7] 中国纺织建设公司天津分公司. 天津中纺二周年 [Z]. 天津：中国纺织建设公司天津分公司秘书室编印, 1947.

[8] 石家庄大兴纺织染厂 [Z], 1937.

[9] 晋华纺织公司晋生织染工厂总管理处三厂概况 [Z], 1937.

[10] 中国纺织建设公司上海第二制麻厂概况 [Z], 1947.

[11] 蒋乃镛. 纺织染工程手册 [Z]. 上海：中国文化事业社, 1948.

[12] 朱升芹. 纺织 [Z]. 上海：商务印书馆, 1933.

[13] 成希文. 纺纱学 [Z]. 长沙：商务印书馆, 1938.

[14] 何德华. 钢城鞍山 [J]. 科学大众, 1946, 1（2）：41-44.

[15] 青岛华新纺织股份有限公司. 青岛华新纱厂特刊 [Z]. 青岛：青岛华新纺织股份有限公司, 1937.

[16] 中国纺织建设公司工务处. 工务辑要 [Z]. 中国纺织建设公司工务处, 1949.

[17] 贺康. 缫丝学概论 [Z]. 上海：商务印书馆, 1935：1-126.

[18] 东北物资调节委员会研究组. 钢铁 [M]. 北平：京华印书局, 1948.

[19] 郑辟疆. 制丝教科书 [M]. 上海：商务印书馆, 1936：25-107.

[20] 何德华. 钢城鞍山 [J]. 科学大众, 1946, 1（2）：41-44.

[21] 北京市档案馆. 石景山制铁所概要（1-3）[Z], 档号：J061-001-00287.

图书在版编目（CIP）数据

工业遗产科技价值评价与保护研究：基于近代六行业分析 = Study on Evaluation and Protection of Scientific and Technological Value of Industrial Heritage——Based on Analysis of Six Modern Industrial Sectors / 于磊著 . —北京：中国建筑工业出版社，2021.4

（"中国20世纪城市建筑的近代化遗产研究"丛书 / 青木信夫，徐苏斌主编）

ISBN 978-7-112-26014-0

Ⅰ.①工… Ⅱ.①于… Ⅲ.①工业技术-研究-中国-近代 Ⅳ.① F424.3

中国版本图书馆CIP数据核字（2021）第061457号

责任编辑：李　鸽　陈小娟
责任校对：赵　菲

"中国20世纪城市建筑的近代化遗产研究"丛书
The series of books on the modern heritage of Chinese urban architecture in the 20th century
青木信夫　徐苏斌　主编
工业遗产科技价值评价与保护研究——基于近代六行业分析
Study on Evaluation and Protection of Scientific and Technological Value of Industrial Heritage
——Based on Analysis of Six Modern Industrial Sectors

于　磊　著
*
中国建筑工业出版社出版、发行（北京海淀三里河路9号）
各地新华书店、建筑书店经销
北京雅盈中佳图文设计公司制版
北京中科印刷有限公司印刷
*
开本：787毫米×1092毫米　1/16　印张：17　字数：317千字
2021年4月第一版　2021年4月第一次印刷
定价：**68.00**元
ISBN 978-7-112-26014-0
　　　　　（37577）

版权所有　翻印必究
如有印装质量问题，可寄本社图书出版中心退换
（邮政编码 100037）